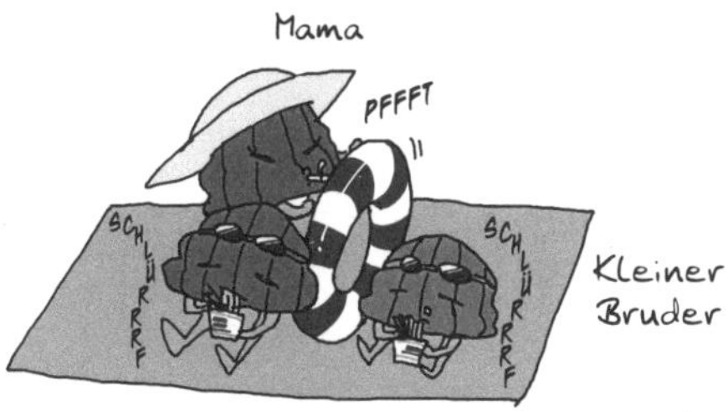

戸塚慶文
Yoshifumi Tozuka

Wenn ich auf meine Kindheit zurückblicke, kommt es mir so vor, als wenn ein Großteil davon im Sommer stattfand. Klar, wahrscheinlich auch, weil zu der Zeit meiner Erinnerungen meistens Sommerferien waren.

Ich erinnere mich, wie wir im städtischen Schwimmbad Fertignudeln gegessen haben, wie ich bei meiner Oma Modellspielzeuge, die ich auf dem Sommerfest gekauft hatte, zusammenbauen durfte, wie ich riesige Bilder gemalt habe, um nur irgendwie meine Sommerprojekte für die Schule fertig zu kriegen, weil meine Handschrift nie sonderlich gut war.

Ja, vielleicht ist auch heute der Sommer noch voller Dinge, die ich gerne mag.

Wir produzieren nachhaltig

- Klimaneutrales Produkt
- Papiere aus nachhaltigen und kontrollierten Quellen
- Hergestellt in Europa

FSC
www.fsc.org
MIX
Papier aus verantwortungsvollen Quellen
FSC® C083411

CARLSEN MANGA

Aus dem Japanischen von Martin Gericke

First published in Japan in 2020 by SHUEISHA Inc., Tokyo.
German translation rights in Germany, Austria, Luxembourg and German-speaking Switzerland arranged by SHUEISHA Inc. through VME PLB SAS, France.

Die Handlung dieser Geschichte ist frei erfunden. Ähnlichkeiten mit lebenden Personen, realen Organisationen oder Ereignissen sind rein zufällig und unbeabsichtigt.

Redaktion: Anne Berling
Textbearbeitung: Nina Kroesing
Herstellung: Björn Liebchen

ISBN: 978-3-551-71060-4

Carlsen Manga! News – jeden Monat neu per E-Mail!
www.carlsenmanga.de
www.carlsen.de

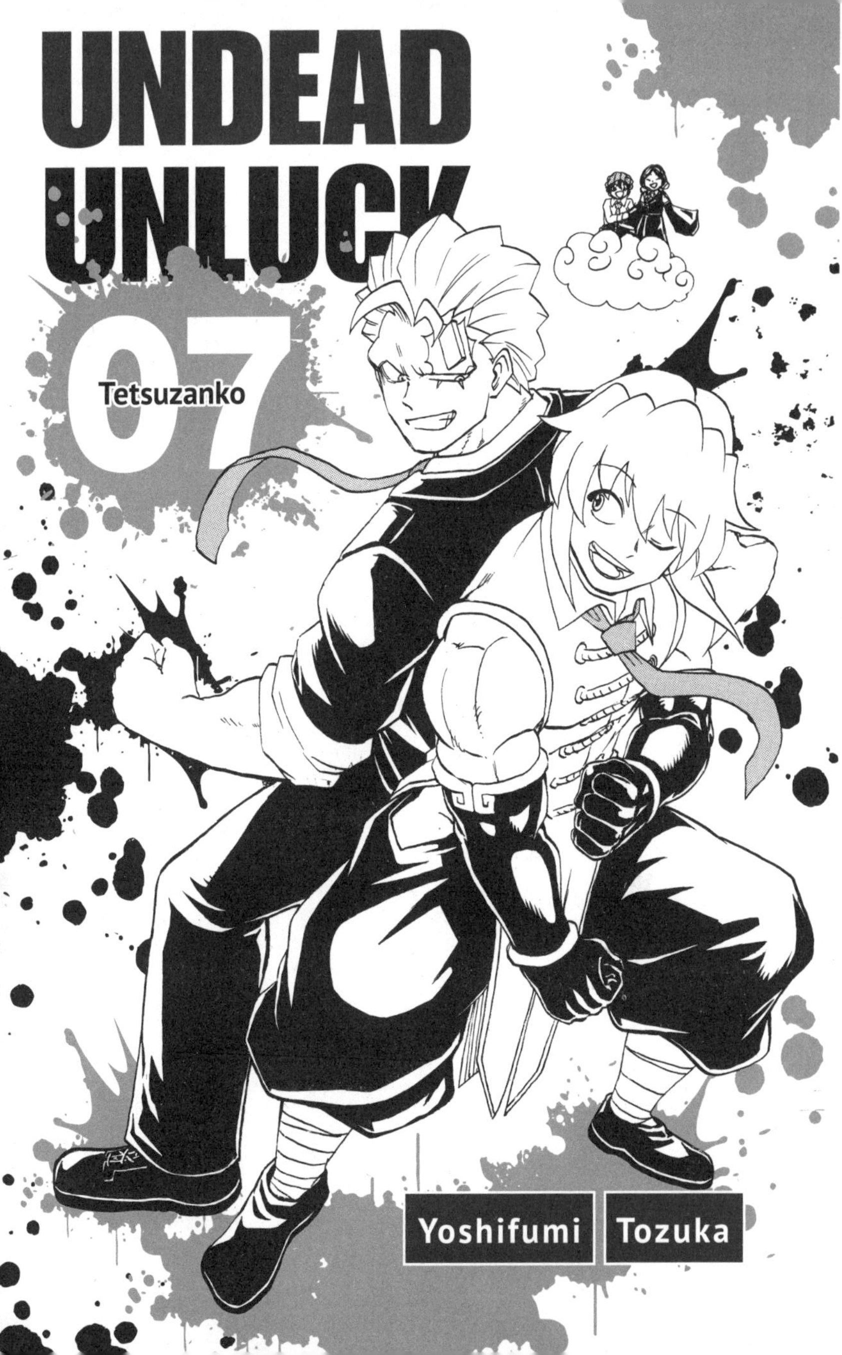
UNDEAD UNLUCK
07
Tetsuzanko
Yoshifumi Tozuka

CHARAKTERE

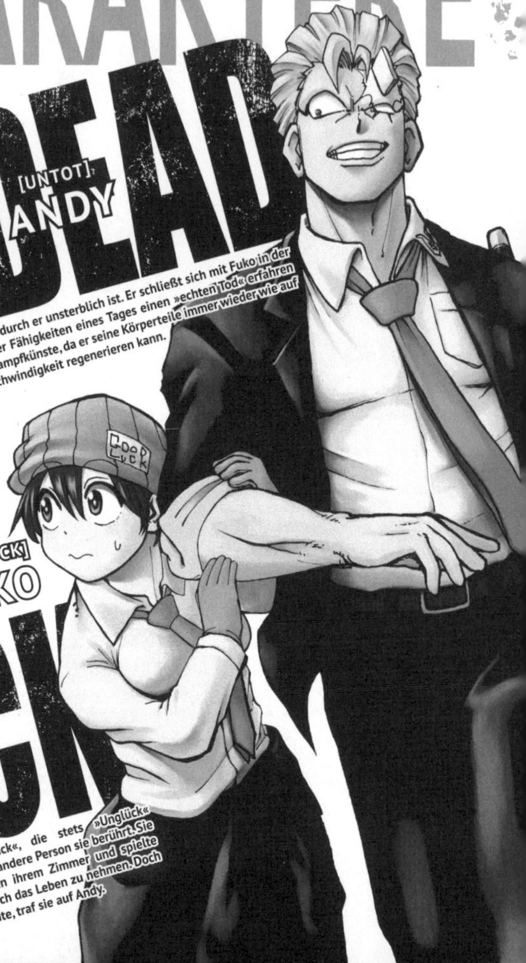

UNDEAD

[UNTOT]
ANDY

Besitzt die Fähigkeit »Undead«, wodurch er unsterblich ist. Er schließt sich mit Fuko in der Hoffnung zusammen, mithilfe ihrer Fähigkeiten eines Tages einen »echten Tod« erfahren zu können. Besitzt erstaunliche Kampfkünste, da er seine Körperteile immer wieder wie auf Knopfdruck und in rasender Geschwindigkeit regenerieren kann.

UNLUCK

[UNGLÜCK]
FUKO

Besitzt die Fähigkeit »Unluck«, die stets »Unglück« heraufbeschwört, sobald eine andere Person sie berührt. Sie lebte lange zurückgezogen in ihrem Zimmer und spielte bereits mit dem Gedanken, sich das Leben zu nehmen. Doch bevor es dazu kommen konnte, traf sie auf Andy.

STORY

Da sie anderen Menschen mit ihrem »Unglück« ungewollt Pech beschert, hatte sich Fuko eigentlich vorgenommen, ihrem Leben ein Ende zu setzen. Doch nach der kuriosen Begegnung mit Andy, einem mysteriösen Kerl mit einem unsterblichen Körper, gewinnt sie ihren Lebenswillen zurück und schöpft neuen Mut. In der Zwischenzeit erfahren die beiden von der Existenz einer Organisation, der Union, welche sogenannte UMA (unidentifizierte, mysteriöse Arten) und andere unbekannte Phänomene aufspürt und in Gewahrsam nimmt. In der Union gibt es einen runden Tisch, der auf zehn Mitglieder begrenzt ist und an dem die Negatoren sich versammeln. Andy und Fuko beschließen, der Union beizutreten und besiegen dafür zwei der bisherigen Mitglieder, um sich einen Platz am besagten Tisch zu sichern. Dort erfahren sie auch den Grund für die Existenz der Union: Es gilt, die vom Schöpfer auferlegten Quests zu lösen und gegen ihn zu rebellieren. Mithilfe von Anno Uns Fähigkeiten gelingt es Andy und Fuko, die Vergangenheit noch einmal zu durchleben und aufzuarbeiten und dadurch noch stärker zu werden. So schaffen die beiden es, die Zukunft zu verändern. Sie verbünden sich mit Rip und den anderen, um die Quest der Unterwerfung von UMA Autumn zu vollenden. Doch dann…

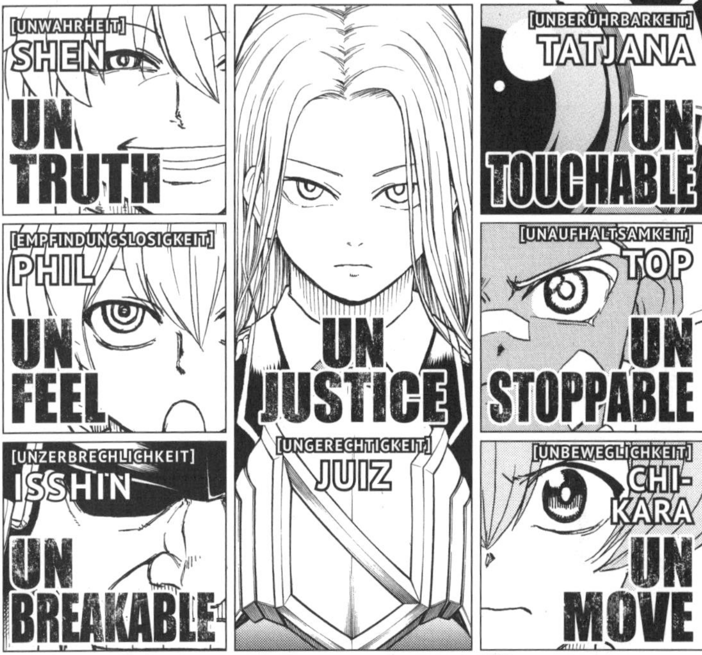

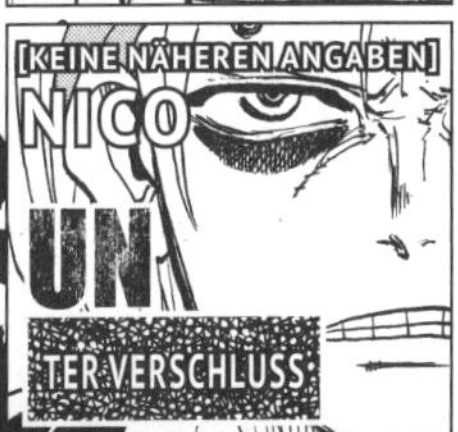

UNION

ORGANISATION ZUR KONTROLLE UND ÜBERWACHUNG VON UNBESTÄTIGTEN UND UNIDENTIFIZIERTEN ARTEN

Die Organisation, die UMAs, sogenannte unidentifizierte, mysteriöse Arten aufspürt, in Gewahrsam nimmt, kontrolliert und verwaltet. Insgesamt zehn Negatoren bilden die Union. Andy und Fuko schlossen sich einem speziellen Einsatzteam an, das aus den folgenden Personen besteht. Ihr Ziel ist es, Gott, den Erschaffer der Regeln, zu vernichten.

UNDER

Eine Organisation, in der jedes Mitglied seine ganz eigenen Interessen verfolgt und die dennoch durch ein gemeinsames Ziel zusammengehalten wird. Sie versammeln sowohl Negatoren als auch Artefakte unter sich.

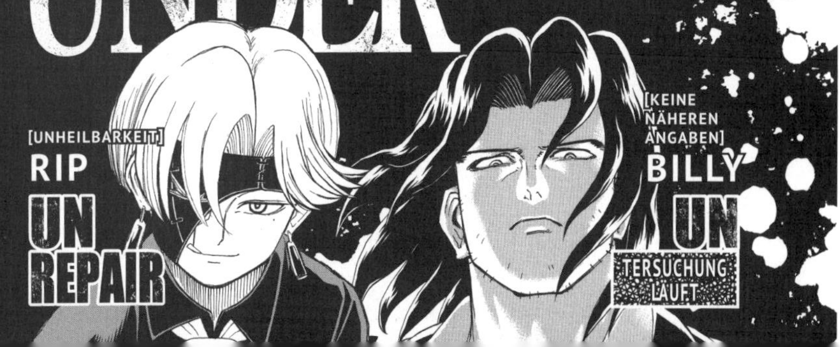

UNDEAD UNLUCK

アンデッドアンラック

INHALT 07

Tetsuzanko

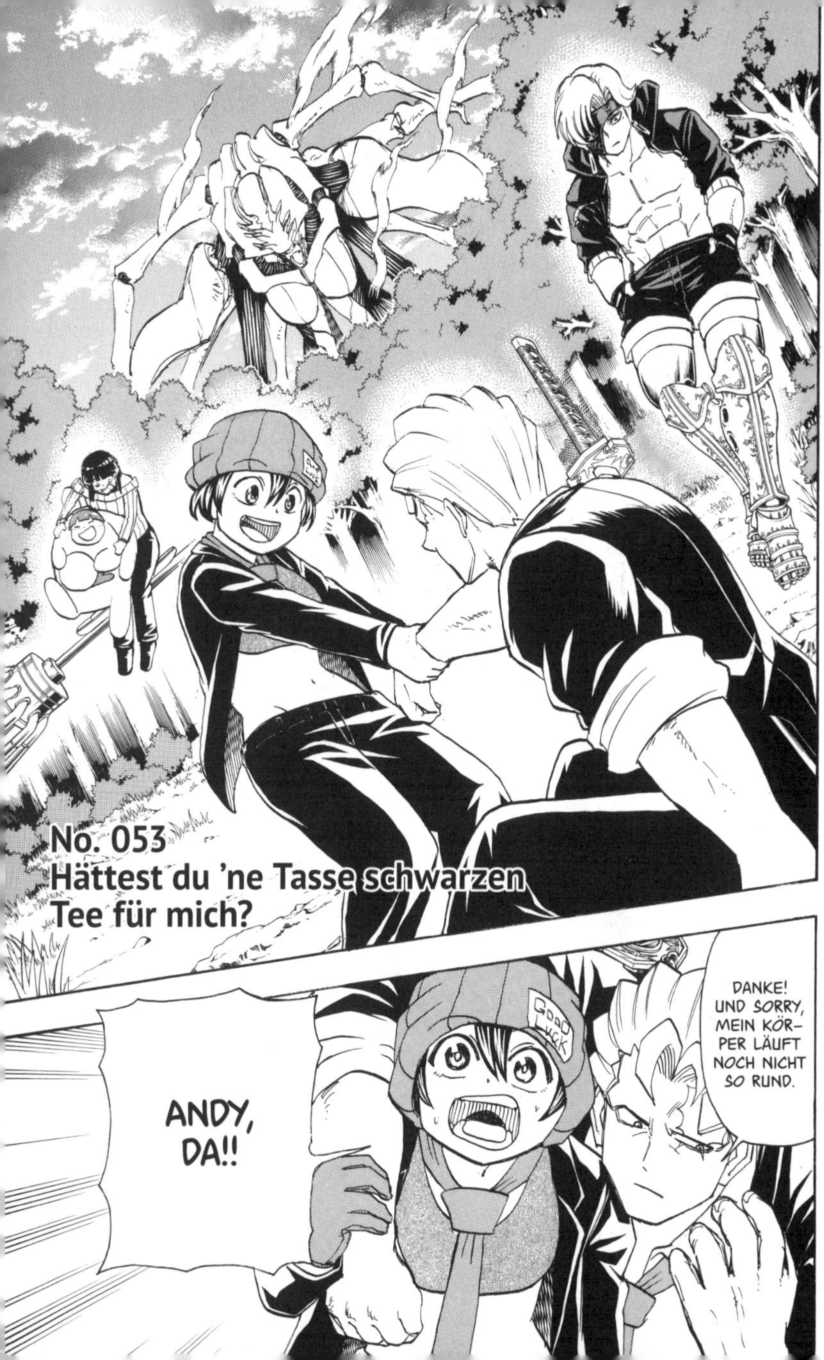
No. 053
Hättest du 'ne Tasse schwarzen Tee für mich?
DANKE! UND SORRY, MEIN KÖR-PER LÄUFT NOCH NICHT SO RUND.
ANDY, DA!!

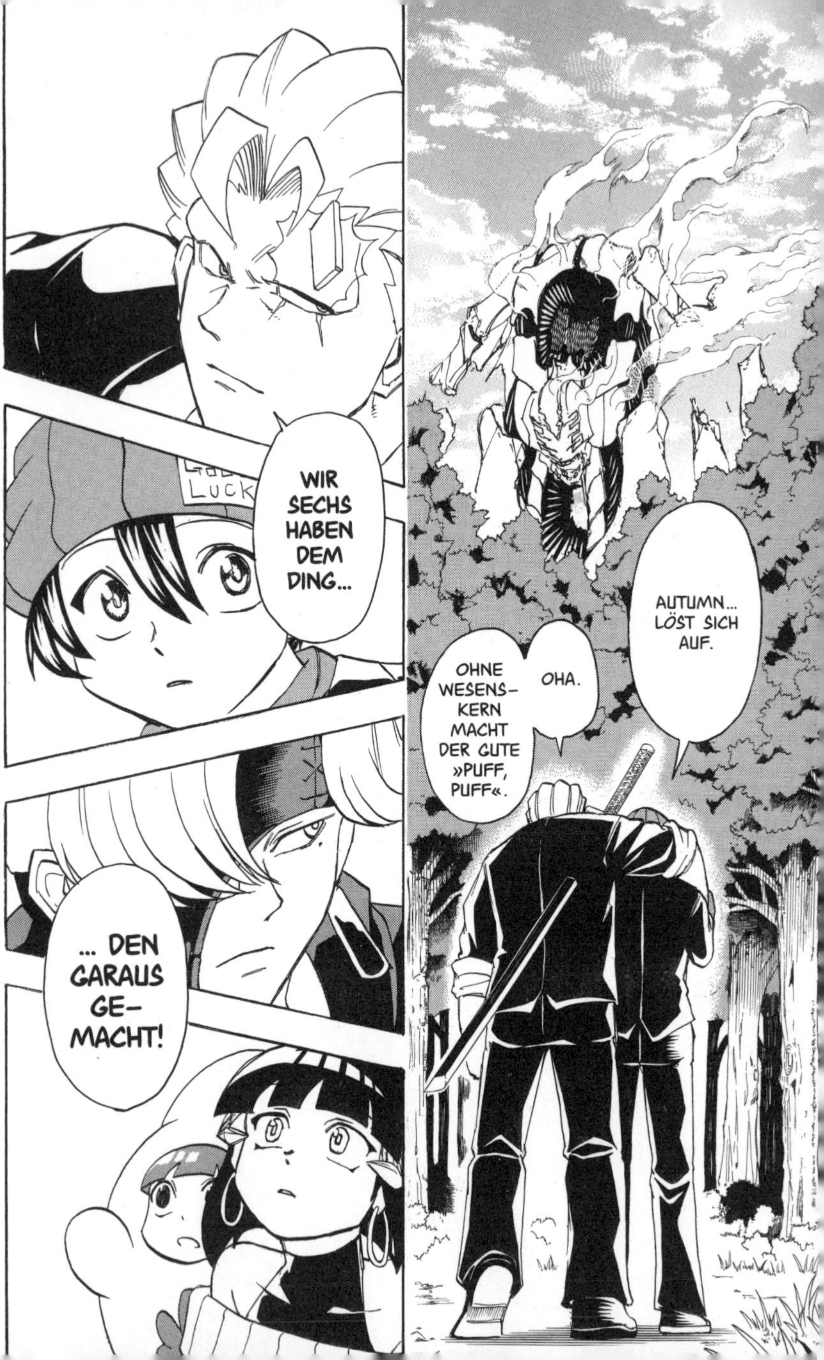
AUTUMN... LÖST SICH AUF.
OHA.
OHNE WESENS-KERN MACHT DER GUTE »PUFF, PUFF«.
WIR SECHS HABEN DEM DING...
... DEN GARAUS GE-MACHT!

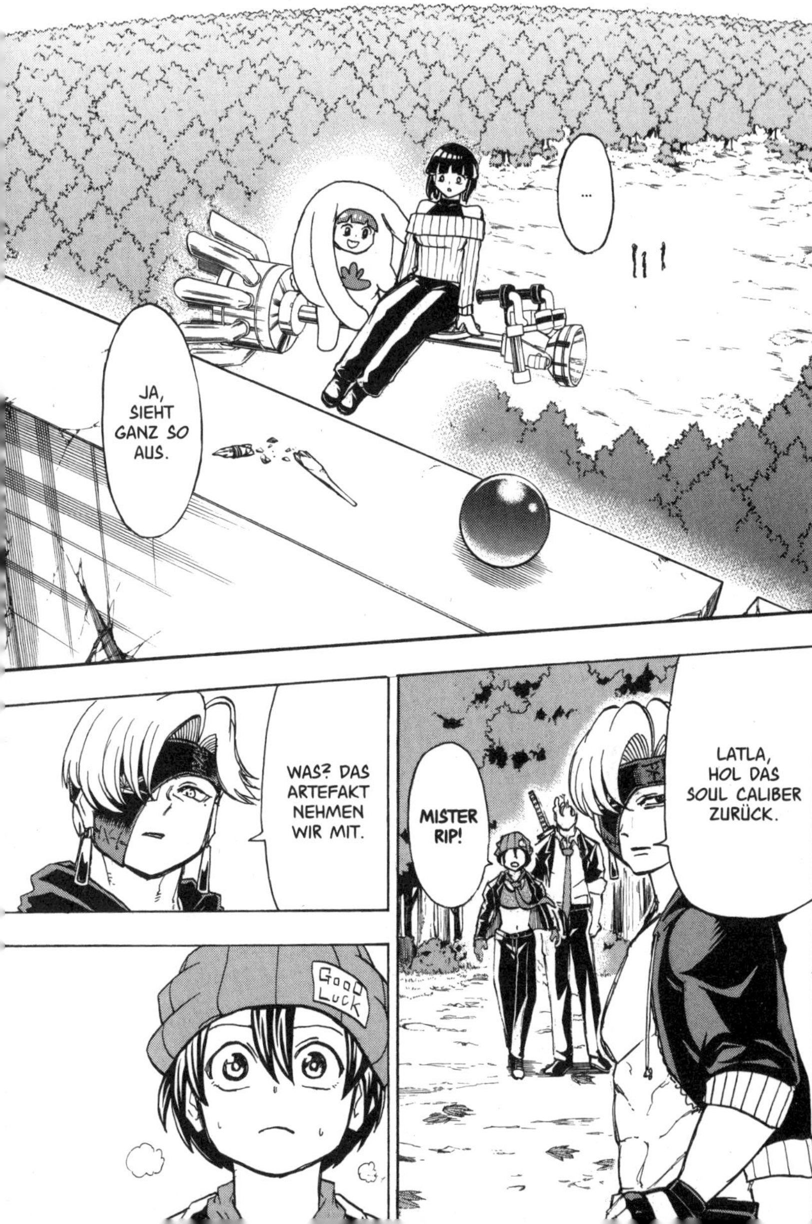
...
JA, SIEHT GANZ SO AUS.
LATLA, HOL DAS SOUL CALIBER ZURÜCK.
MISTER RIP!
WAS? DAS ARTEFAKT NEHMEN WIR MIT.
GOOD LUCK

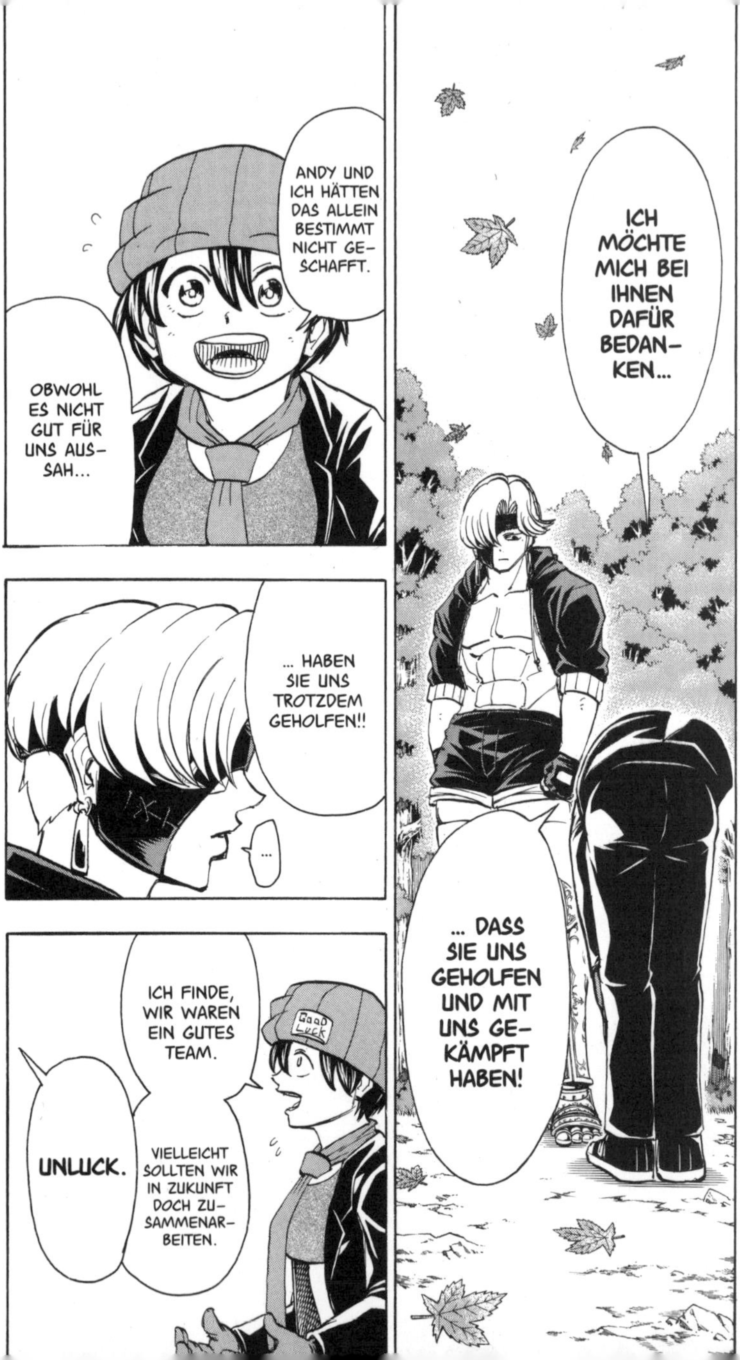
ICH MÖCHTE MICH BEI IHNEN DAFÜR BEDAN-KEN...
... DASS SIE UNS GEHOLFEN UND MIT UNS GE-KÄMPFT HABEN!
ANDY UND ICH HÄTTEN DAS ALLEIN BESTIMMT NICHT GE-SCHAFFT.
OBWOHL ES NICHT GUT FÜR UNS AUS-SAH...
... HABEN SIE UNS TROTZDEM GEHOLFEN!!
...
ICH FINDE, WIR WAREN EIN GUTES TEAM.
GOOD LUCK
VIELLEICHT SOLLTEN WIR IN ZUKUNFT DOCH ZU-SAMMENAR-BEITEN.
UNLUCK.

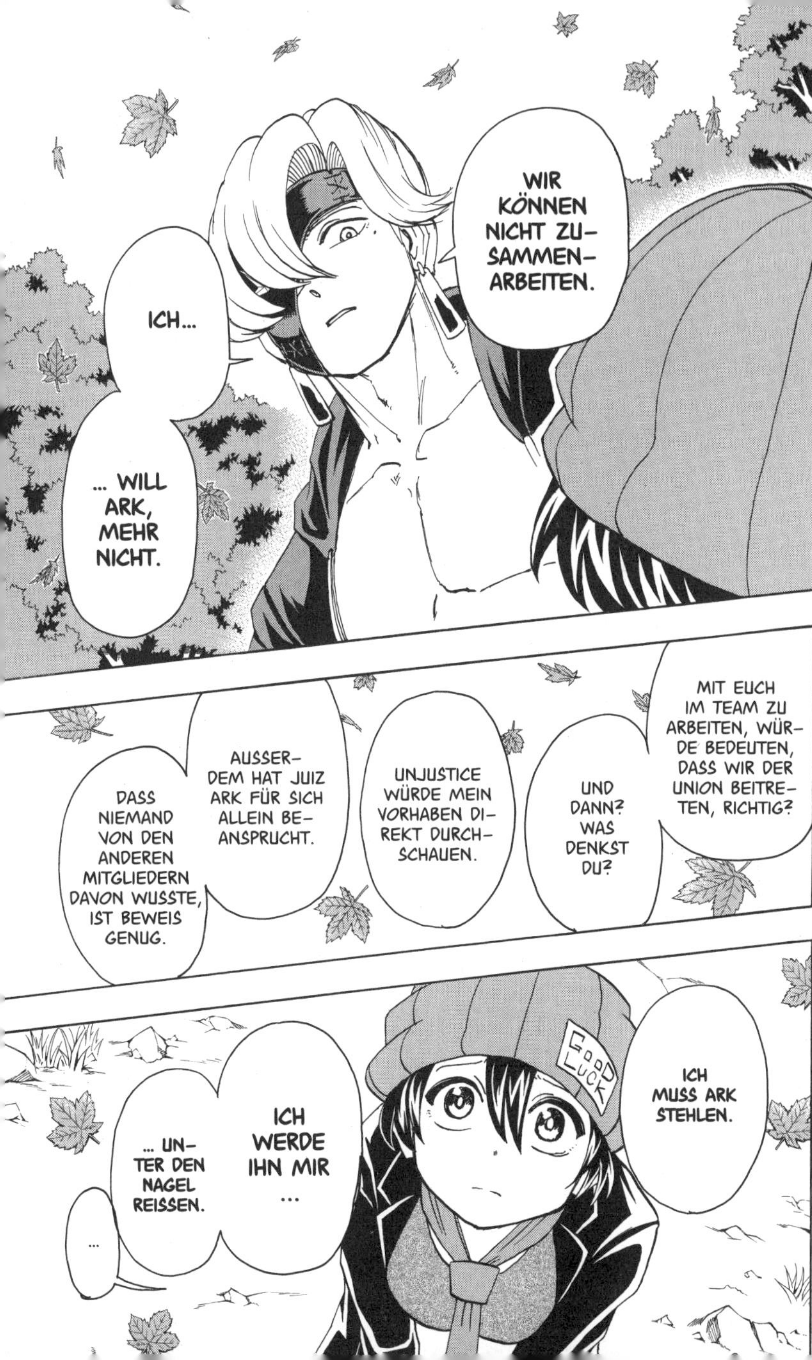
WIR KÖNNEN NICHT ZUSAMMEN-ARBEITEN.
ICH...
... WILL ARK, MEHR NICHT.
MIT EUCH IM TEAM ZU ARBEITEN, WÜRDE BEDEUTEN, DASS WIR DER UNION BEITRETEN, RICHTIG?
UND DANN? WAS DENKST DU?
UNJUSTICE WÜRDE MEIN VORHABEN DIREKT DURCHSCHAUEN.
AUSSERDEM HAT JUIZ ARK FÜR SICH ALLEIN BEANSPRUCHT.
DASS NIEMAND VON DEN ANDEREN MITGLIEDERN DAVON WUSSTE, IST BEWEIS GENUG.
GOOD LUCK
ICH MUSS ARK STEHLEN.
ICH WERDE IHN MIR ...
... UNTER DEN NAGEL REISSEN.
...

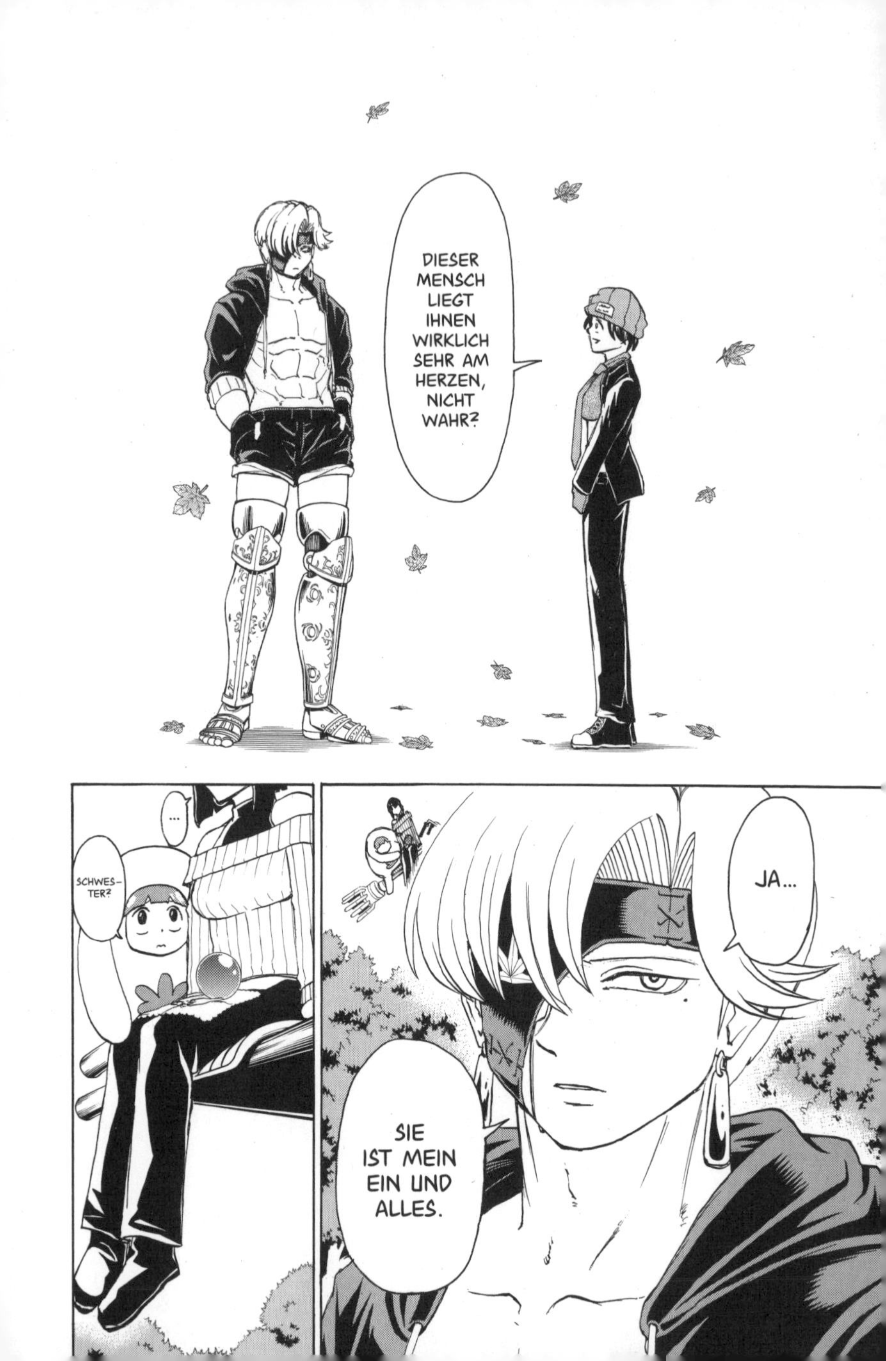
DIESER MENSCH LIEGT IHNEN WIRKLICH SEHR AM HERZEN, NICHT WAHR?
JA…
SIE IST MEIN EIN UND ALLES.
…
SCHWESTER?

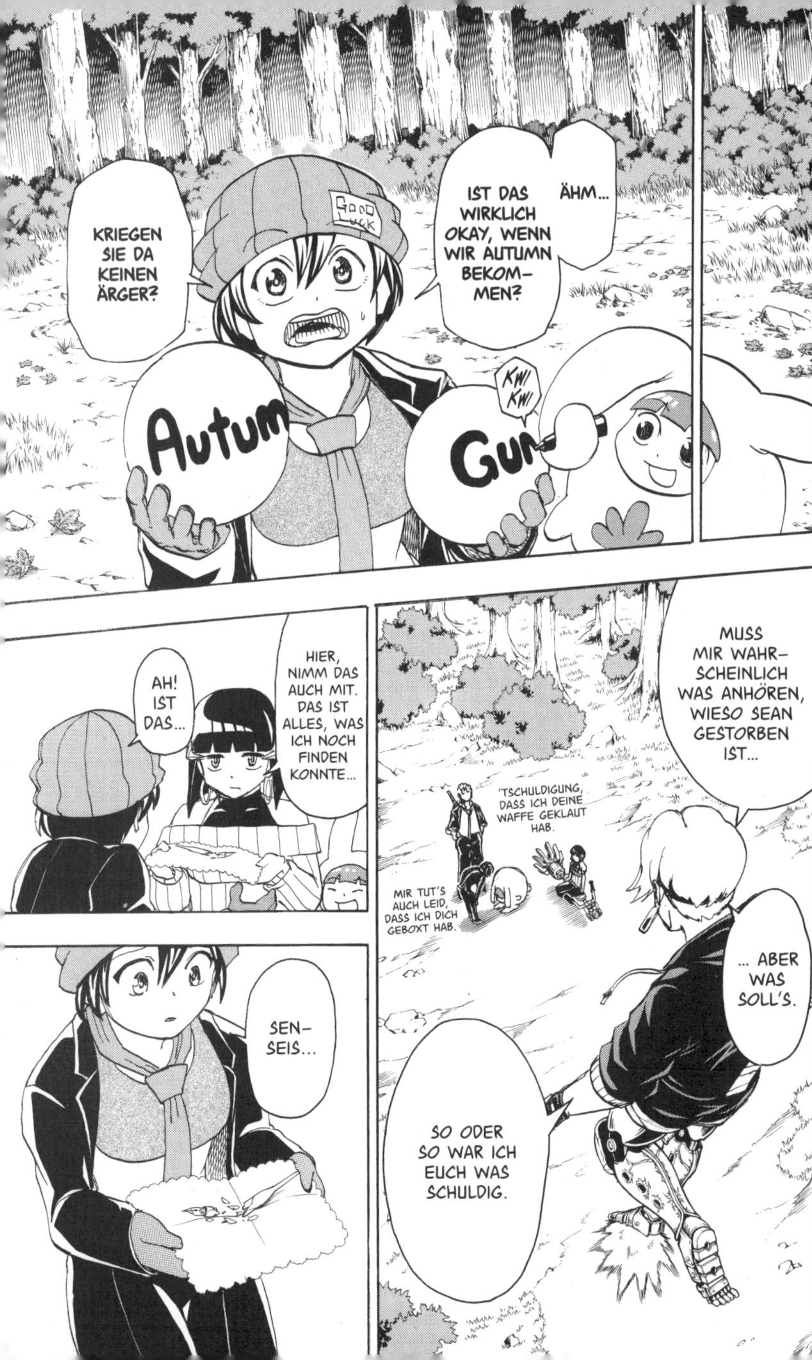

ÄHM...
IST DAS WIRKLICH OKAY, WENN WIR AUTUMN BEKOMMEN?
KRIEGEN SIE DA KEINEN ÄRGER?
GOOD LUCK
Autum
KWI KWI
Gum
MUSS MIR WAHRSCHEINLICH WAS ANHÖREN, WIESO SEAN GESTORBEN IST...
'TSCHULDIGUNG, DASS ICH DEINE WAFFE GEKLAUT HAB.
MIR TUT'S AUCH LEID, DASS ICH DICH GEBOXT HAB.
... ABER WAS SOLL'S.
SO ODER SO WAR ICH EUCH WAS SCHULDIG.
HIER, NIMM DAS AUCH MIT. DAS IST ALLES, WAS ICH NOCH FINDEN KONNTE...
AH! IST DAS...
SENSEIS...

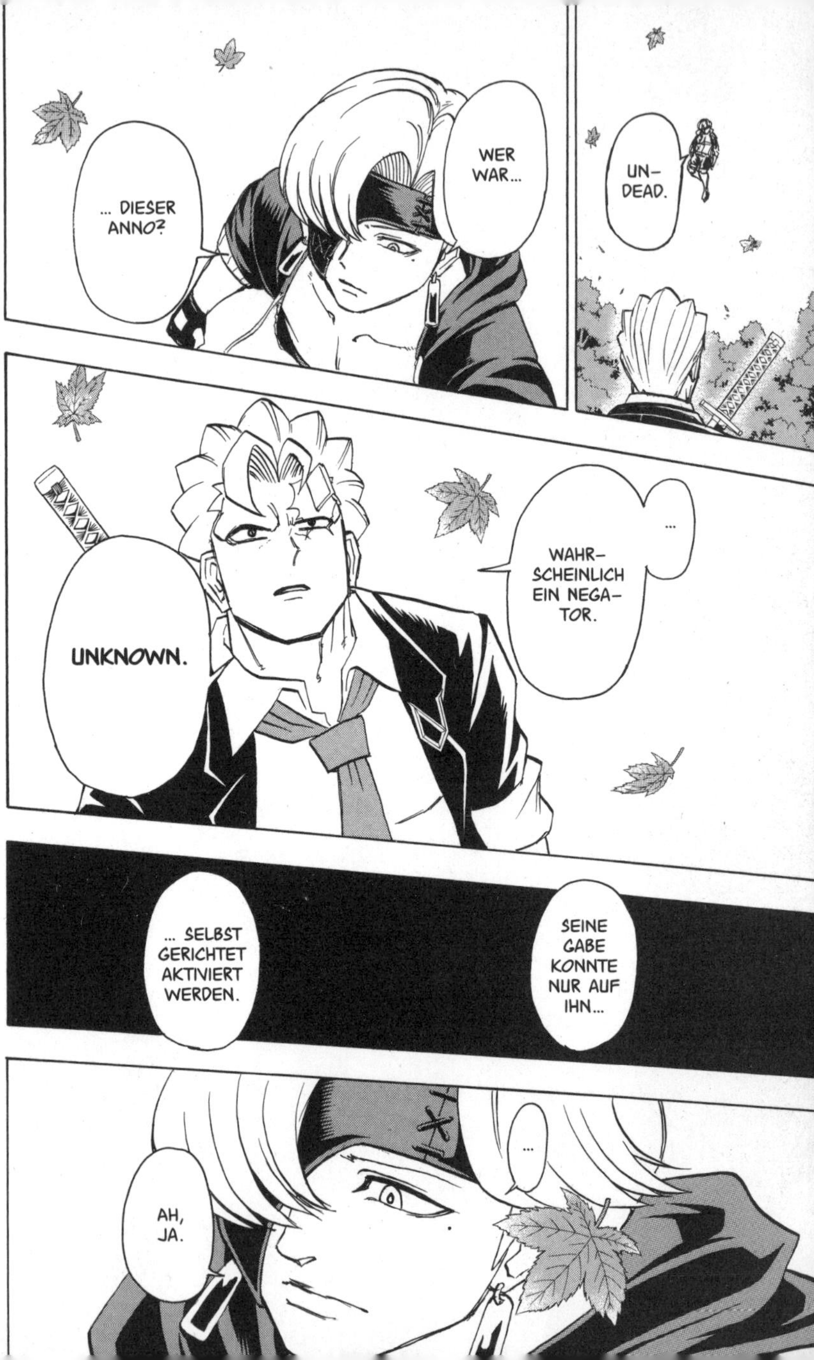
UN-DEAD.
WER WAR...
... DIESER ANNO?
... WAHR-SCHEINLICH EIN NEGA-TOR.
UNKNOWN.
SEINE GABE KONNTE NUR AUF IHN...
... SELBST GERICHTET AKTIVIERT WERDEN.
...
AH, JA.

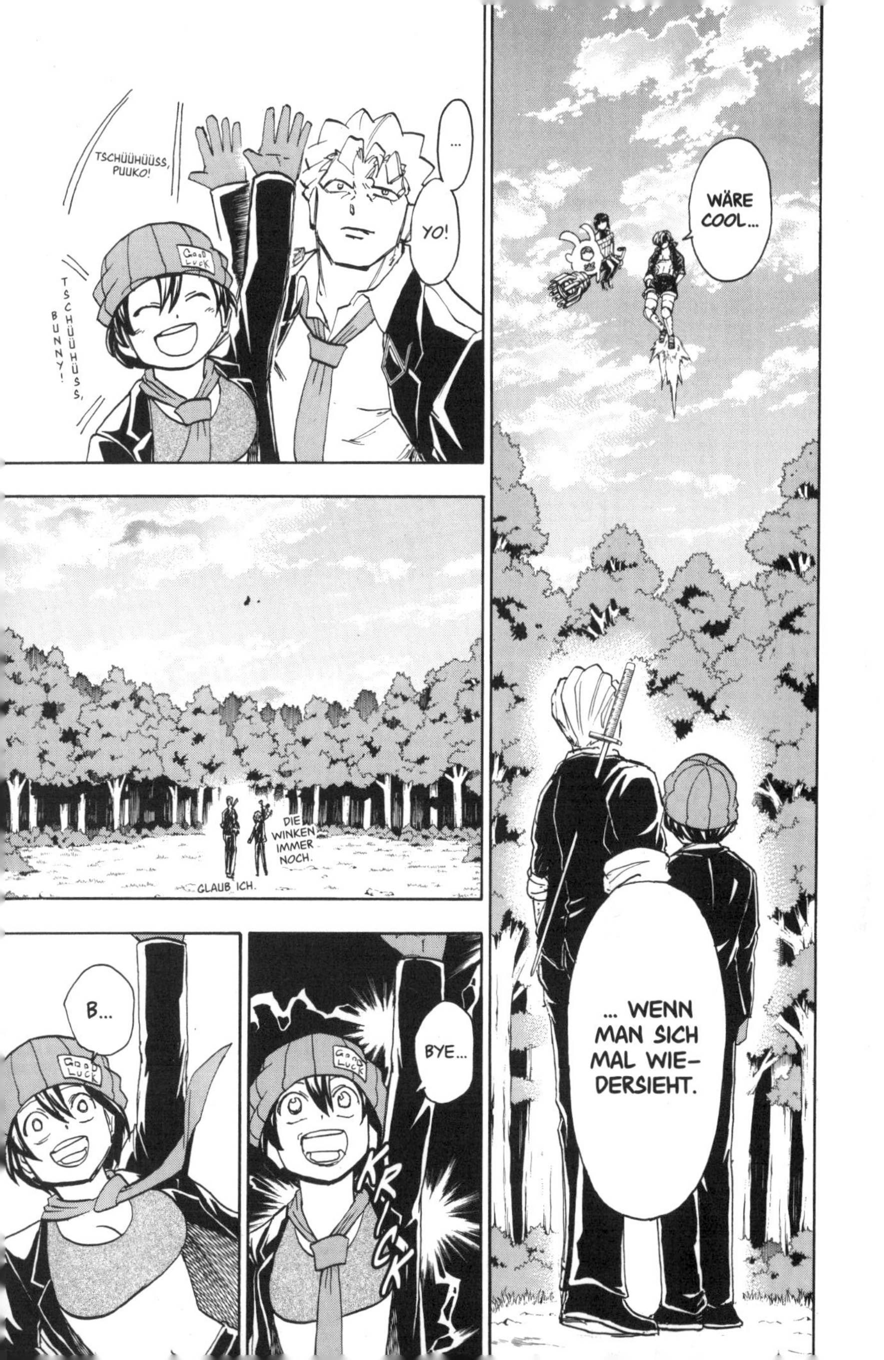
WÄRE COOL...
... WENN MAN SICH MAL WIEDERSIEHT.
...
YO!
TSCHÜÜHÜÜSS, PUUKO!
TSCHÜÜHÜSS, BUNNY!
DIE WINKEN IMMER NOCH.
GLAUB ICH.
BYE...
KRICK
B...

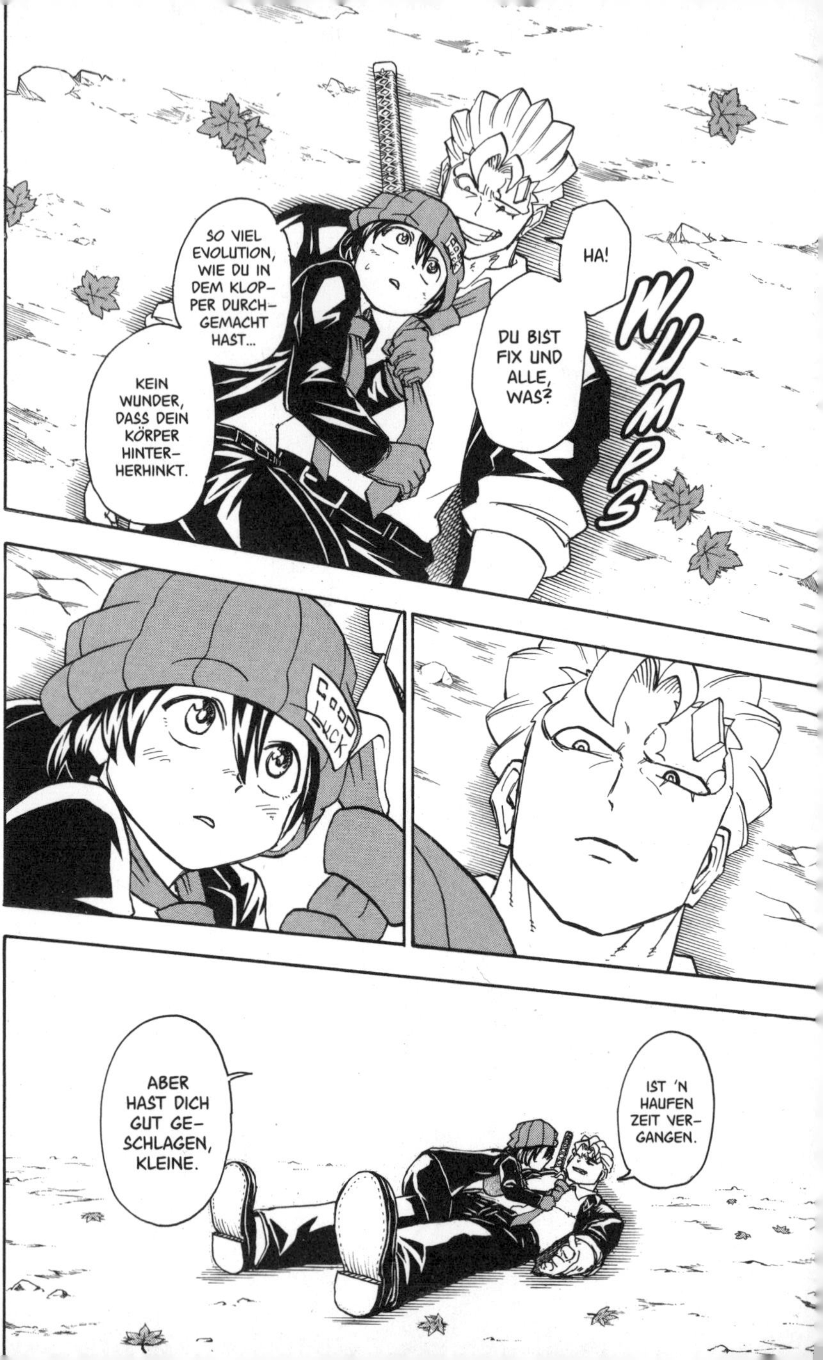
HA!
DU BIST FIX UND ALLE, WAS?
WUMPS
SO VIEL EVOLUTION, WIE DU IN DEM KLOPPER DURCHGEMACHT HAST...
KEIN WUNDER, DASS DEIN KÖRPER HINTERHERHINKT.
GOOD LUCK
IST 'N HAUFEN ZEIT VERGANGEN.
ABER HAST DICH GUT GESCHLAGEN, KLEINE.

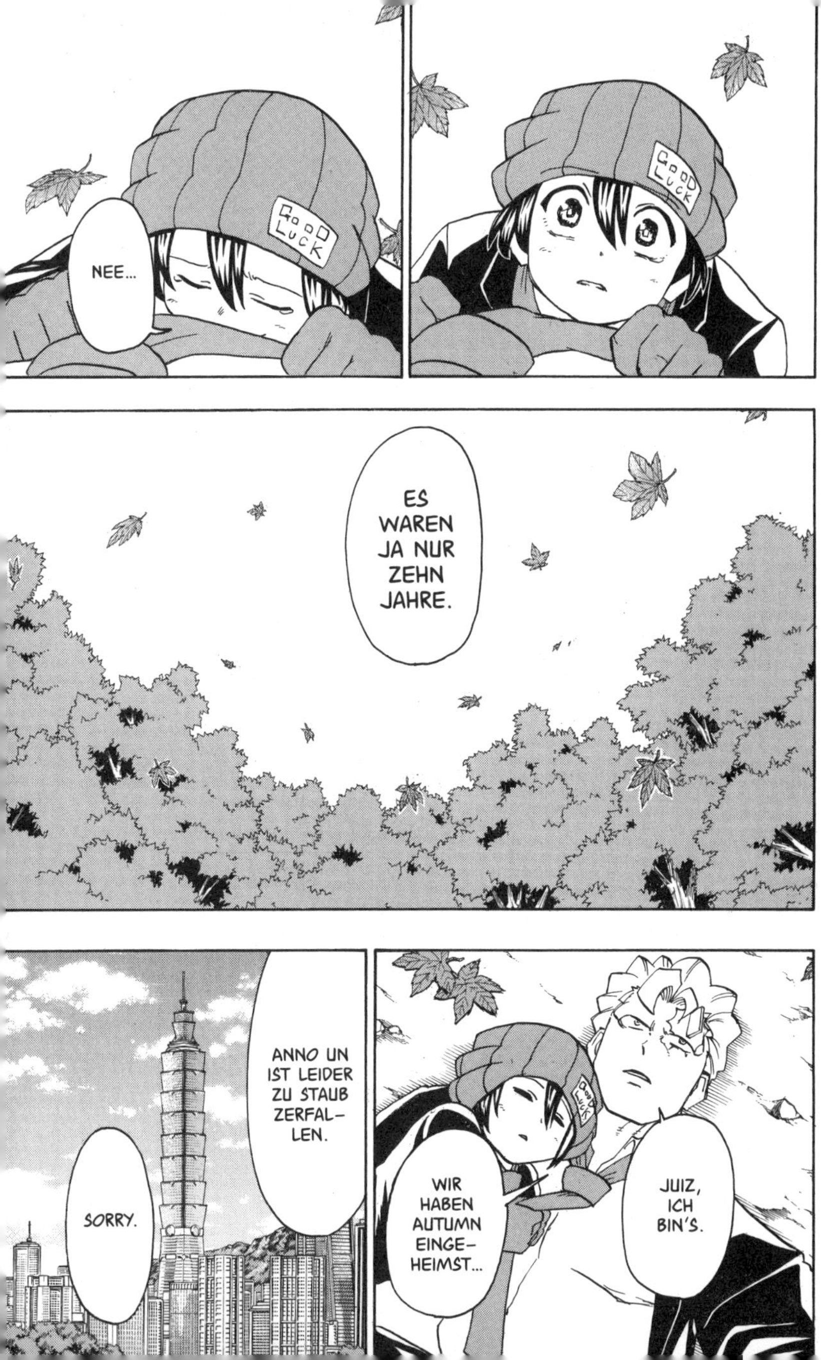
NEE...
ES WAREN JA NUR ZEHN JAHRE.
JUIZ, ICH BIN'S.
WIR HABEN AUTUMN EINGEHEIMST...
ANNO UN IST LEIDER ZU STAUB ZERFALLEN.
SORRY.

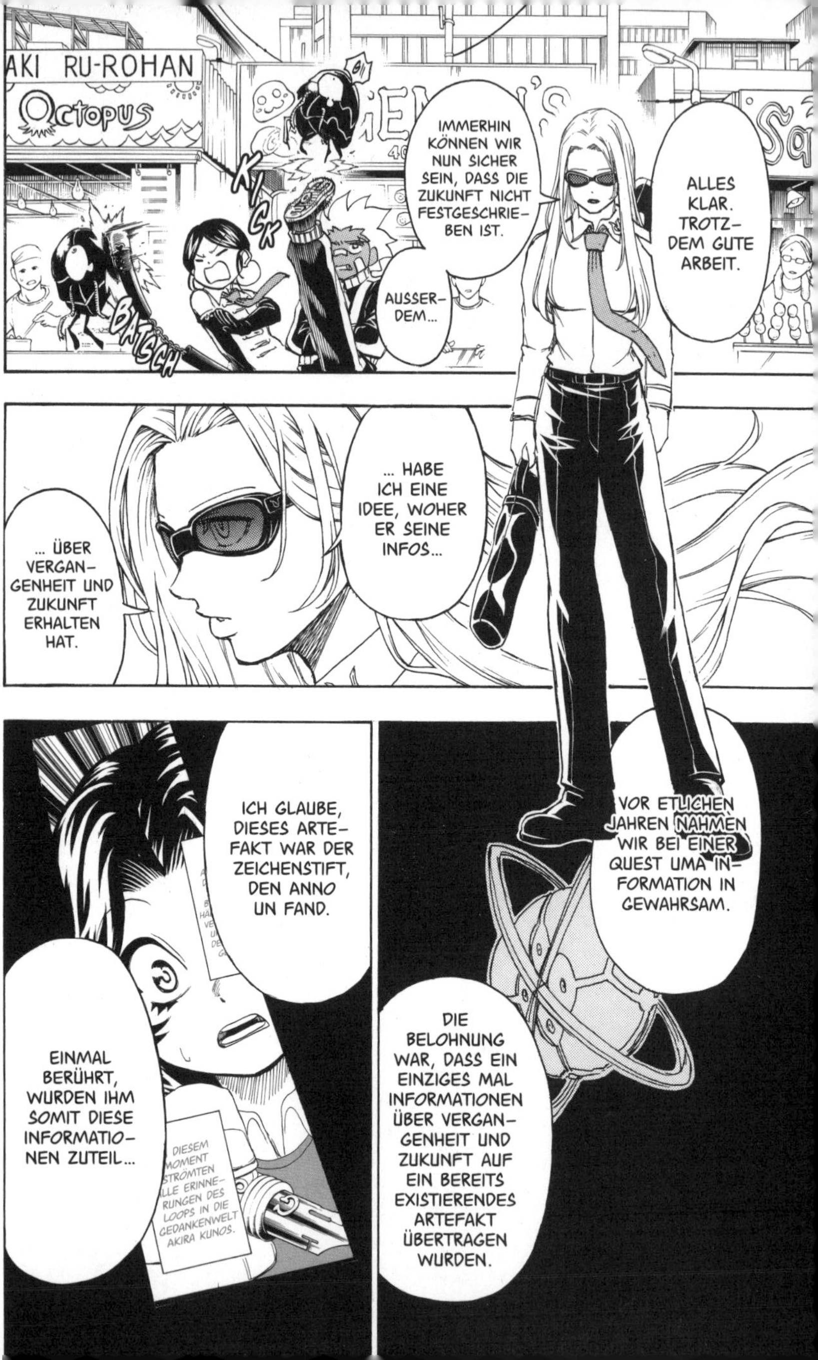
AKI RU-ROHAN
Octopus
KICK
BATSCH
ALLES KLAR. TROTZDEM GUTE ARBEIT.
IMMERHIN KÖNNEN WIR NUN SICHER SEIN, DASS DIE ZUKUNFT NICHT FESTGESCHRIEBEN IST.
AUSSERDEM...
... HABE ICH EINE IDEE, WOHER ER SEINE INFOS...
... ÜBER VERGANGENHEIT UND ZUKUNFT ERHALTEN HAT.
VOR ETLICHEN JAHREN NAHMEN WIR BEI EINER QUEST UMA INFORMATION IN GEWAHRSAM.
DIE BELOHNUNG WAR, DASS EIN EINZIGES MAL INFORMATIONEN ÜBER VERGANGENHEIT UND ZUKUNFT AUF EIN BEREITS EXISTIERENDES ARTEFAKT ÜBERTRAGEN WURDEN.
ICH GLAUBE, DIESES ARTEFAKT WAR DER ZEICHENSTIFT, DEN ANNO UN FAND.
EINMAL BERÜHRT, WURDEN IHM SOMIT DIESE INFORMATIONEN ZUTEIL...
DIESEM MOMENT STRÖMTEN ALLE ERINNERUNGEN DES LOOPS IN DIE GEDANKENWELT AKIRA KUNOS.

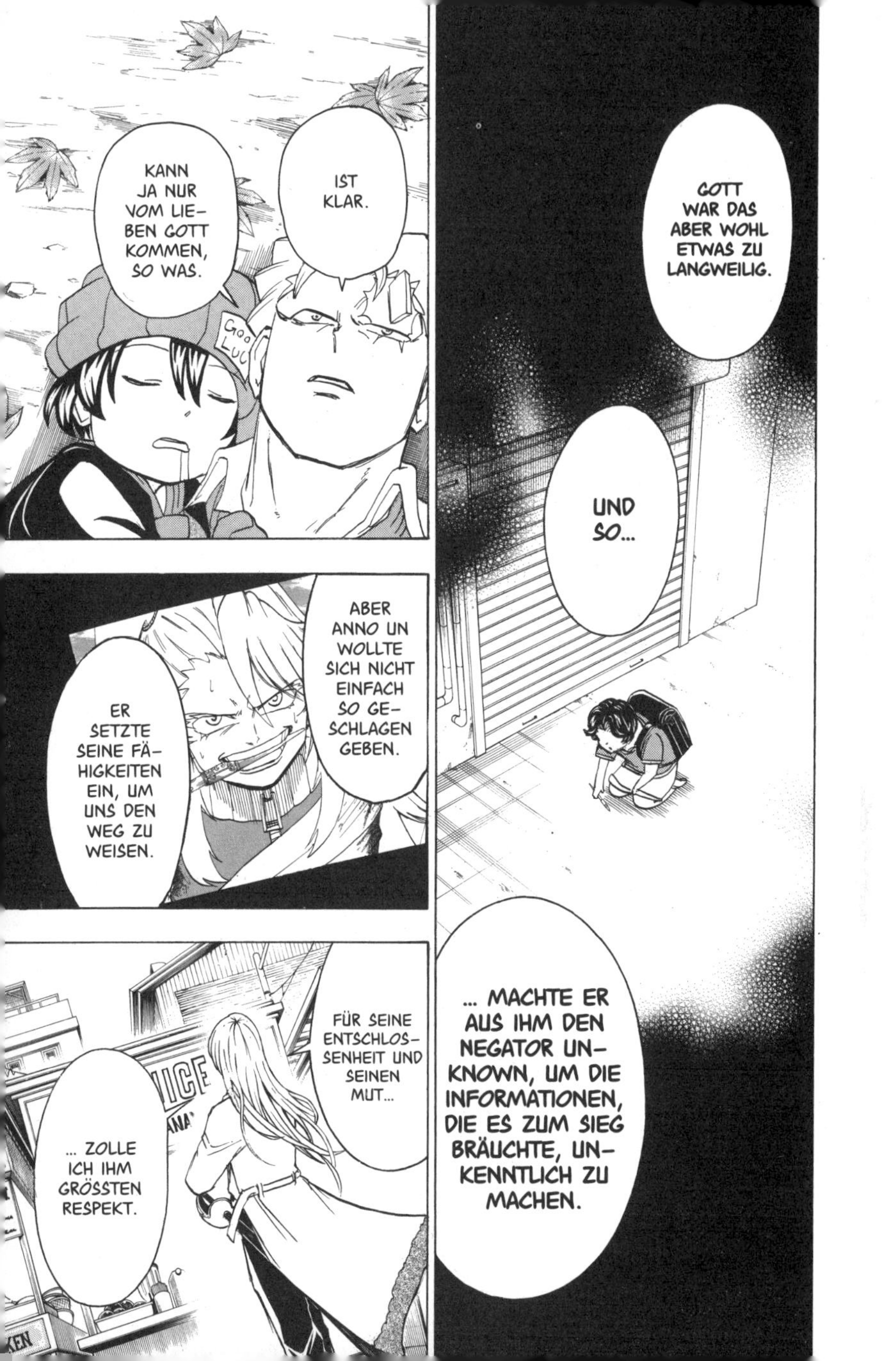
IST KLAR.
KANN JA NUR VOM LIEBEN GOTT KOMMEN, SO WAS.
Goo LUC
ABER ANNO UN WOLLTE SICH NICHT EINFACH SO GESCHLAGEN GEBEN.
ER SETZTE SEINE FÄHIGKEITEN EIN, UM UNS DEN WEG ZU WEISEN.
FÜR SEINE ENTSCHLOSSENHEIT UND SEINEN MUT...
... ZOLLE ICH IHM GRÖSSTEN RESPEKT.
GOTT WAR DAS ABER WOHL ETWAS ZU LANGWEILIG.
UND SO...
... MACHTE ER AUS IHM DEN NEGATOR UNKNOWN, UM DIE INFORMATIONEN, DIE ES ZUM SIEG BRÄUCHTE, UNKENNTLICH ZU MACHEN.

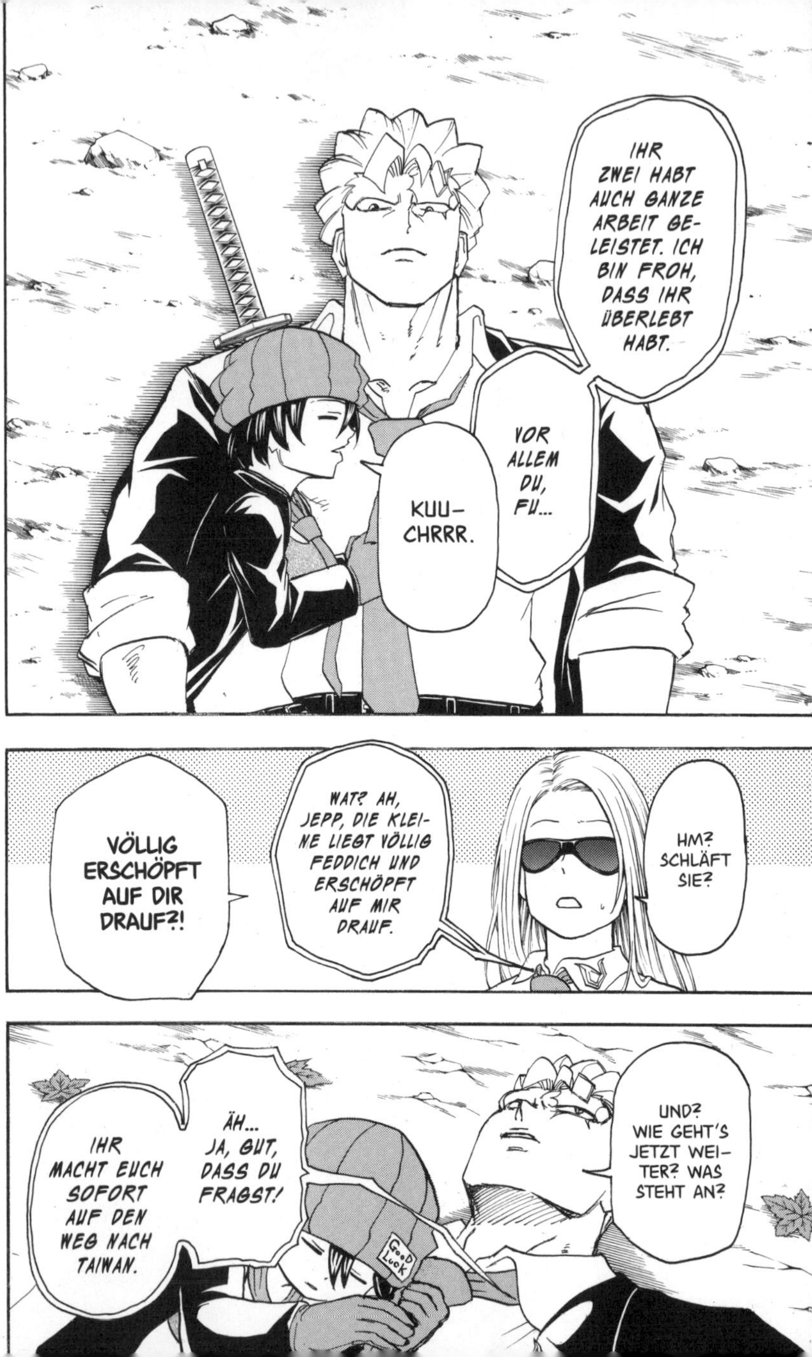
IHR ZWEI HABT AUCH GANZE ARBEIT GELEISTET. ICH BIN FROH, DASS IHR ÜBERLEBT HABT.
VOR ALLEM DU, FU...
KUU-CHRRR.
HM? SCHLÄFT SIE?
WAT? AH, JEPP, DIE KLEINE LIEGT VÖLLIG FEDDICH UND ERSCHÖPFT AUF MIR DRAUF.
VÖLLIG ERSCHÖPFT AUF DIR DRAUF?!
UND? WIE GEHT'S JETZT WEITER? WAS STEHT AN?
ÄH... JA, GUT, DASS DU FRAGST!
IHR MACHT EUCH SOFORT AUF DEN WEG NACH TAIWAN.
GOOD LUCK

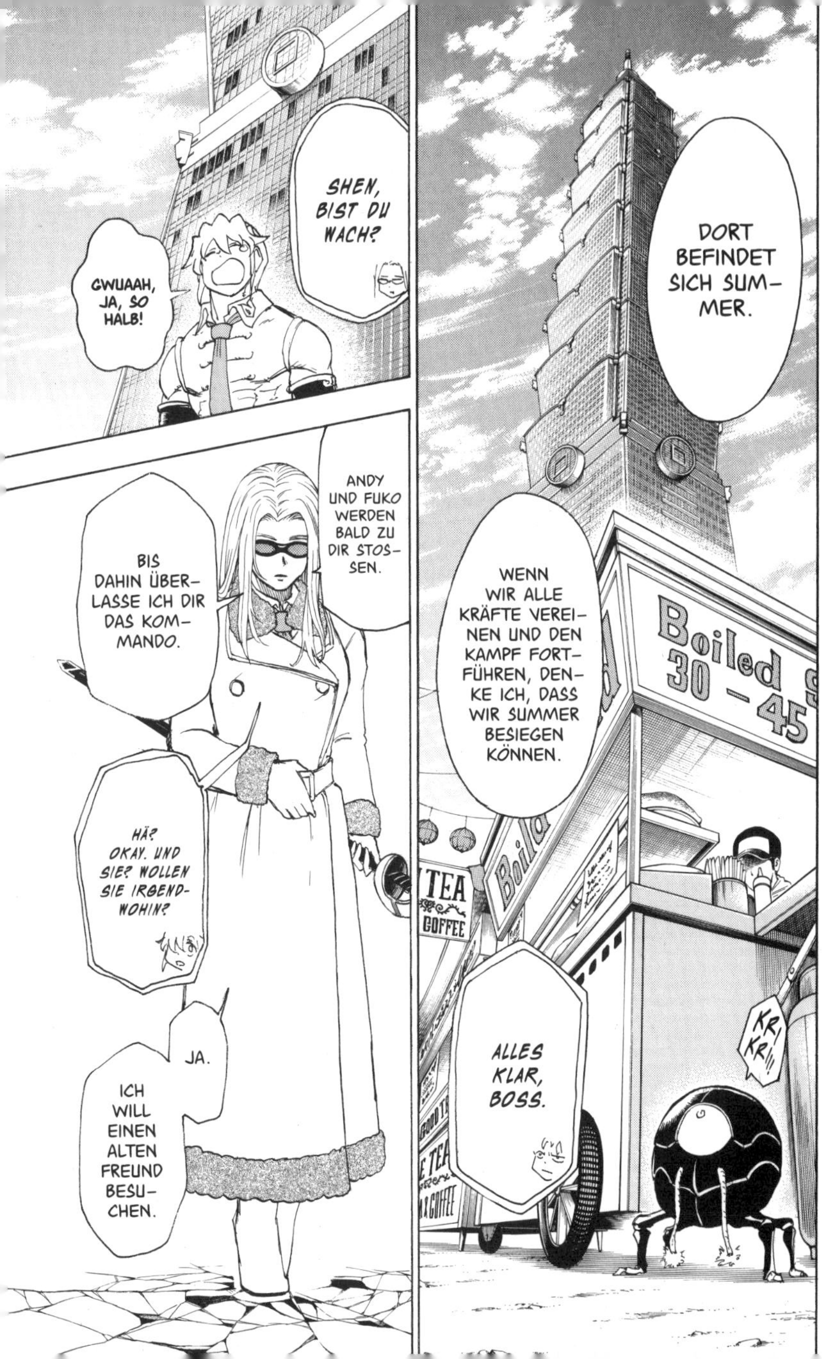
DORT BEFINDET SICH SUMMER.
WENN WIR ALLE KRÄFTE VEREINEN UND DEN KAMPF FORTFÜHREN, DENKE ICH, DASS WIR SUMMER BESIEGEN KÖNNEN.
ALLES KLAR, BOSS.
KRI KRI!!!
SHEN, BIST DU WACH?
GWUAAH, JA, SO HALB!
ANDY UND FUKO WERDEN BALD ZU DIR STOSSEN.
BIS DAHIN ÜBERLASSE ICH DIR DAS KOMMANDO.
HÄ? OKAY. UND SIE? WOLLEN SIE IRGENDWOHIN?
JA.
ICH WILL EINEN ALTEN FREUND BESUCHEN.
Boiled
30 – 45
TEA
COFFEE

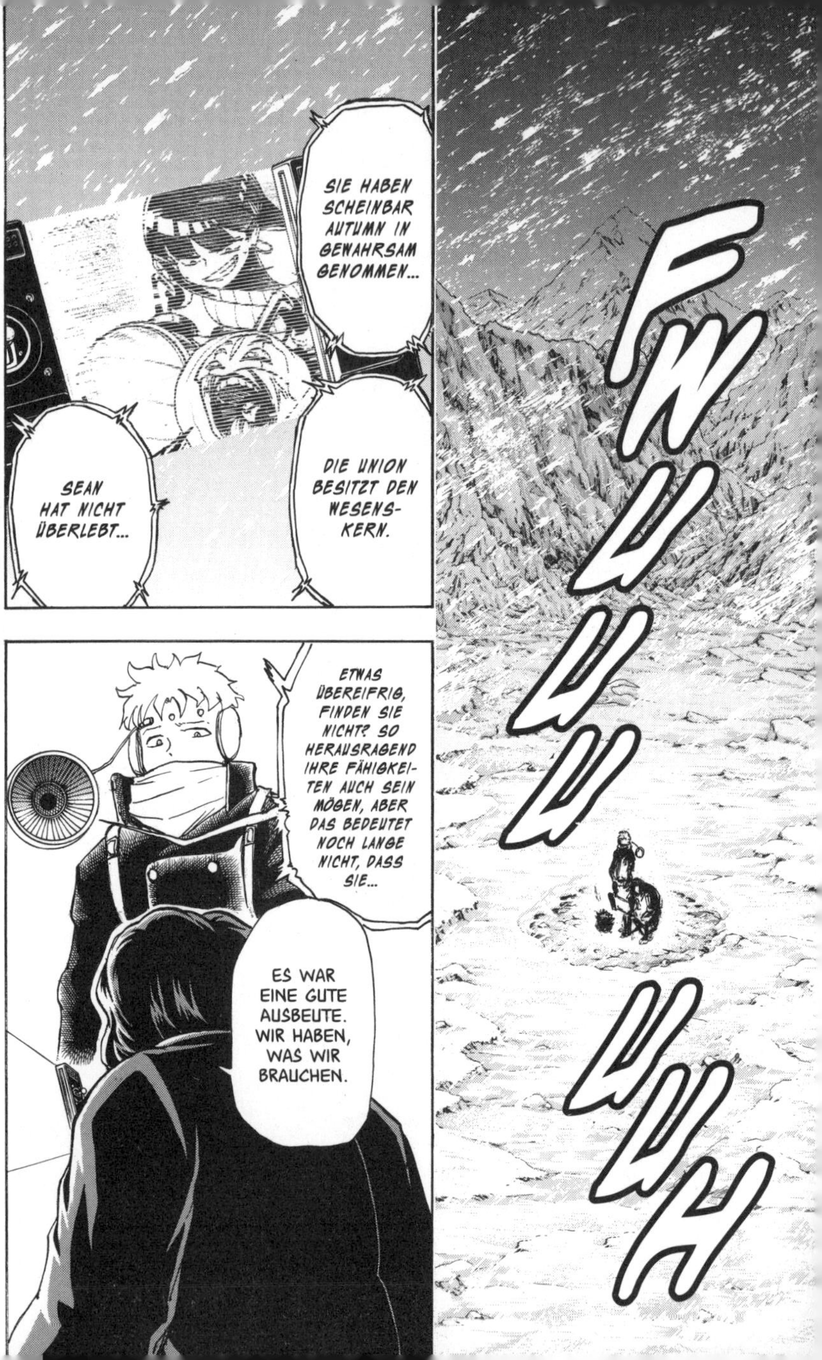
SIE HABEN SCHEINBAR AUTUMN IN GEWAHRSAM GENOMMEN…
DIE UNION BESITZT DEN WESENS-KERN.
SEAN HAT NICHT ÜBERLEBT…
FWUUUUUUUUH
ETWAS ÜBEREIFRIG, FINDEN SIE NICHT? SO HERAUSRAGEND IHRE FÄHIGKEI-TEN AUCH SEIN MÖGEN, ABER DAS BEDEUTET NOCH LANGE NICHT, DASS SIE…
ES WAR EINE GUTE AUSBEUTE. WIR HABEN, WAS WIR BRAUCHEN.

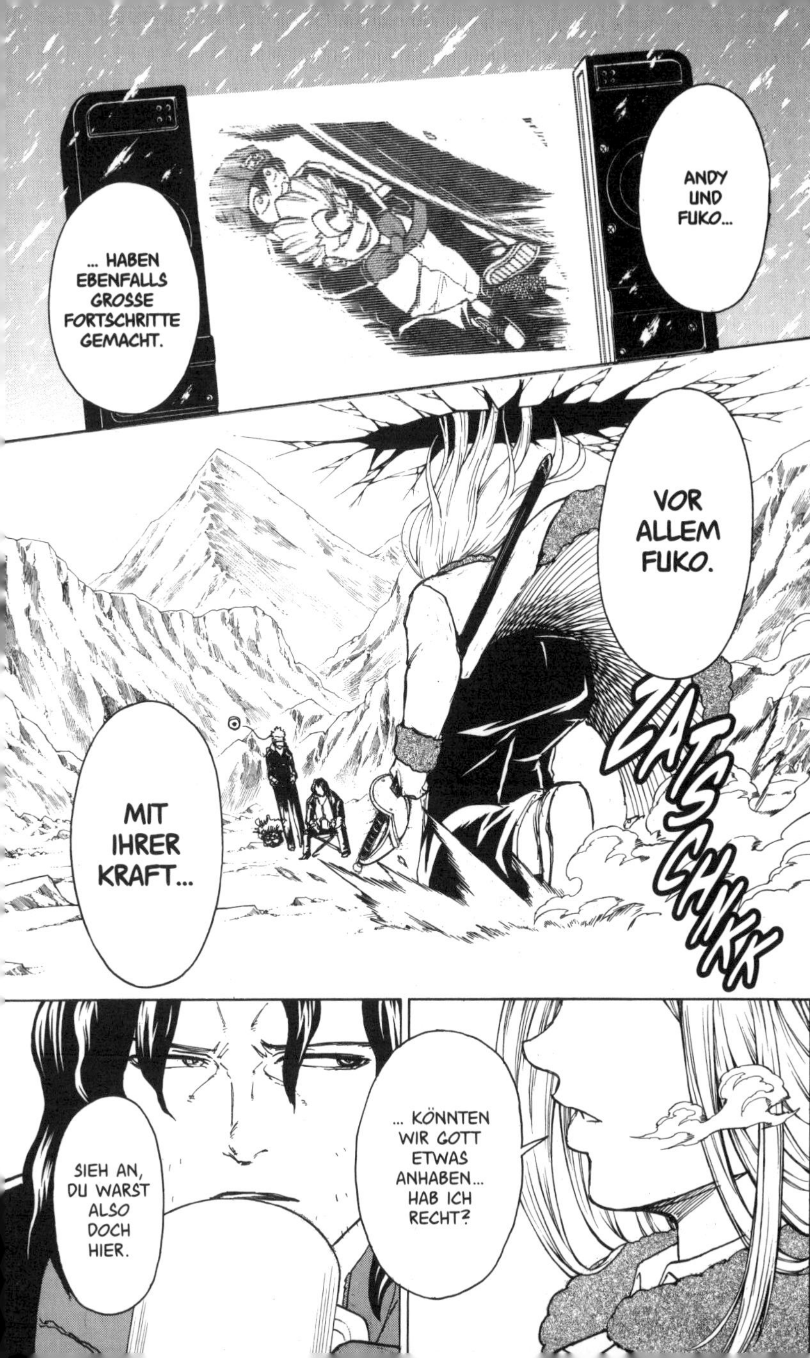
ANDY UND FUKO...
... HABEN EBENFALLS GROSSE FORTSCHRITTE GEMACHT.
VOR ALLEM FUKO.
MIT IHRER KRAFT...
ZATSCHIKK
... KÖNNTEN WIR GOTT ETWAS ANHABEN... HAB ICH RECHT?
SIEH AN, DU WARST ALSO DOCH HIER.

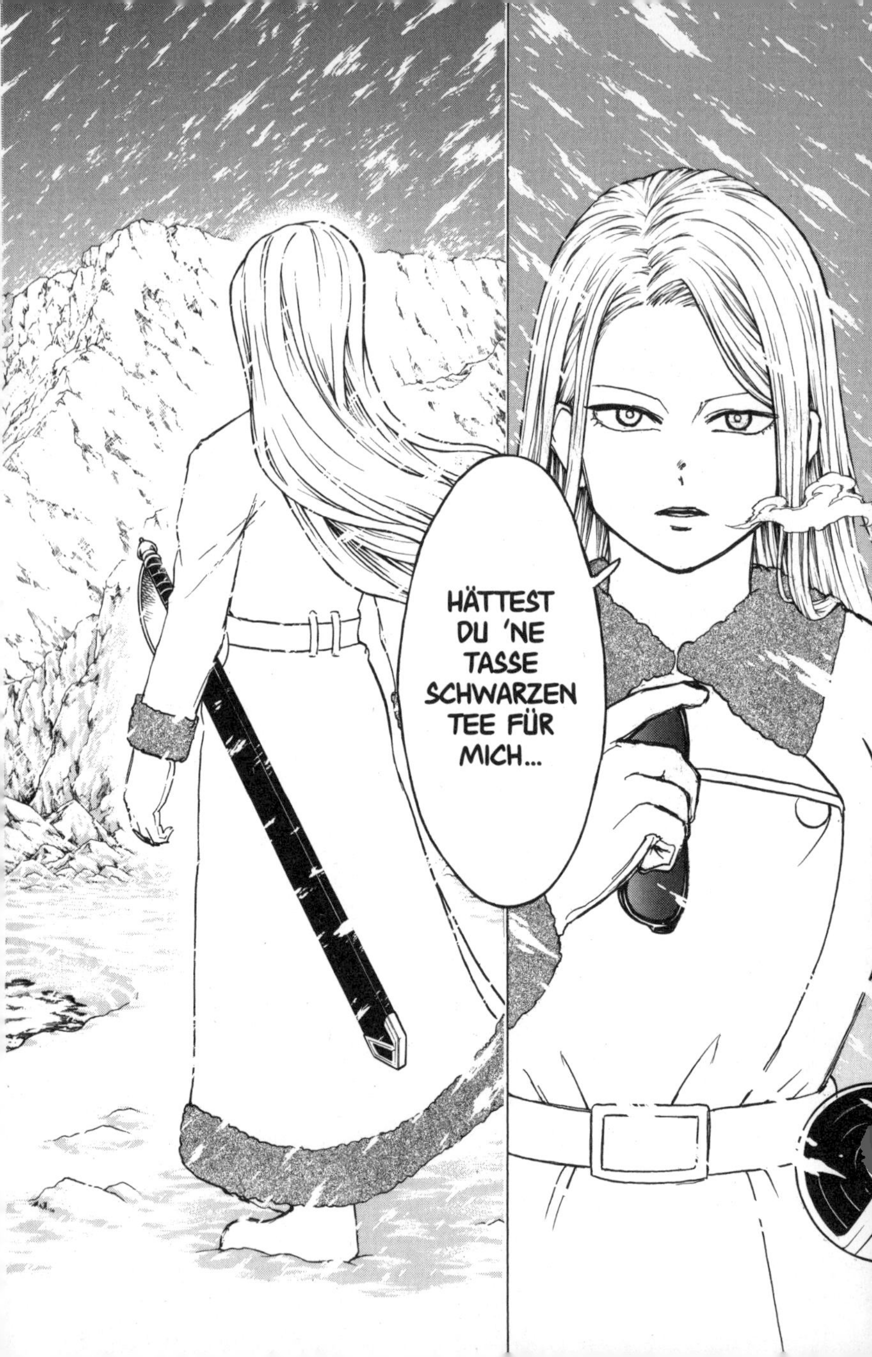
HÄTTEST DU 'NE TASSE SCHWARZEN TEE FÜR MICH...

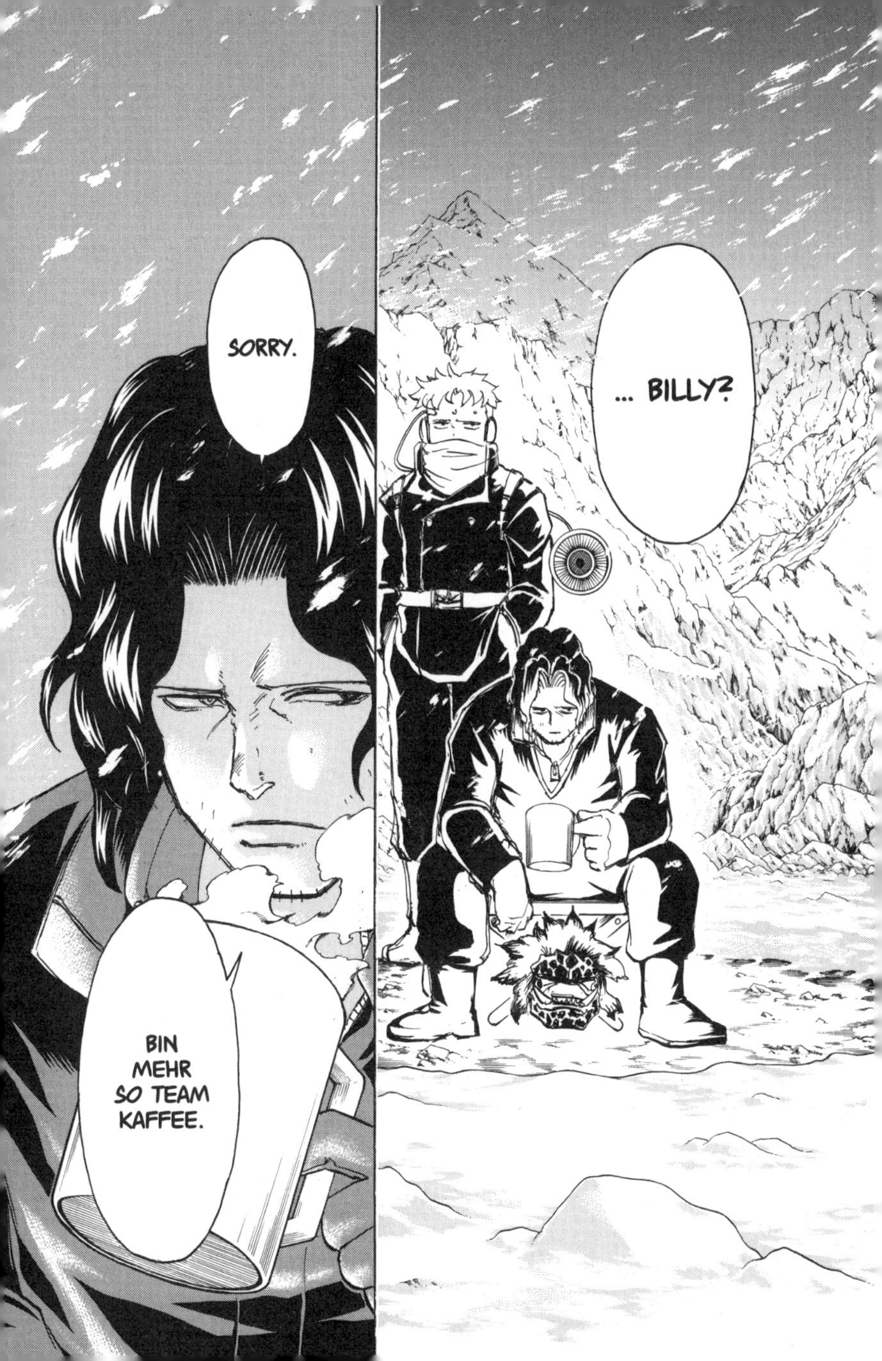
... BILLY?
SORRY.
BIN MEHR SO TEAM KAFFEE.

BACKS (IHR DÜRFT MICH ABER RUHIG »BUNNY« NENNEN, NÄ?)

ALTER: ÄHM, NA JA, HMM... WEISS ICH GAR NICHT, NÄ!

GRÖSSE: VIELLEICHT 'NEN METER ODER SO. WENN MAN VON DEN OHREN MISST, SO 'N METER ZWANZICH, HAT DIE GROSSE SCHWESTER GESAGT, NÄ!

GEWICHT: NEE, ALSO WIRKLICH! SO WAS FRAGT MAN EINE LADY NICHT! MENNO!

HOBBYS: ICH GEB MIR JEDEN TAG SOOO DOLL MÜHE, MEINER GROSSEN SCHWESTER LATLA NACHZUEIFERN! SOGAR MEINE HAARE SEHEN AUS WIE IHRE, GUCK!

BESONDERE FÄHIGKEITEN: BUNNY SCHLICHTET, WENN RIPPY UND LATLA MAL WIEDER ZANKEN!

GABE: DAS WEISS ICH SELBST NOCH NICHT MAL SO GENAU! BUNNY KANN IHRE GEGNER IN SO KOMISCHES ZEUG EINPACKEN UND DANN KOMMEN DIE DA NICHT MEHR RAUS, NÄ!

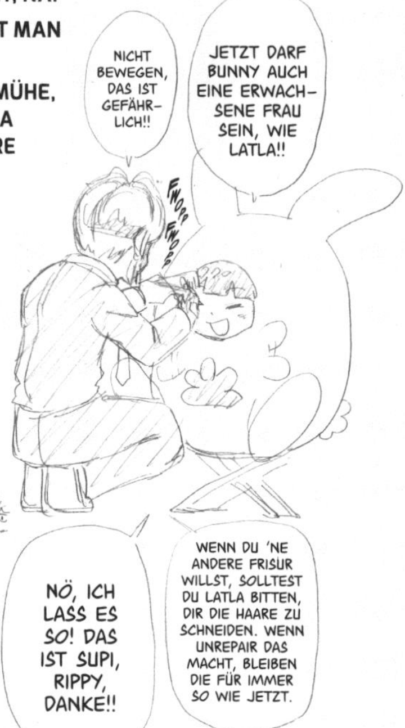

ACH JA! DIESES HÄSCHENKOSTÜM, NÄ! ALSO, DAS HEISST »PIPI«... »PIKILI...«, ÄHM, GENAU!! PIPIPENPAPOPU, JO, NÄ!!

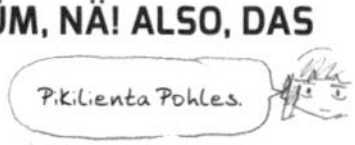

WENN ICH DAS EINMAL ANHABE, KOMM ICH NICHT MEHR RAUS!

ANFANGS KONNTE ICH SELBST NICHT GLAUBEN, WAS ICH DA ANGESTELLT HAB, DESWEGEN MUSSTE ICH GANZ DOLL WEINEN, ABER RIPPY UND SCHWESTER LATLA HABEN MIR GEHOLFEN. SIE HABEN GESAGT, ICH BIN SÜSS UND NIEDLICH! IRGENDWANN DACHTE ICH, IN DEM KOSTÜM ZU STECKEN IST JA GAR NICHT SO SCHLIMM, HIHI! RIPPY UND LATLA MEINTEN, SIE GUCKEN MAL, OB SIE MICH IRGENDWIE WIEDER RAUSFUMMELN! ICH HAB DIE BEIDEN GANZ DOLL LIEB! DIE SIND IMMER SO NETT ZU MIR, NÄ!

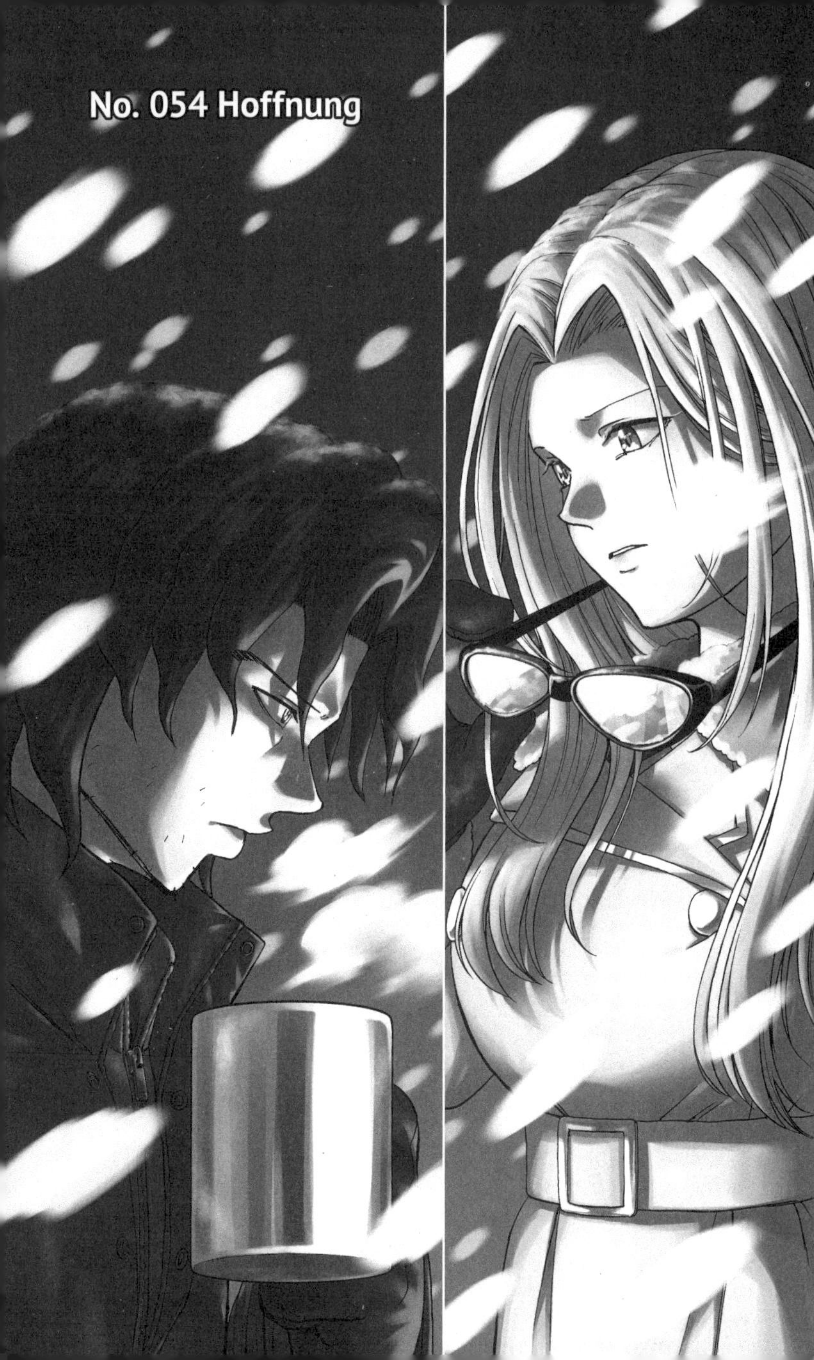
No. 054 Hoffnung

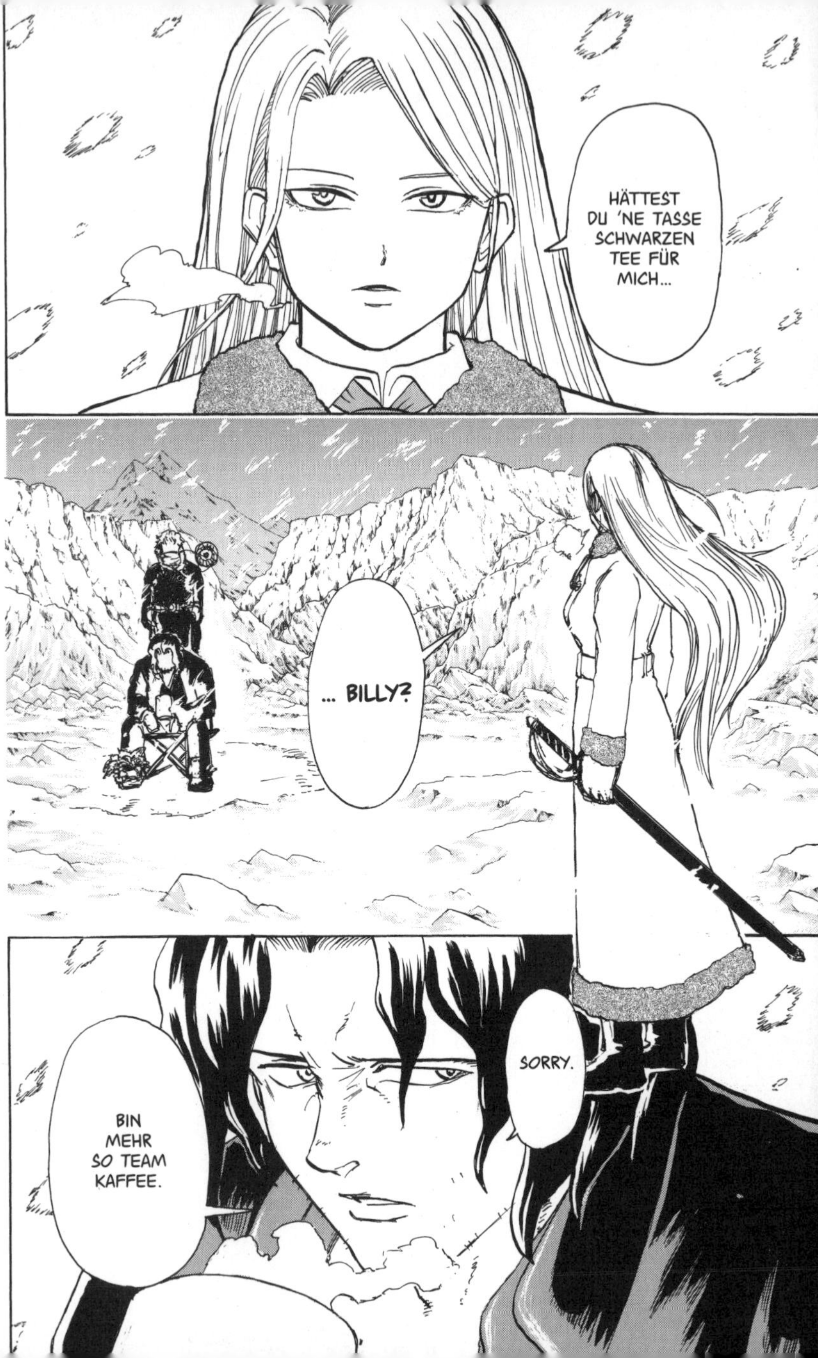
HÄTTEST DU 'NE TASSE SCHWARZEN TEE FÜR MICH...
... BILLY?
SORRY.
BIN MEHR SO TEAM KAFFEE.

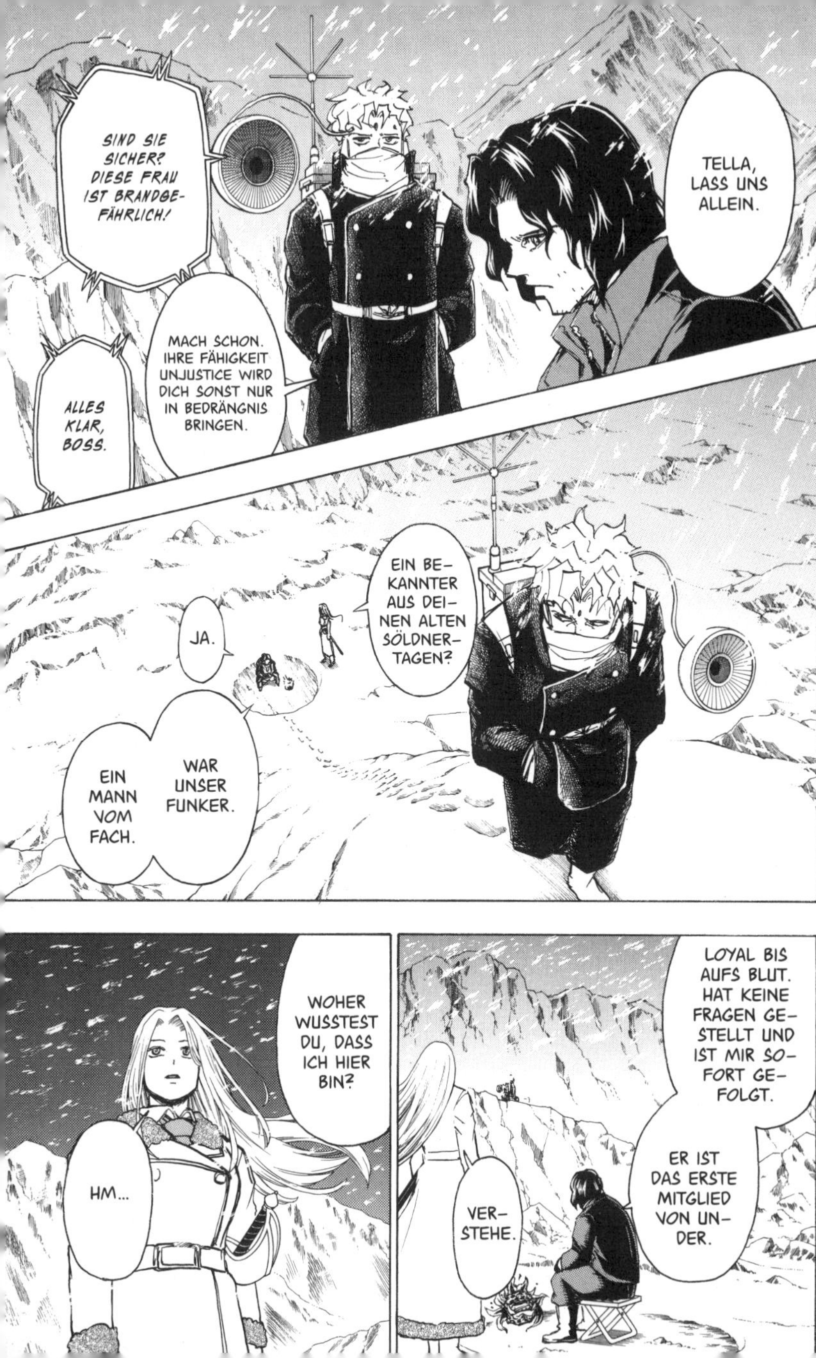
TELLA, LASS UNS ALLEIN.
SIND SIE SICHER? DIESE FRAU IST BRANDGE-FÄHRLICH!
MACH SCHON. IHRE FÄHIGKEIT UNJUSTICE WIRD DICH SONST NUR IN BEDRÄNGNIS BRINGEN.
ALLES KLAR, BOSS.
EIN BE-KANNTER AUS DEI-NEN ALTEN SÖLDNER-TAGEN?
JA.
WAR UNSER FUNKER.
EIN MANN VOM FACH.
LOYAL BIS AUFS BLUT. HAT KEINE FRAGEN GE-STELLT UND IST MIR SO-FORT GE-FOLGT.
ER IST DAS ERSTE MITGLIED VON UN-DER.
VER-STEHE.
WOHER WUSSTEST DU, DASS ICH HIER BIN?
HM...

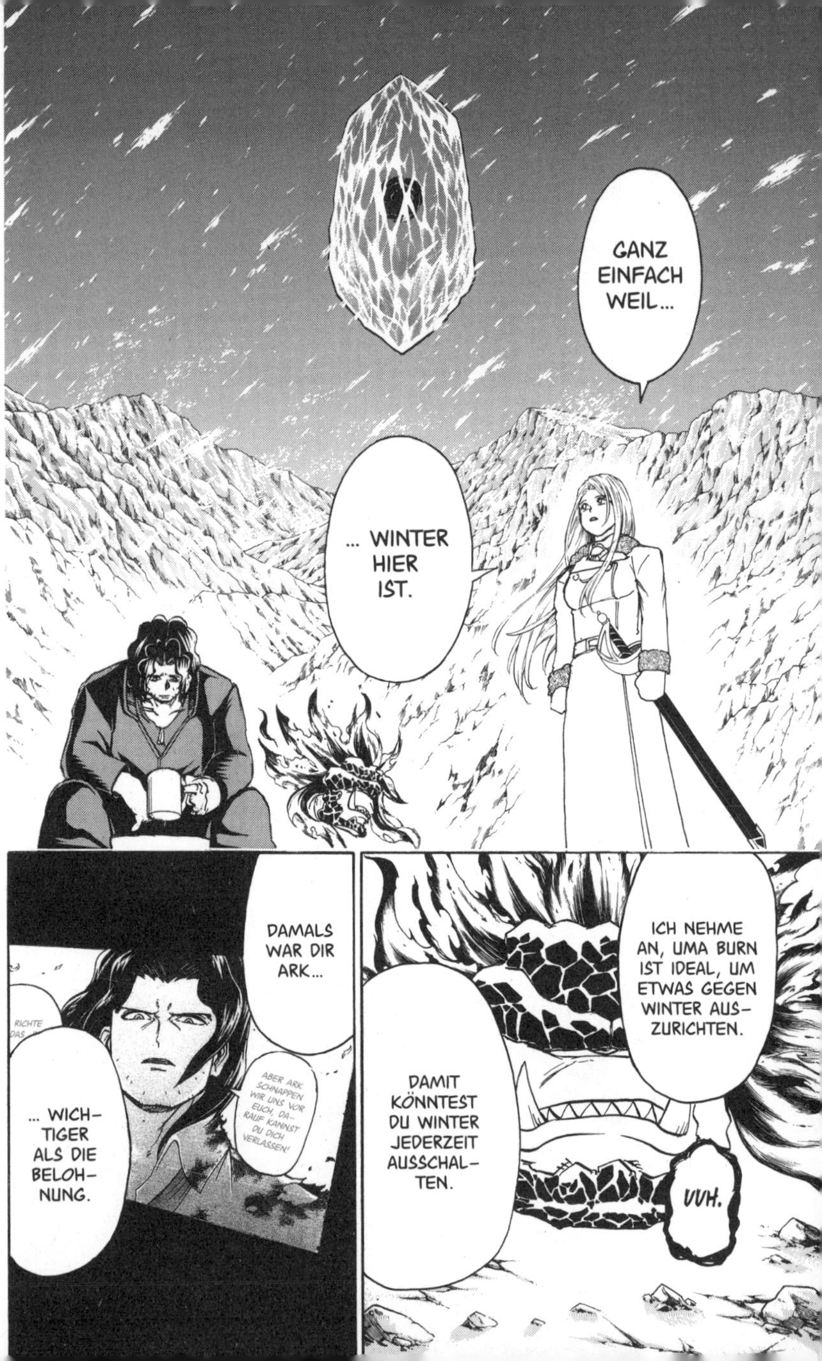
GANZ EINFACH WEIL...
... WINTER HIER IST.
ICH NEHME AN, UMA BURN IST IDEAL, UM ETWAS GEGEN WINTER AUS-ZURICHTEN.
DAMIT KÖNNTEST DU WINTER JEDERZEIT AUSSCHAL-TEN.
UUH.
DAMALS WAR DIR ARK...
... WICH-TIGER ALS DIE BELOH-NUNG.
RICHTE DAS
ABER ARK SCHNAPPEN WIR UNS VOR EUCH, DA-RAUF KANNST DU DICH VERLASSEN!

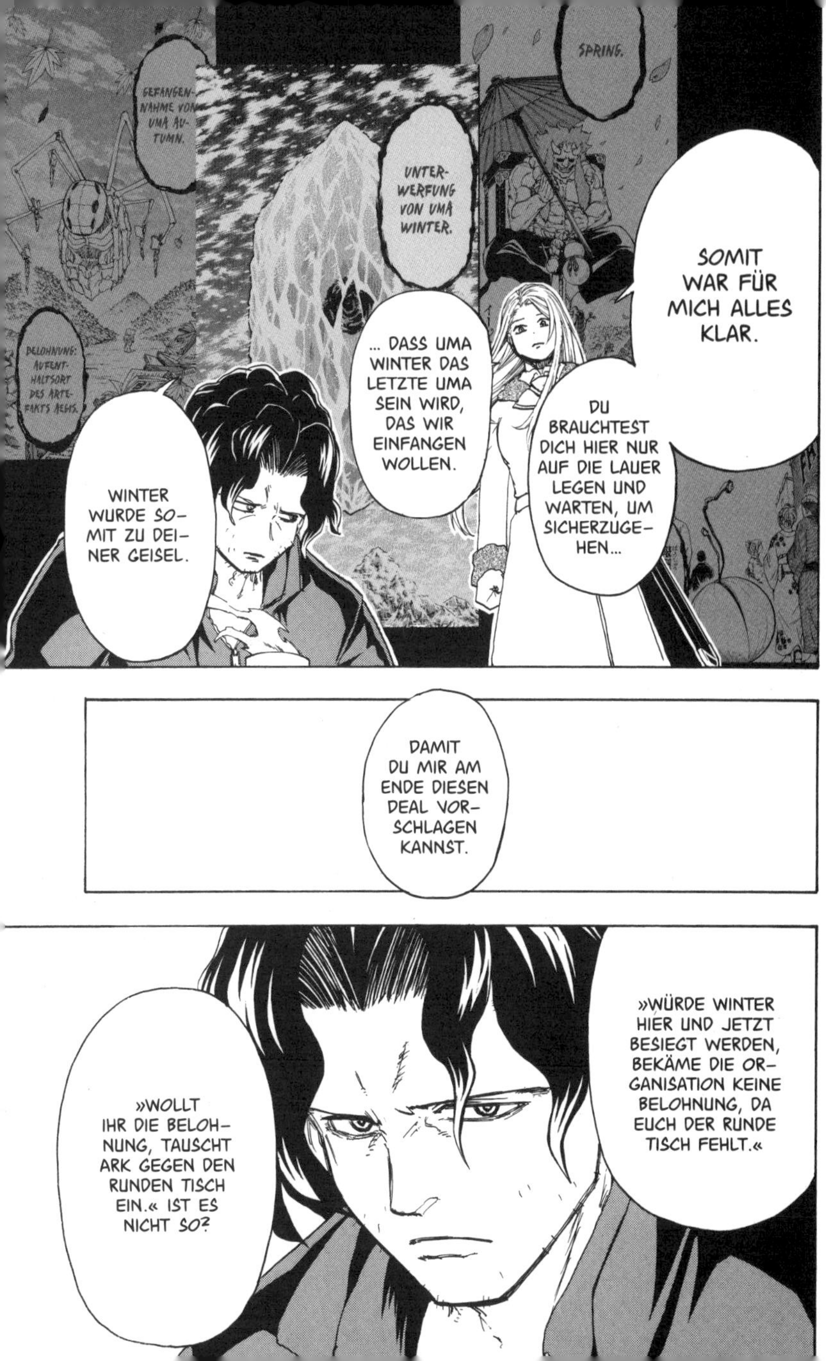
SOMIT WAR FÜR MICH ALLES KLAR.
SPRING.
UNTER-WERFUNG VON UMA WINTER.
GEFANGEN-NAHME VON UMA AU-TUMN.
BELOHNUNG: AUFENT-HALTSORT DES ARTE-FAKTS AEGIS.
DU BRAUCHTEST DICH HIER NUR AUF DIE LAUER LEGEN UND WARTEN, UM SICHERZUGE-HEN...
... DASS UMA WINTER DAS LETZTE UMA SEIN WIRD, DAS WIR EINFANGEN WOLLEN.
WINTER WURDE SO-MIT ZU DEI-NER GEISEL.
DAMIT DU MIR AM ENDE DIESEN DEAL VOR-SCHLAGEN KANNST.
»WÜRDE WINTER HIER UND JETZT BESIEGT WERDEN, BEKÄME DIE OR-GANISATION KEINE BELOHNUNG, DA EUCH DER RUNDE TISCH FEHLT.«
»WOLLT IHR DIE BELOH-NUNG, TAUSCHT ARK GEGEN DEN RUNDEN TISCH EIN.« IST ES NICHT SO?

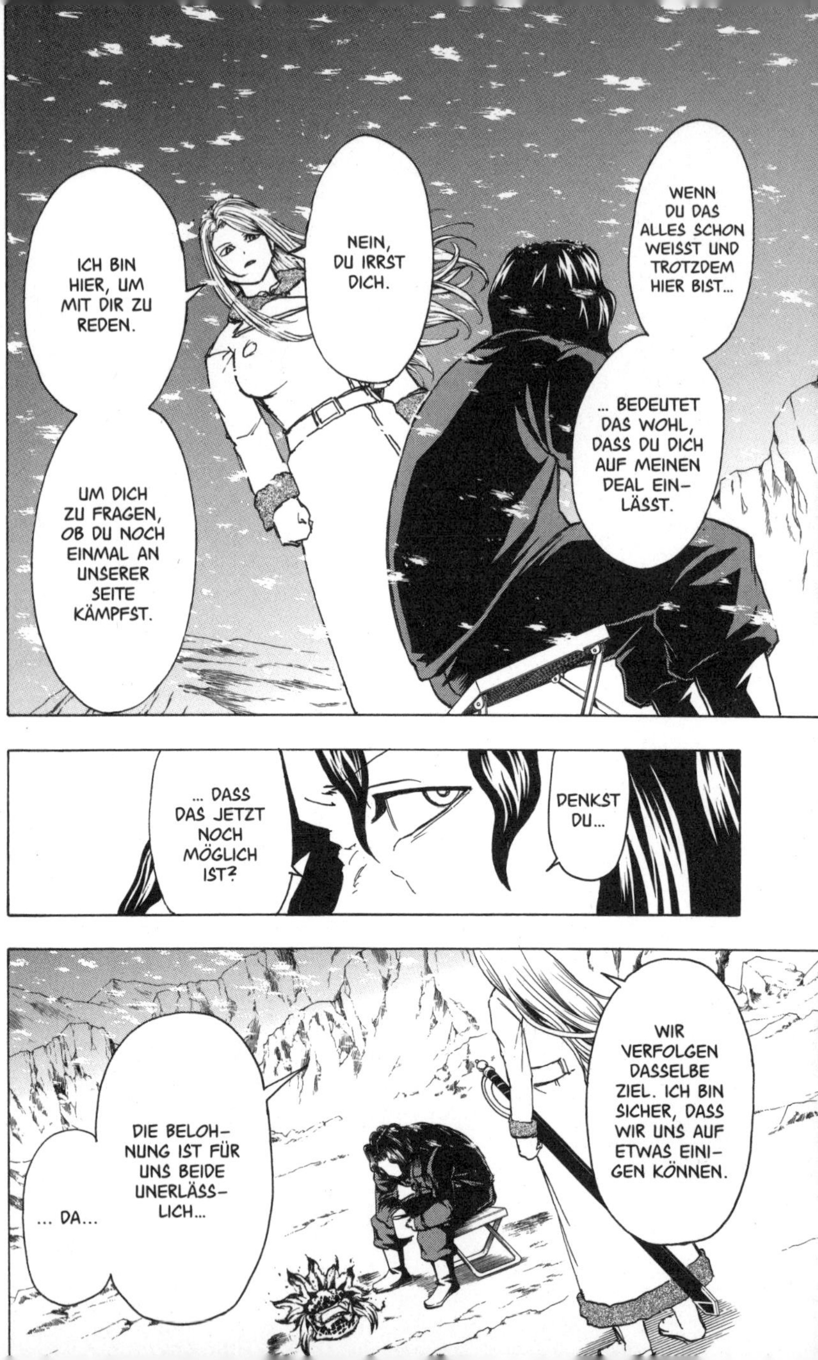
WENN DU DAS ALLES SCHON WEISST UND TROTZDEM HIER BIST...
... BEDEUTET DAS WOHL, DASS DU DICH AUF MEINEN DEAL EIN-LÄSST.
NEIN, DU IRRST DICH.
ICH BIN HIER, UM MIT DIR ZU REDEN.
UM DICH ZU FRAGEN, OB DU NOCH EINMAL AN UNSERER SEITE KÄMPFST.
DENKST DU...
... DASS DAS JETZT NOCH MÖGLICH IST?
WIR VERFOLGEN DASSELBE ZIEL. ICH BIN SICHER, DASS WIR UNS AUF ETWAS EINI-GEN KÖNNEN.
DIE BELOH-NUNG IST FÜR UNS BEIDE UNERLÄSS-LICH...
... DA...

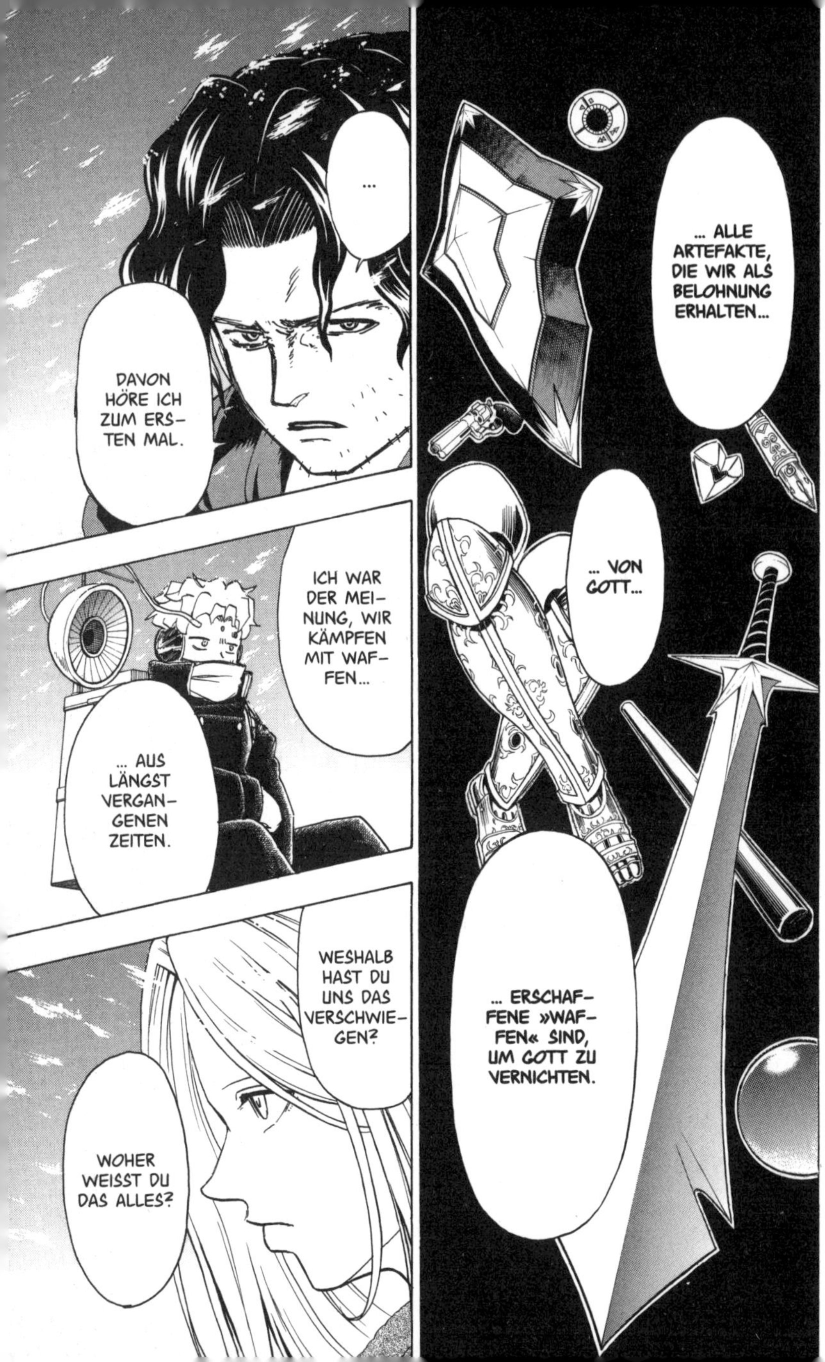
... ALLE ARTEFAKTE, DIE WIR ALS BELOHNUNG ERHALTEN...
... VON GOTT...
... ERSCHAFFENE »WAFFEN« SIND, UM GOTT ZU VERNICHTEN.
...
DAVON HÖRE ICH ZUM ERSTEN MAL.
ICH WAR DER MEINUNG, WIR KÄMPFEN MIT WAFFEN...
... AUS LÄNGST VERGANGENEN ZEITEN.
WESHALB HAST DU UNS DAS VERSCHWIEGEN?
WOHER WEISST DU DAS ALLES?

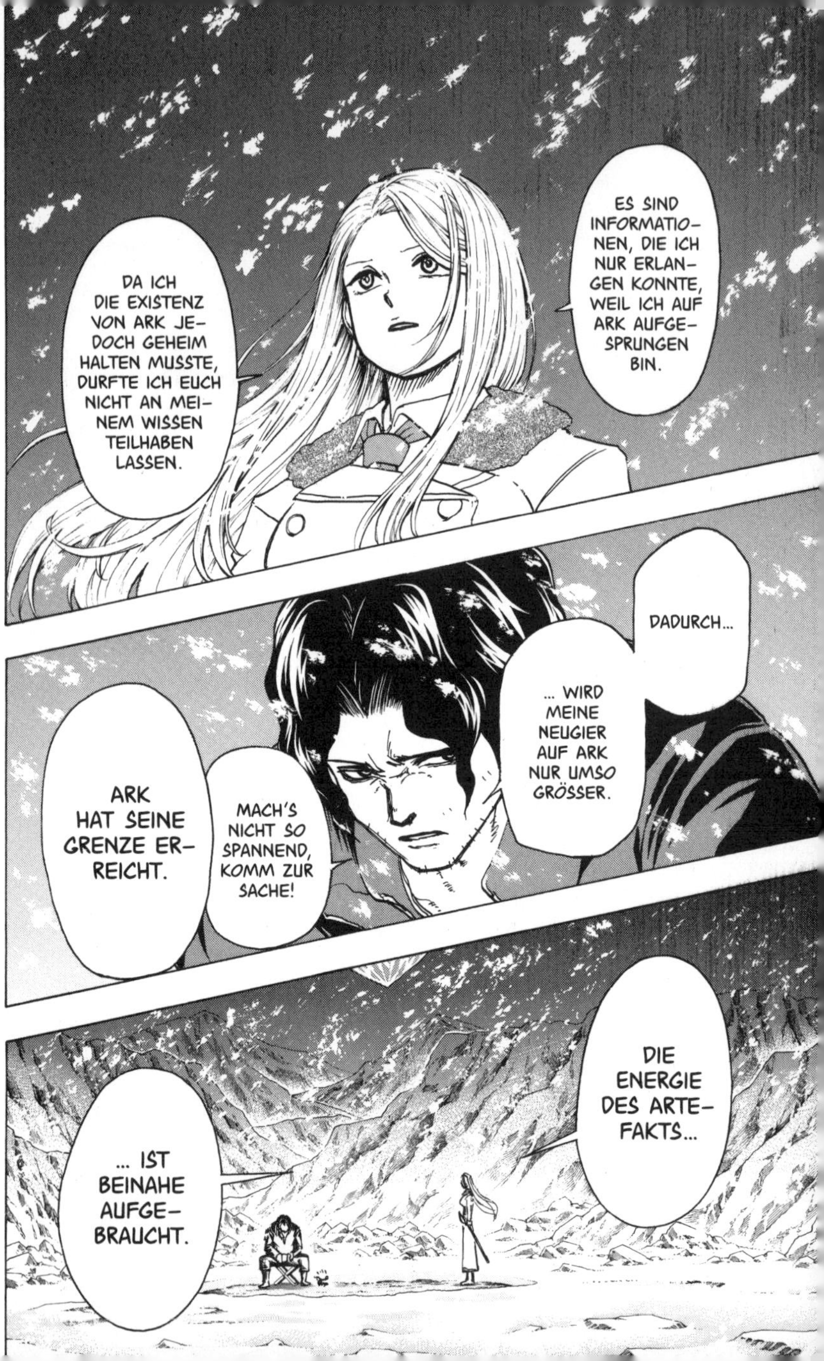
ES SIND INFORMATIONEN, DIE ICH NUR ERLANGEN KONNTE, WEIL ICH AUF ARK AUFGESPRUNGEN BIN.
DA ICH DIE EXISTENZ VON ARK JEDOCH GEHEIM HALTEN MUSSTE, DURFTE ICH EUCH NICHT AN MEINEM WISSEN TEILHABEN LASSEN.
DADURCH...
... WIRD MEINE NEUGIER AUF ARK NUR UMSO GRÖSSER.
MACH'S NICHT SO SPANNEND, KOMM ZUR SACHE!
ARK HAT SEINE GRENZE ERREICHT.
DIE ENERGIE DES ARTEFAKTS...
... IST BEINAHE AUFGEBRAUCHT.

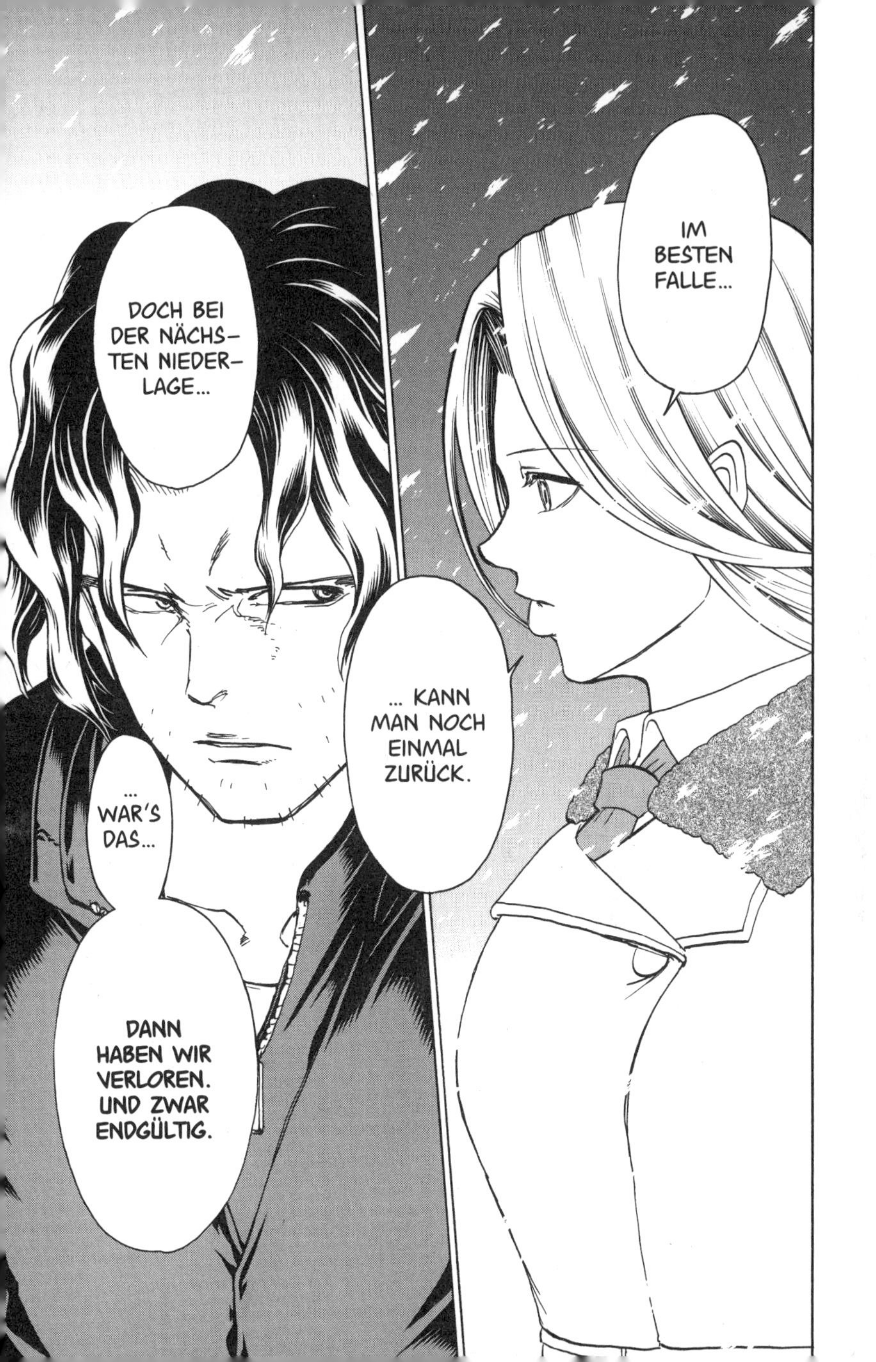
IM BESTEN FALLE...
... KANN MAN NOCH EINMAL ZURÜCK.
DOCH BEI DER NÄCHSTEN NIEDERLAGE...
... WAR'S DAS...
DANN HABEN WIR VERLOREN. UND ZWAR ENDGÜLTIG.

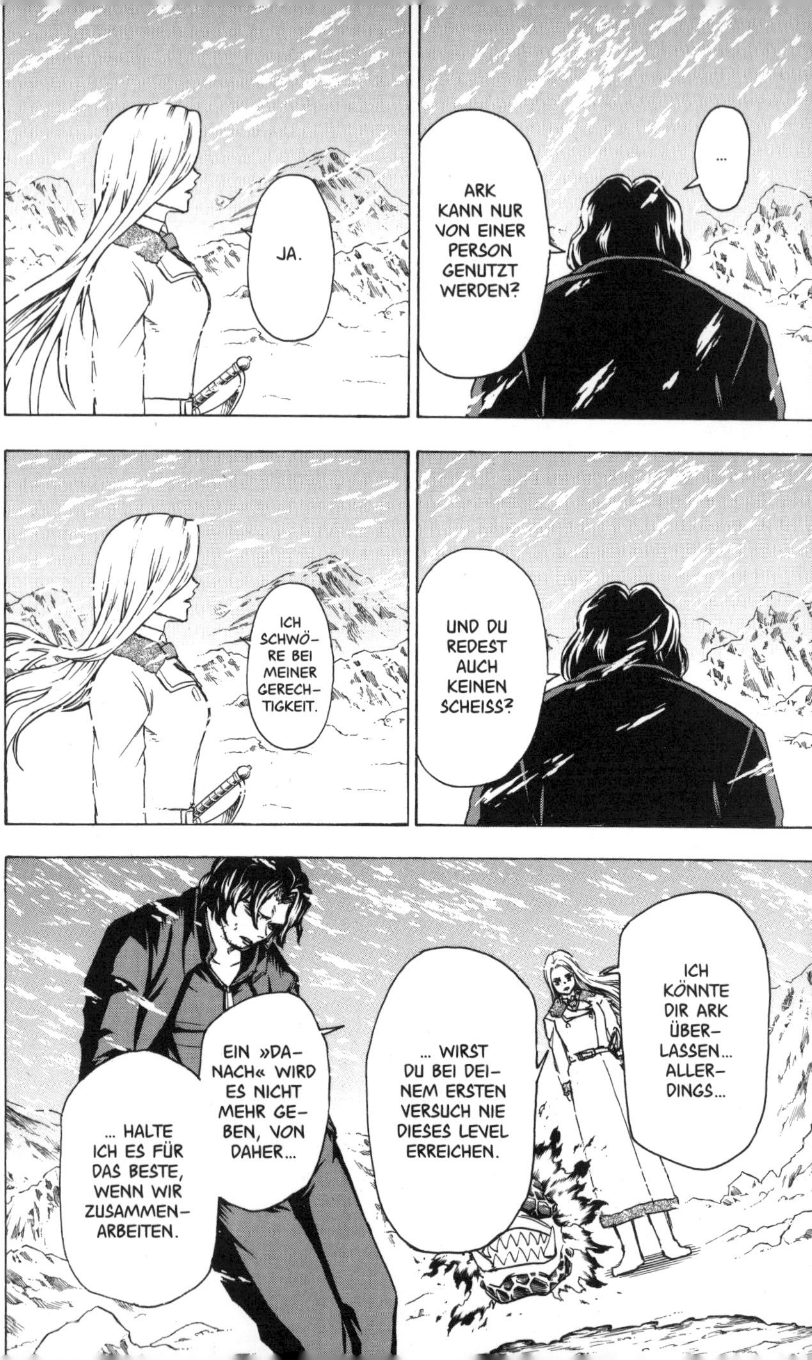
...
ARK KANN NUR VON EINER PERSON GENUTZT WERDEN?
JA.
UND DU REDEST AUCH KEINEN SCHEISS?
ICH SCHWÖ-RE BEI MEINER GERECH-TIGKEIT.
ICH KÖNNTE DIR ARK ÜBER-LASSEN... ALLER-DINGS...
... WIRST DU BEI DEI-NEM ERSTEN VERSUCH NIE DIESES LEVEL ERREICHEN.
EIN »DA-NACH« WIRD ES NICHT MEHR GE-BEN, VON DAHER...
... HALTE ICH ES FÜR DAS BESTE, WENN WIR ZUSAMMEN-ARBEITEN.

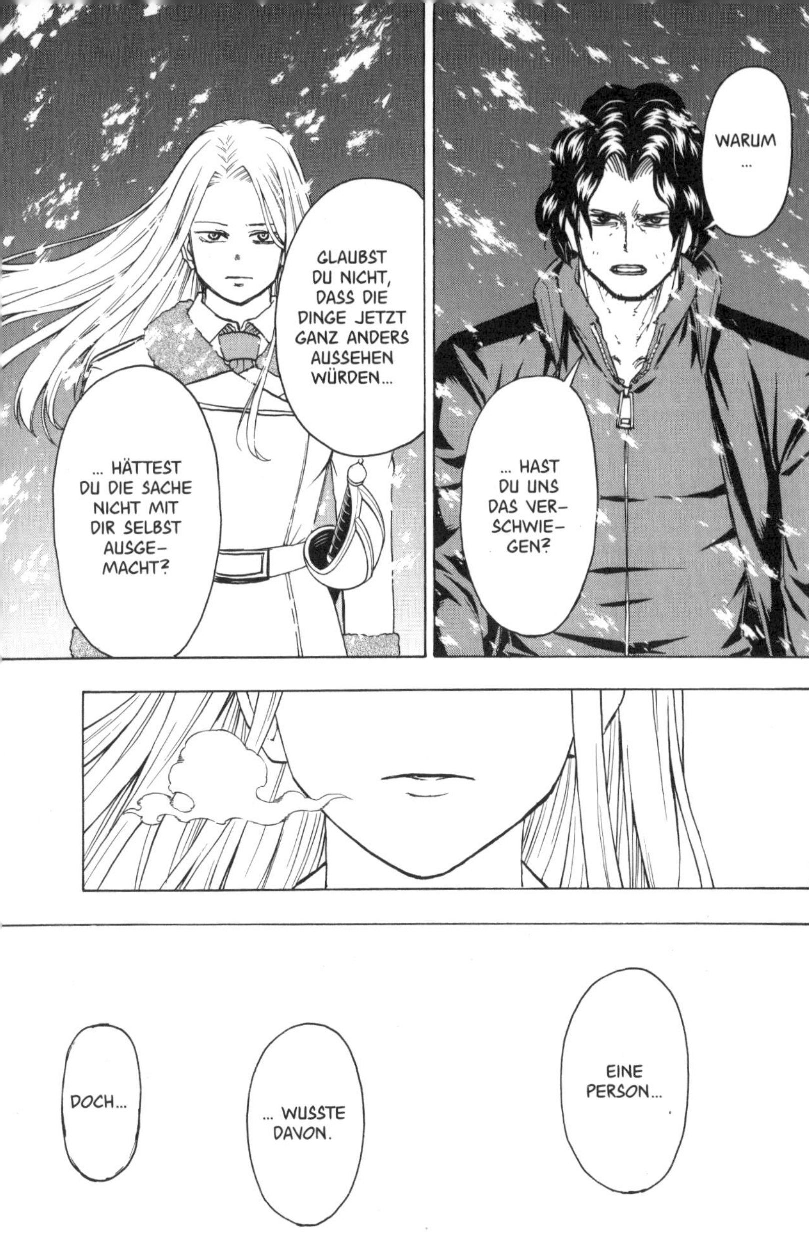
WARUM ...
... HAST DU UNS DAS VER-SCHWIE-GEN?
GLAUBST DU NICHT, DASS DIE DINGE JETZT GANZ ANDERS AUSSEHEN WÜRDEN...
... HÄTTEST DU DIE SACHE NICHT MIT DIR SELBST AUSGE-MACHT?
EINE PERSON...
... WUSSTE DAVON.
DOCH...

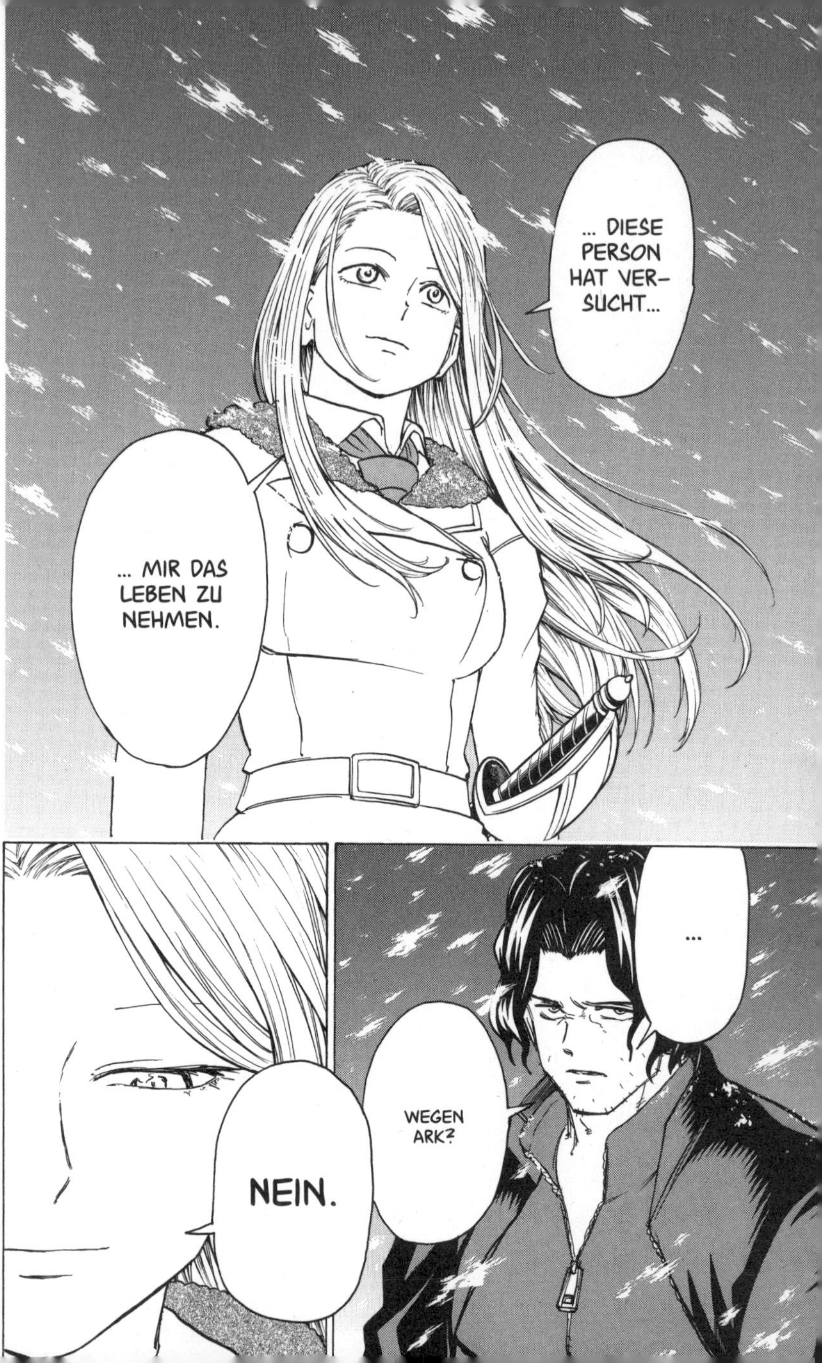
... DIESE PERSON HAT VERSUCHT...
... MIR DAS LEBEN ZU NEHMEN.
...
WEGEN ARK?
NEIN.

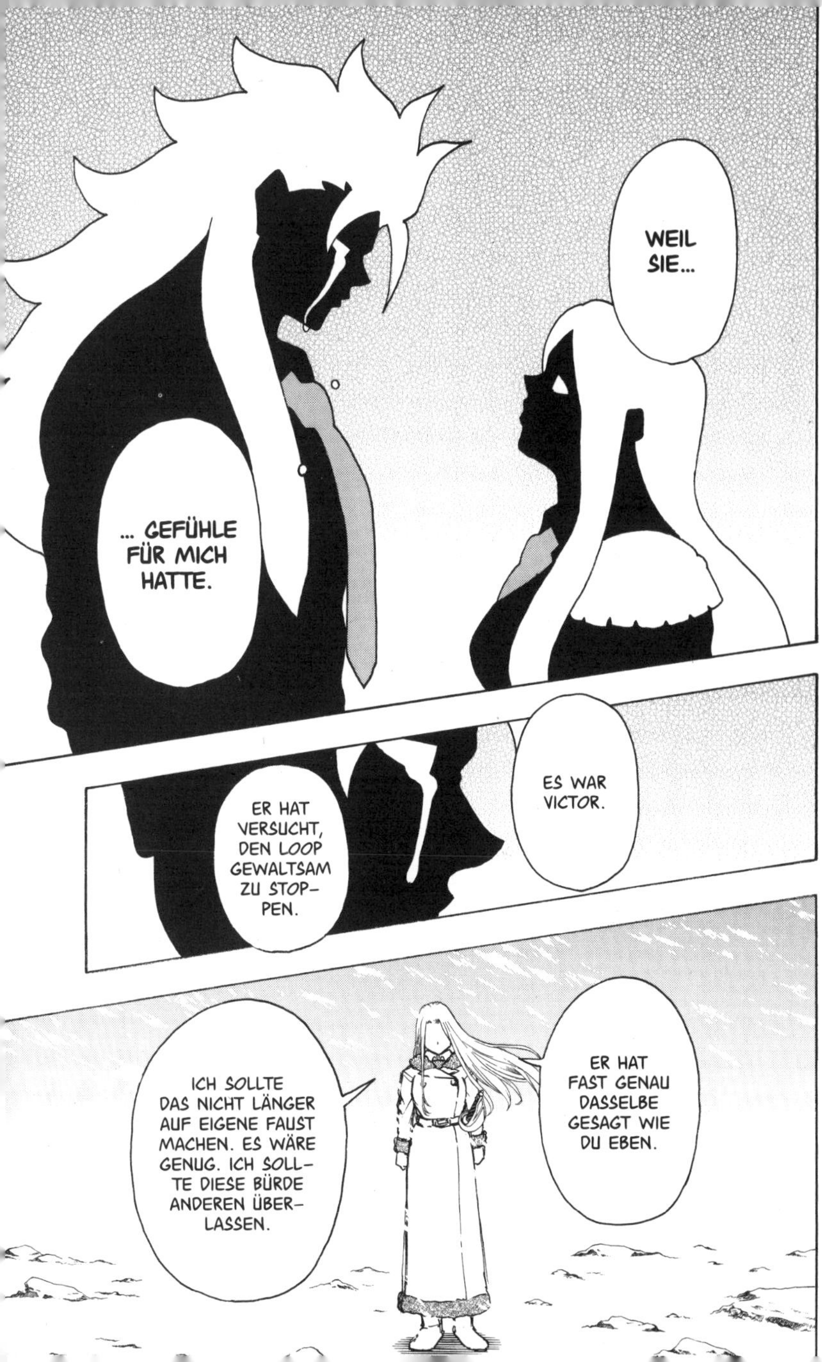
WEIL SIE...
... GEFÜHLE FÜR MICH HATTE.
ES WAR VICTOR.
ER HAT VERSUCHT, DEN LOOP GEWALTSAM ZU STOP-PEN.
ER HAT FAST GENAU DASSELBE GESAGT WIE DU EBEN.
ICH SOLLTE DAS NICHT LÄNGER AUF EIGENE FAUST MACHEN. ES WÄRE GENUG. ICH SOLL-TE DIESE BÜRDE ANDEREN ÜBER-LASSEN.

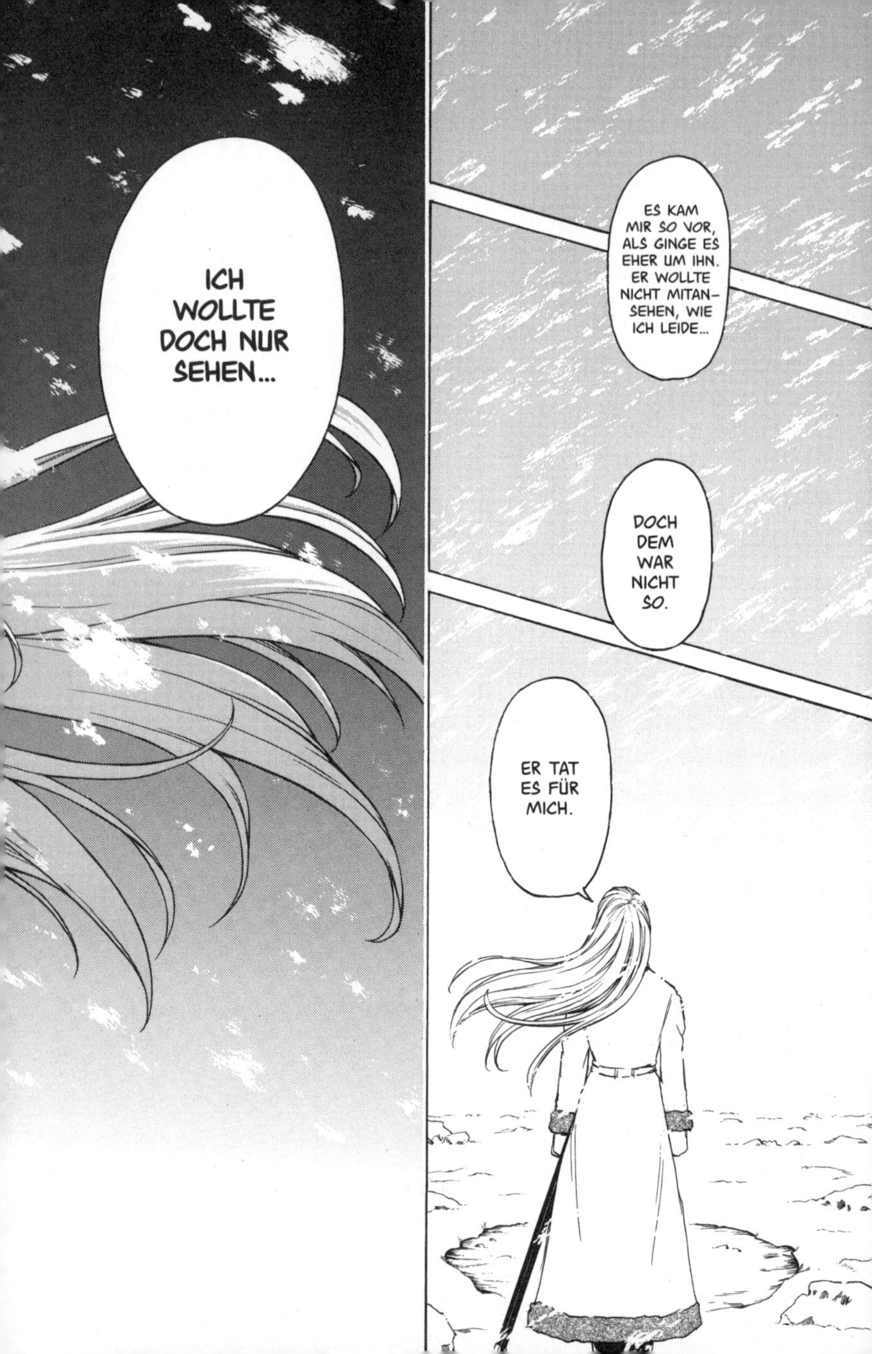
ES KAM MIR SO VOR, ALS GINGE ES EHER UM IHN. ER WOLLTE NICHT MITAN-SEHEN, WIE ICH LEIDE...
DOCH DEM WAR NICHT SO.
ER TAT ES FÜR MICH.
ICH WOLLTE DOCH NUR SEHEN...

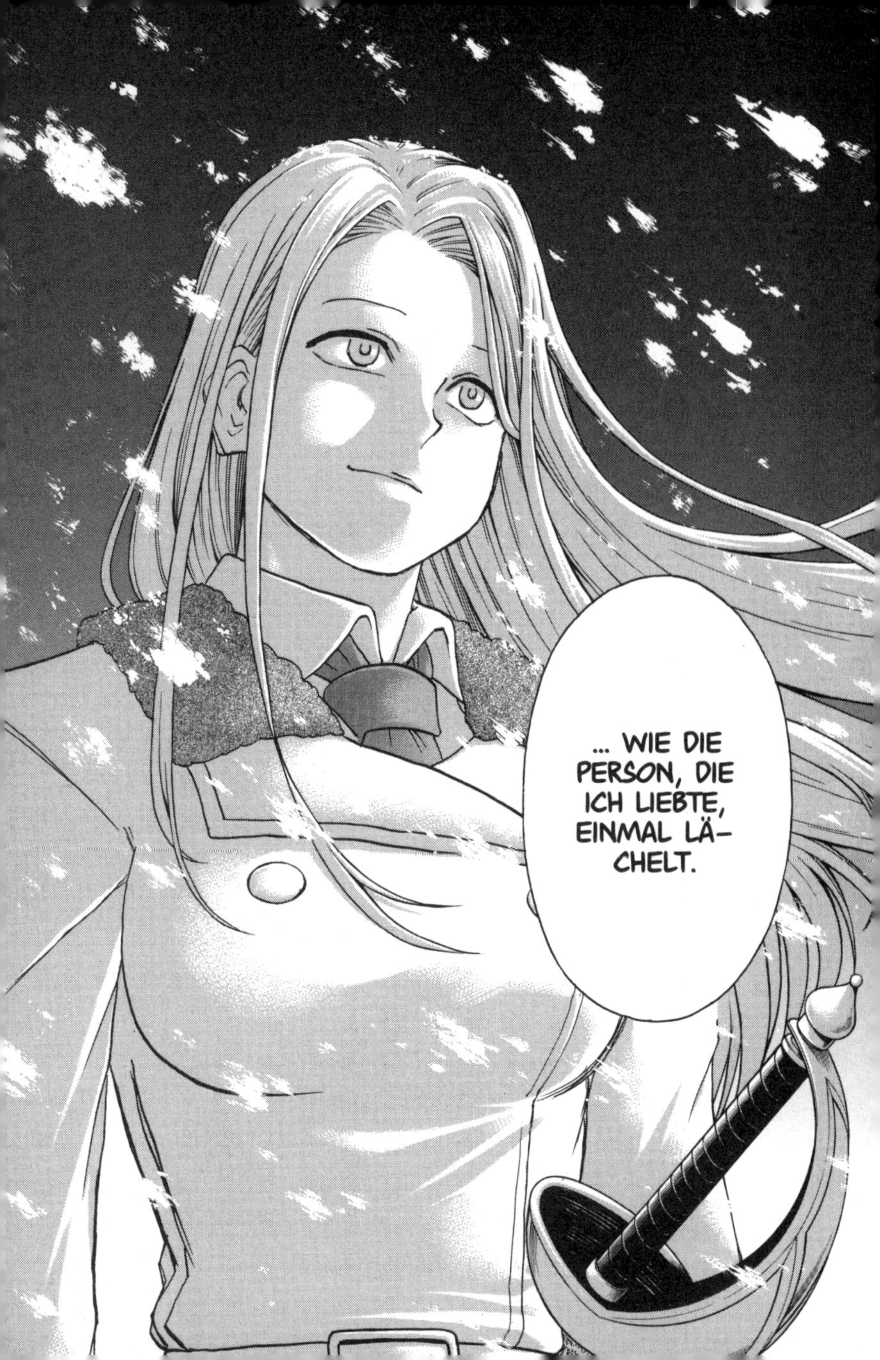
... WIE DIE PERSON, DIE ICH LIEBTE, EINMAL LÄCHELT.

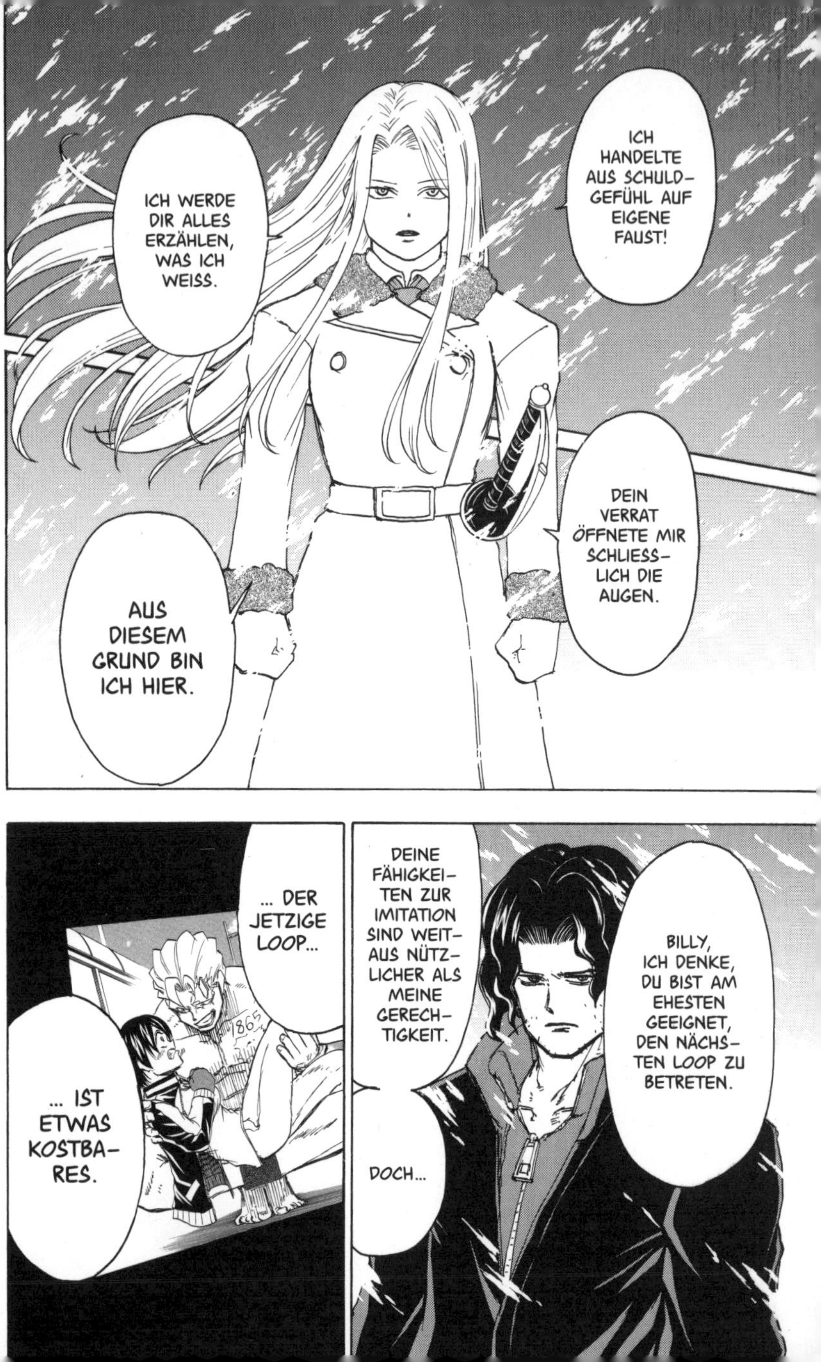
ICH HANDELTE AUS SCHULDGEFÜHL AUF EIGENE FAUST!
ICH WERDE DIR ALLES ERZÄHLEN, WAS ICH WEISS.
DEIN VERRAT ÖFFNETE MIR SCHLIESSLICH DIE AUGEN.
AUS DIESEM GRUND BIN ICH HIER.
BILLY, ICH DENKE, DU BIST AM EHESTEN GEEIGNET, DEN NÄCHSTEN LOOP ZU BETRETEN.
DEINE FÄHIGKEITEN ZUR IMITATION SIND WEITAUS NÜTZLICHER ALS MEINE GERECHTIGKEIT.
DOCH...
... DER JETZIGE LOOP...
... IST ETWAS KOSTBARES.

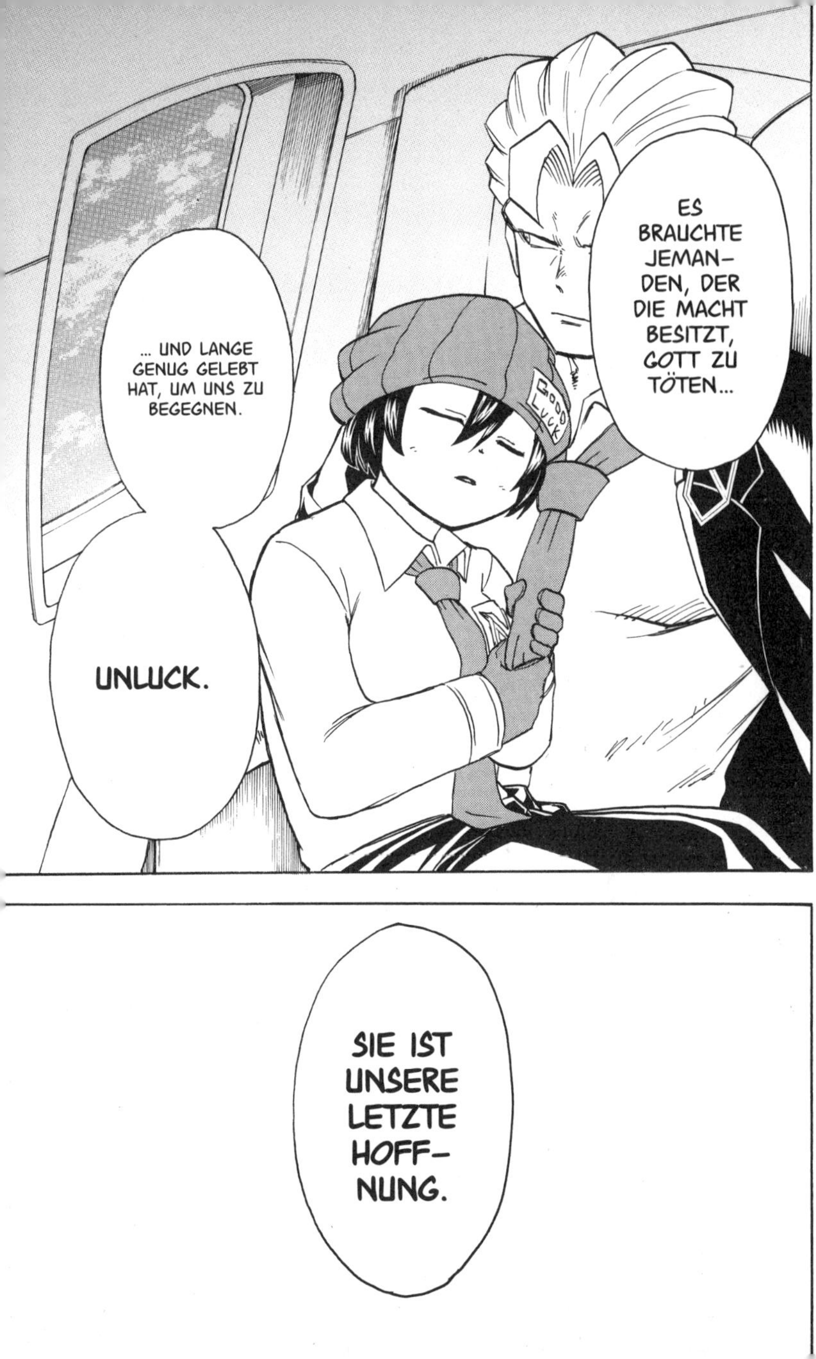
ES BRAUCHTE JEMAN- DEN, DER DIE MACHT BESITZT, GOTT ZU TÖTEN...
GOOD LUCK
... UND LANGE GENUG GELEBT HAT, UM UNS ZU BEGEGNEN.
UNLUCK.
SIE IST UNSERE LETZTE HOFF- NUNG.

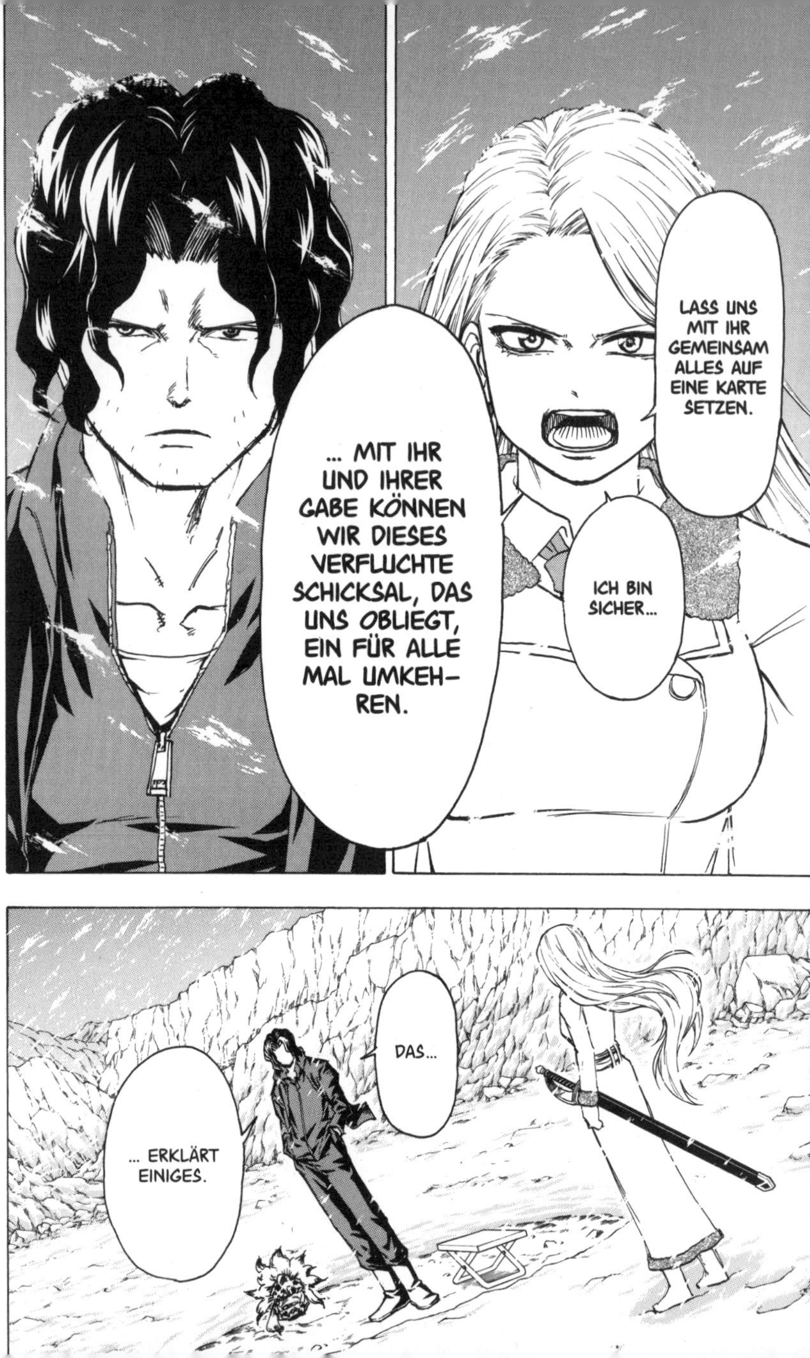
LASS UNS MIT IHR GEMEINSAM ALLES AUF EINE KARTE SETZEN.
ICH BIN SICHER...
... MIT IHR UND IHRER GABE KÖNNEN WIR DIESES VERFLUCHTE SCHICKSAL, DAS UNS OBLIEGT, EIN FÜR ALLE MAL UMKEH-REN.
DAS...
... ERKLÄRT EINIGES.

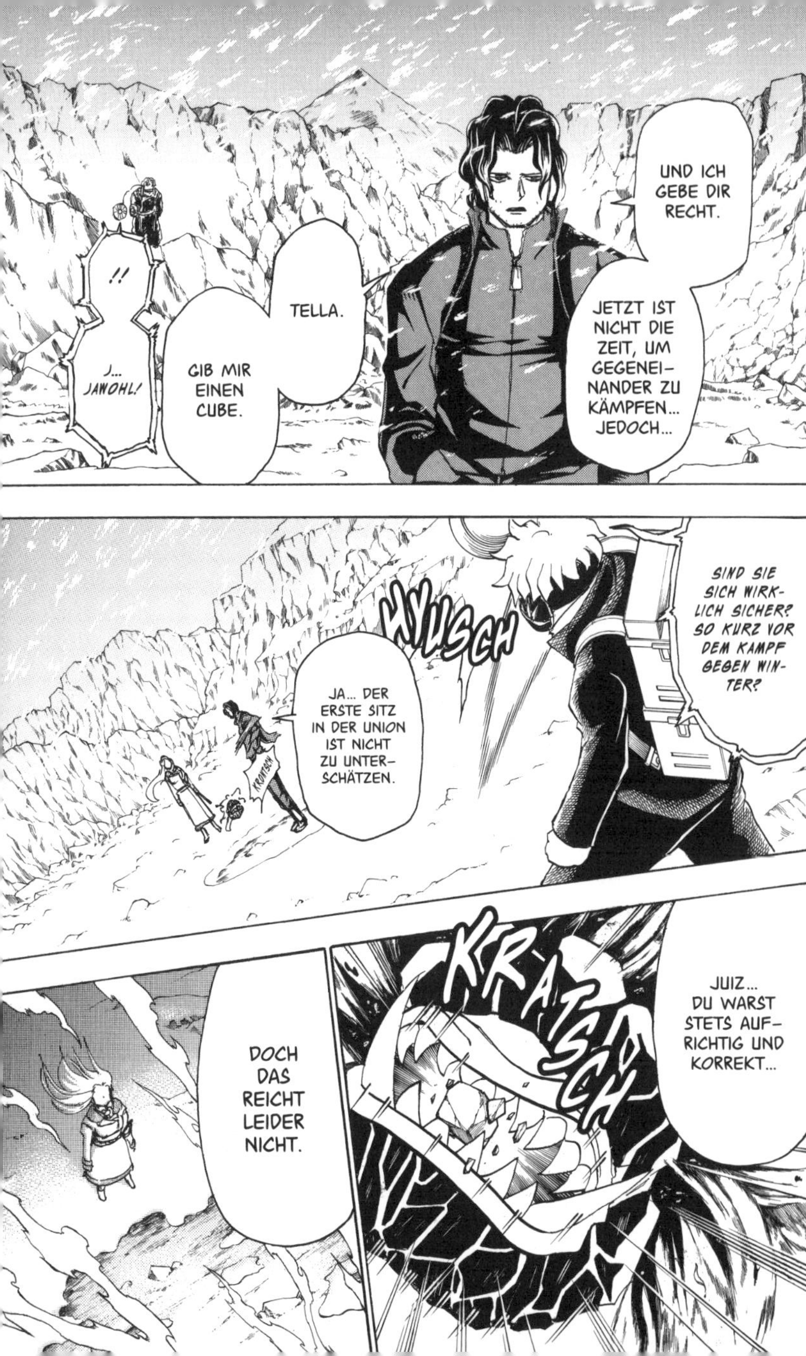
UND ICH GEBE DIR RECHT.
JETZT IST NICHT DIE ZEIT, UM GEGENEI-NANDER ZU KÄMPFEN... JEDOCH...
TELLA.
GIB MIR EINEN CUBE.
!!
J... JAWOHL!
SIND SIE SICH WIRK-LICH SICHER? SO KURZ VOR DEM KAMPF GEGEN WIN-TER?
HYUSCH
JA... DER ERSTE SITZ IN DER UNION IST NICHT ZU UNTER-SCHÄTZEN.
JUIZ... DU WARST STETS AUF-RICHTIG UND KORREKT...
KRATSCH
DOCH DAS REICHT LEIDER NICHT.

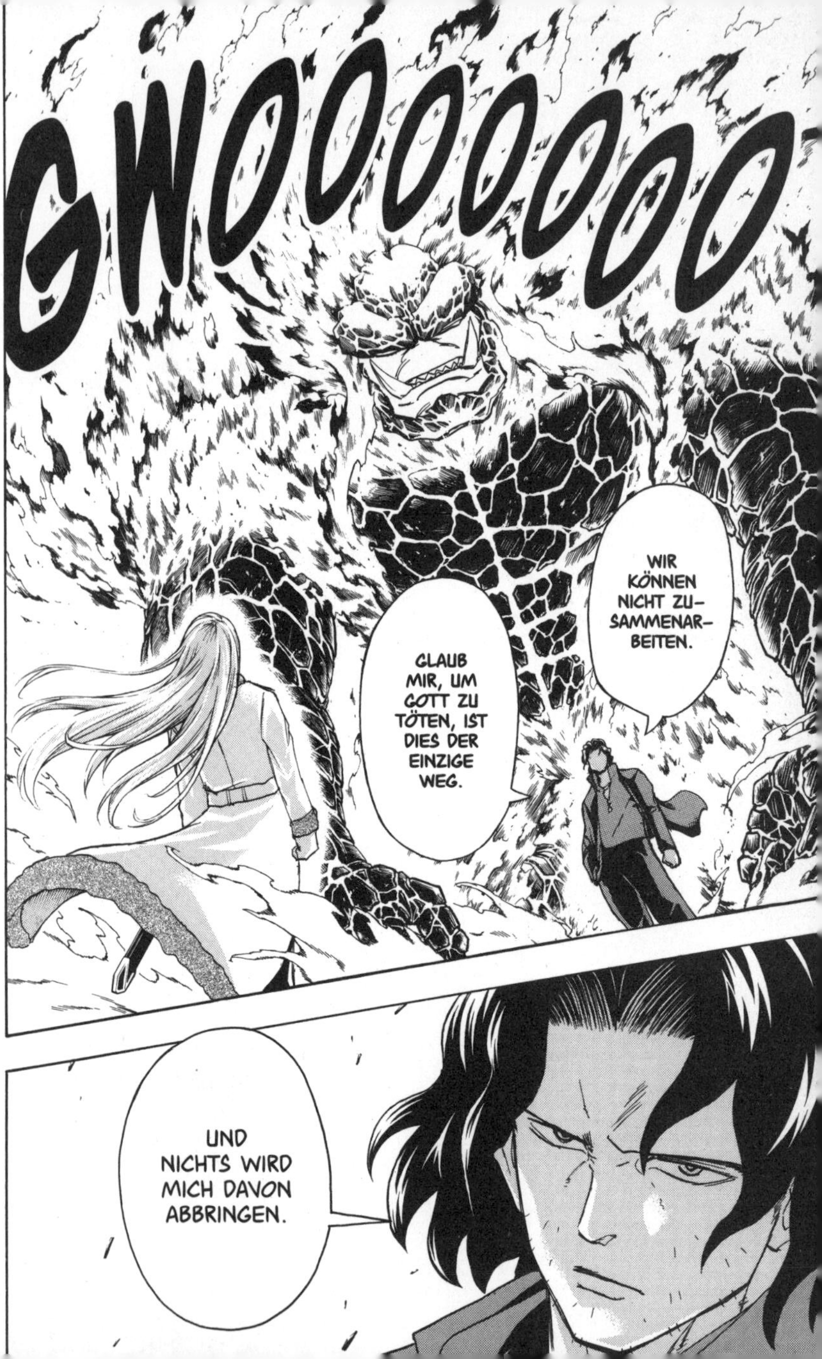
GWOOOOOOOO
WIR KÖNNEN NICHT ZU-SAMMENAR-BEITEN.
GLAUB MIR, UM GOTT ZU TÖTEN, IST DIES DER EINZIGE WEG.
UND NICHTS WIRD MICH DAVON ABBRINGEN.

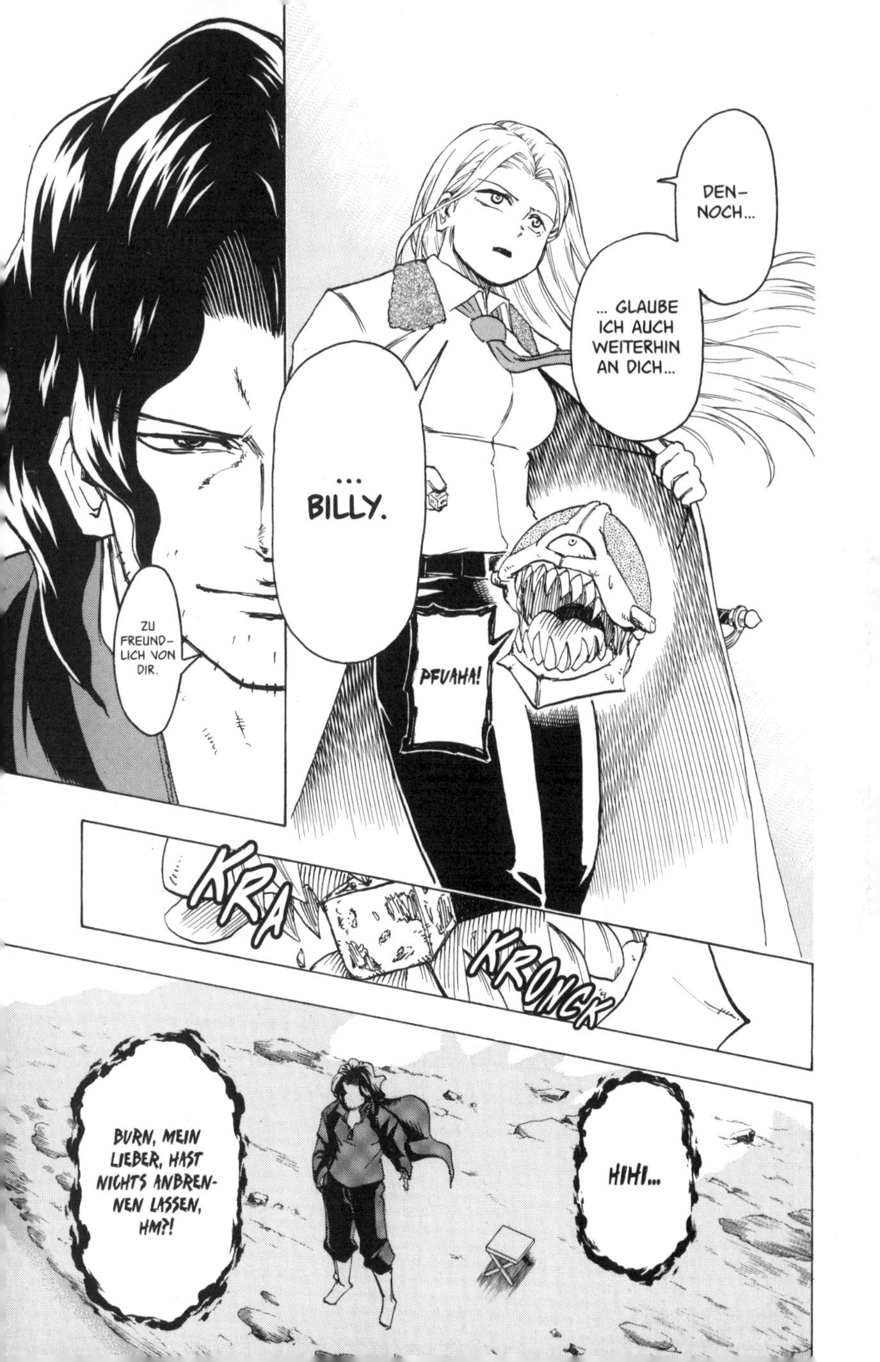
DEN-
NOCH...
... GLAUBE ICH AUCH WEITERHIN AN DICH...
... BILLY.
ZU FREUND-
LICH VON DIR.
PFUAHA!
KRA
KRONGK
HIHI...
BURN, MEIN LIEBER, HAST NICHTS ANBREN-
NEN LASSEN, HM?!

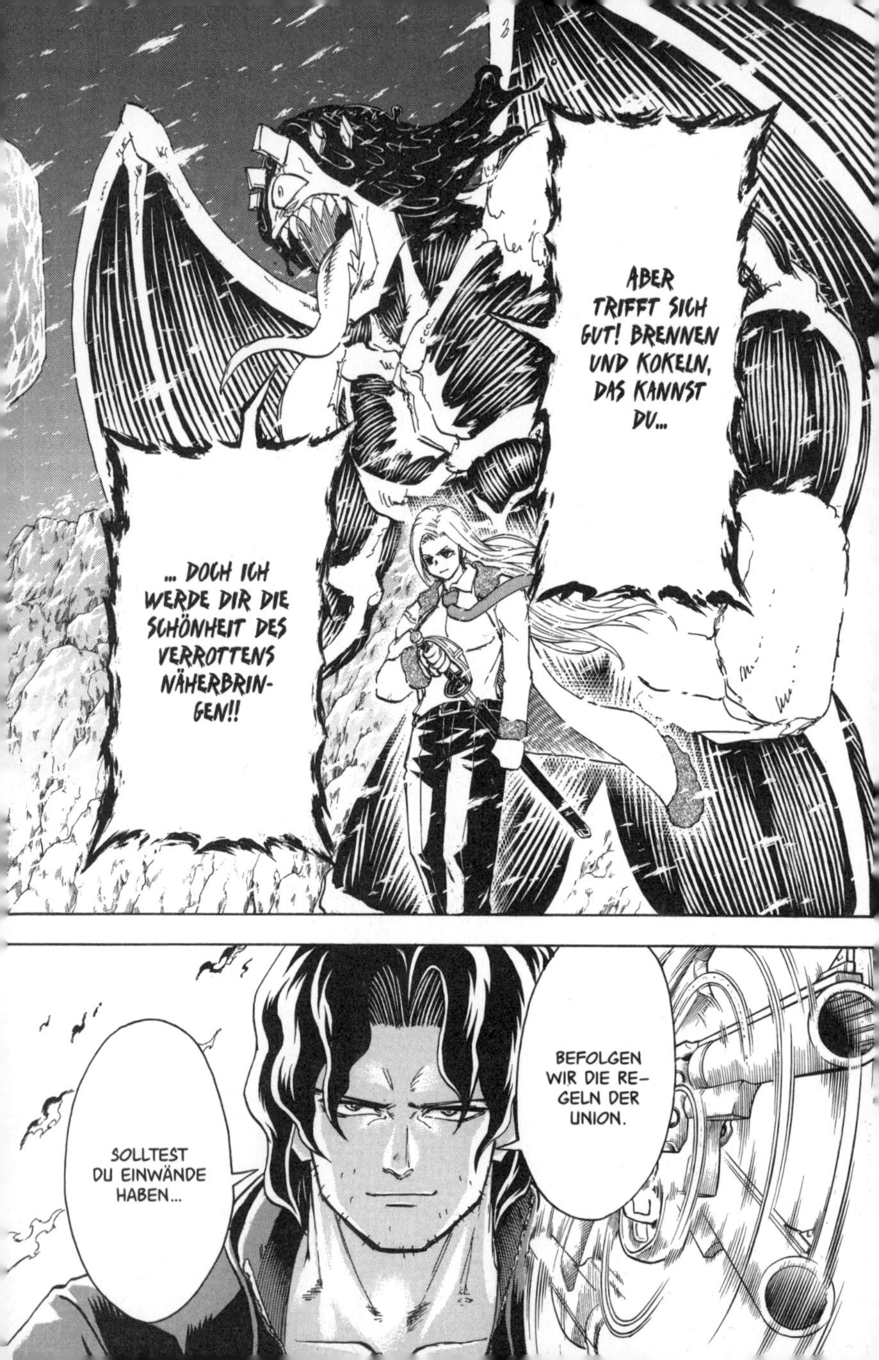
ABER TRIFFT SICH GUT! BRENNEN UND KOKELN, DAS KANNST DU...
... DOCH ICH WERDE DIR DIE SCHÖNHEIT DES VERROTTENS NÄHERBRIN-GEN!!
BEFOLGEN WIR DIE RE-GELN DER UNION.
SOLLTEST DU EINWÄNDE HABEN...

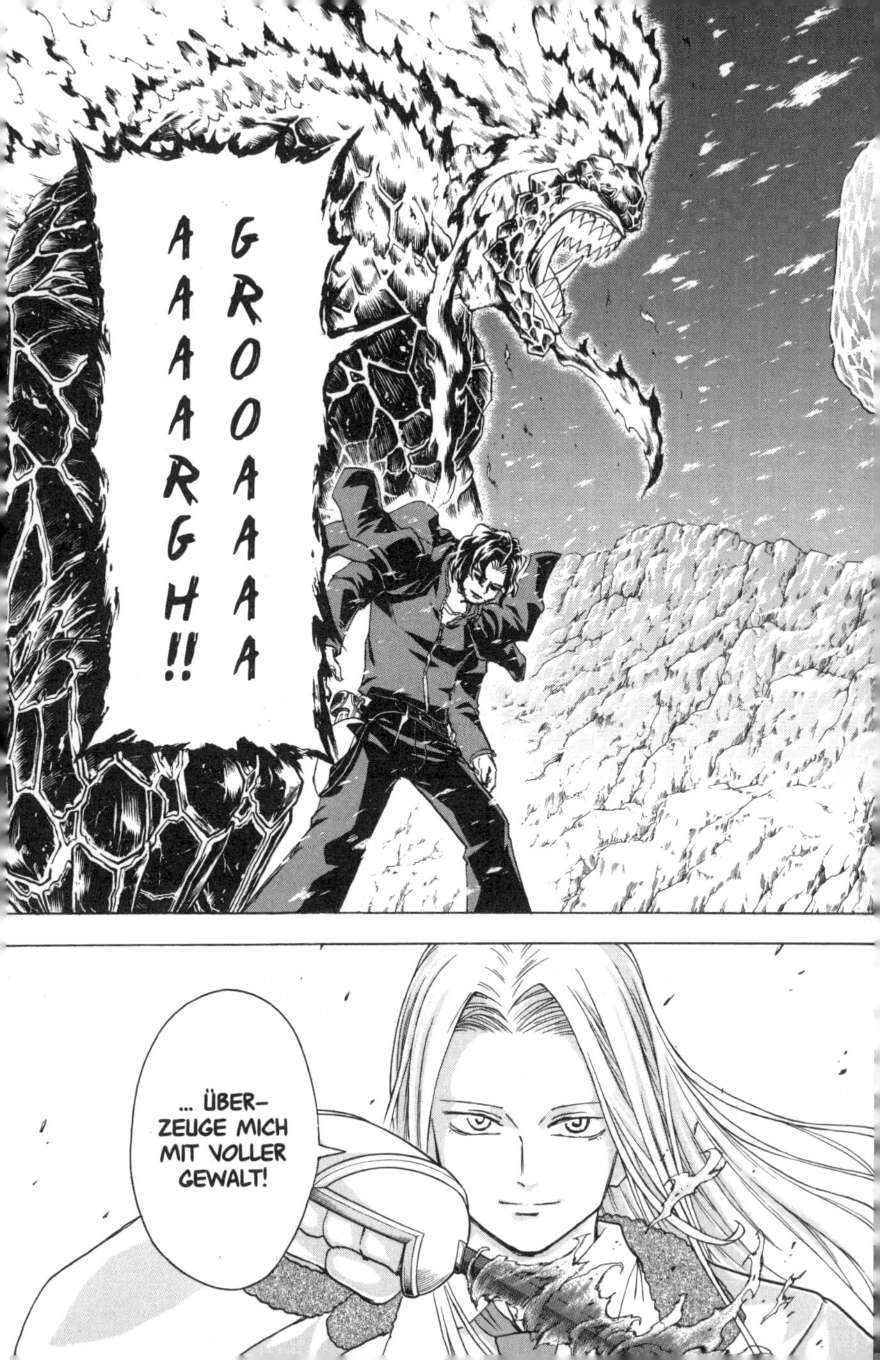
GROOAAAAAA
AAAAARGH!!
... ÜBER-
ZEUGE MICH
MIT VOLLER
GEWALT!

CUBE

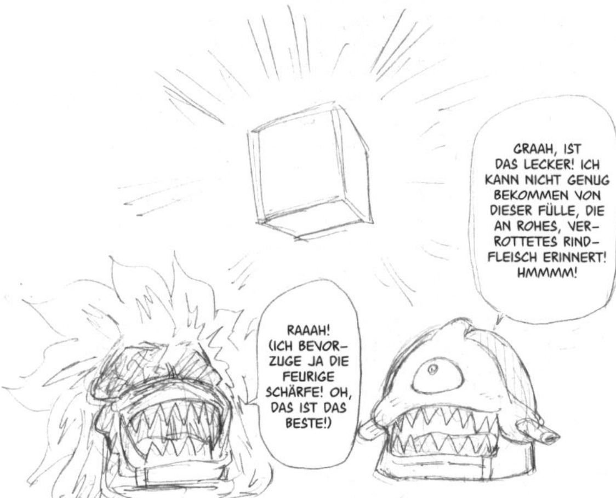

EIN VON NICO ENTWICKELTES WACHSTUMSMEDIKAMENT, DAS JEGLICHEM UMA VORÜBERGEHEND ERLAUBT, IN PHASE 2 ZU WECHSELN, SOBALD MAN DEN CUBE VERFÜTTERT HAT. DIE BENÖTIGTE ENERGIE IST ZWAR VON UMA ZU UMA VERSCHIEDEN, DOCH NICOS WISSENSCHAFTLICHE FINESSE UND SEIN FORSCHERGEIST SORGTEN DAFÜR, DASS DAS WACHSTUMSSERUM AUF DIE GRÖSSE EINES ETWAS GRÖSSEREN WÜRFELS KOMPRIMIERT WERDEN KONNTE. DER CUBE VON BURN WURDE VON RIP UND LATLA GESTOHLEN, ALS BILLY DIE UNION VERRIET. UNDER VERFÜGT DERZEIT NOCH ÜBER KEINERLEI TECHNOLOGIEN, UM SOLCHE CUBES HERZUSTELLEN.

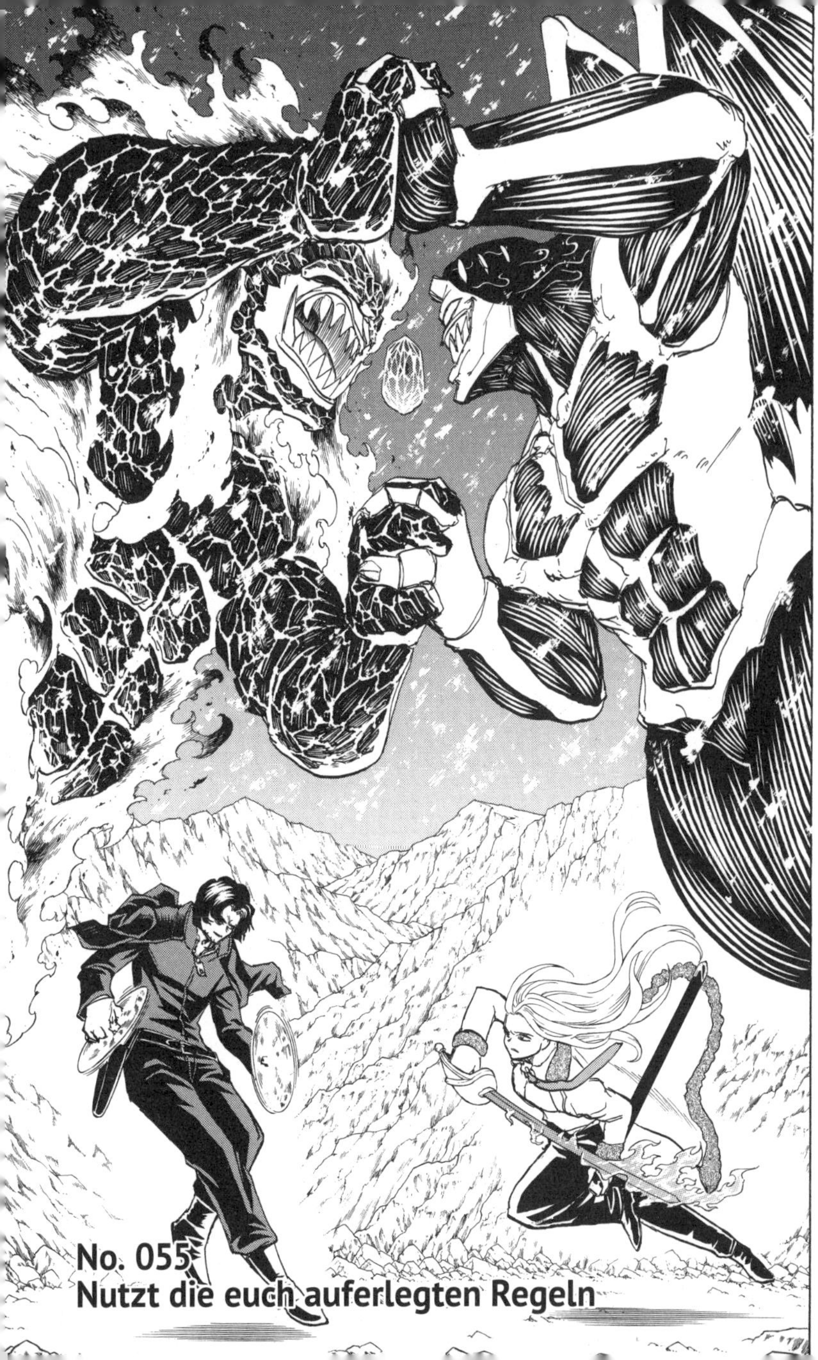
No. 055
Nutzt die euch auferlegten Regeln

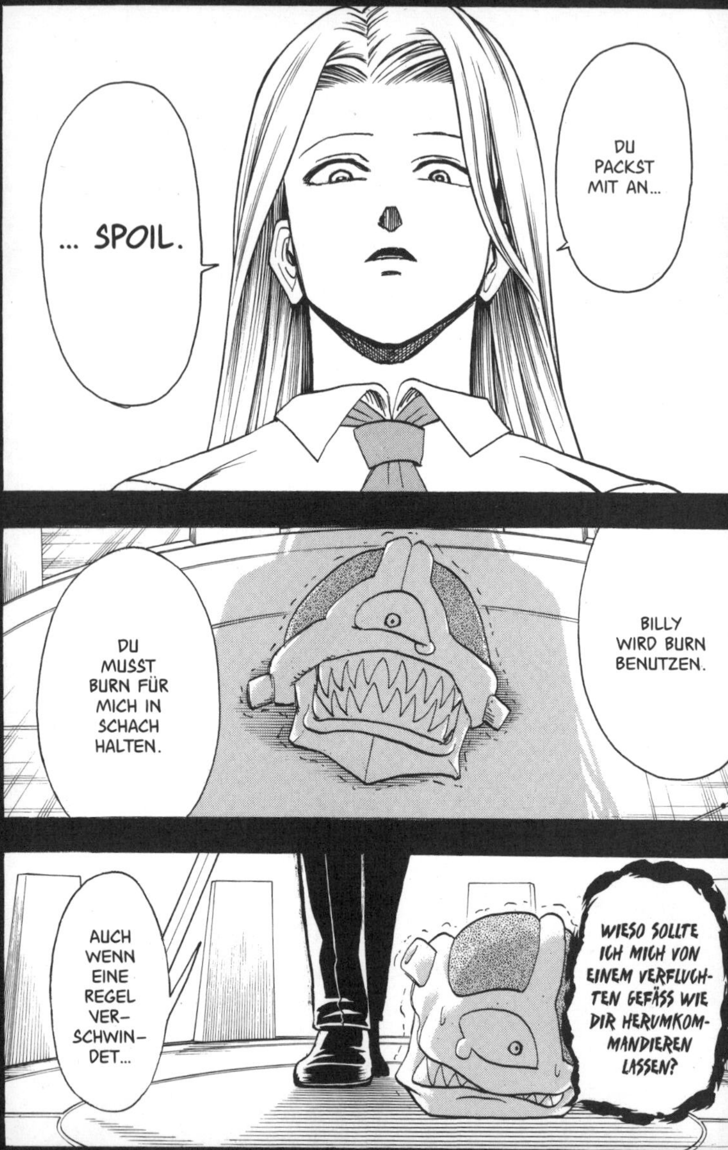
DU PACKST MIT AN...
... SPOIL.
BILLY WIRD BURN BENUTZEN.
DU MUSST BURN FÜR MICH IN SCHACH HALTEN.
WIESO SOLLTE ICH MICH VON EINEM VERFLUCH-TEN GEFÄSS WIE DIR HERUMKOM-MANDIEREN LASSEN?
AUCH WENN EINE REGEL VER-SCHWIN-DET...

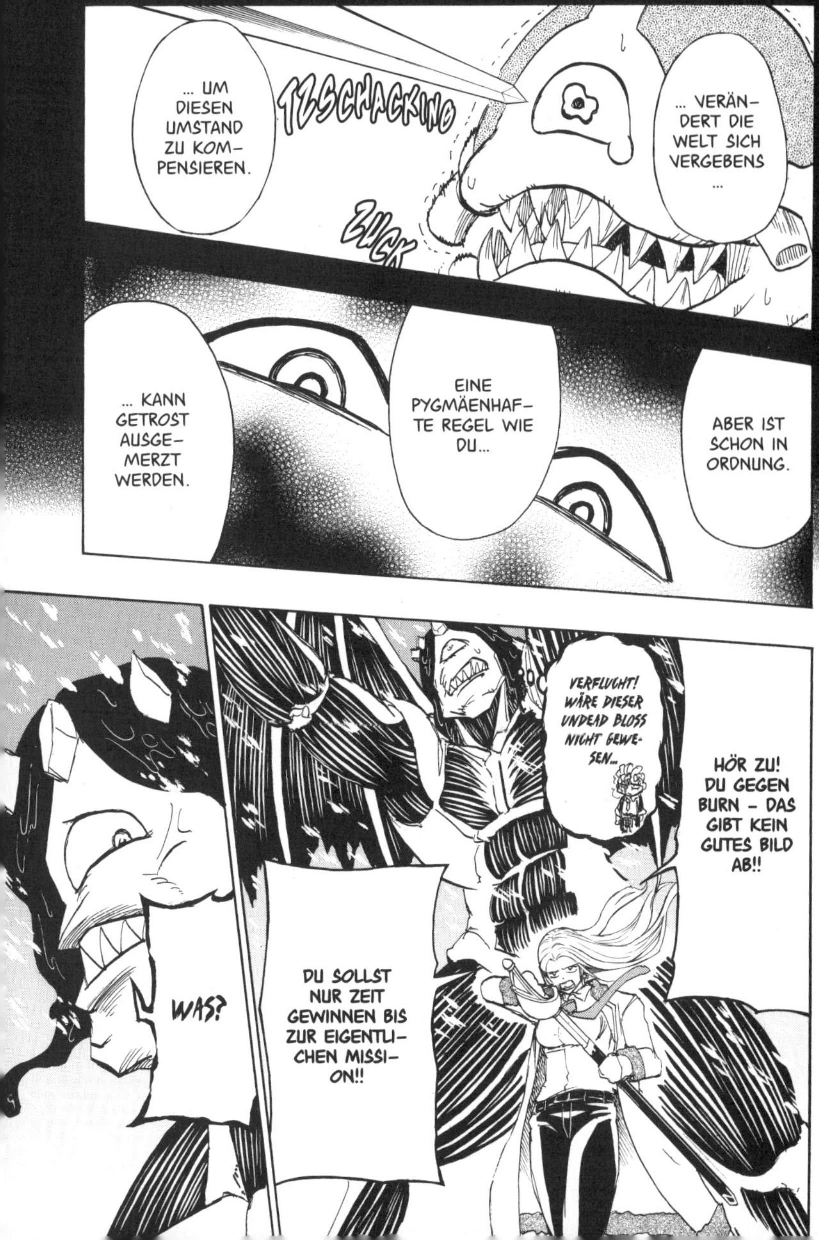

... VERÄNDERT DIE WELT SICH VERGEBENS ...
TZSCHACKING
... UM DIESEN UMSTAND ZU KOMPENSIEREN.
ZUCK
ABER IST SCHON IN ORDNUNG.
EINE PYGMÄENHAFTE REGEL WIE DU...
... KANN GETROST AUSGEMERZT WERDEN.
HÖR ZU! DU GEGEN BURN – DAS GIBT KEIN GUTES BILD AB!!
VERFLUCHT! WÄRE DIESER UNDEAD BLOSS NICHT GEWESEN...
DU SOLLST NUR ZEIT GEWINNEN BIS ZUR EIGENTLICHEN MISSION!!
WAS?

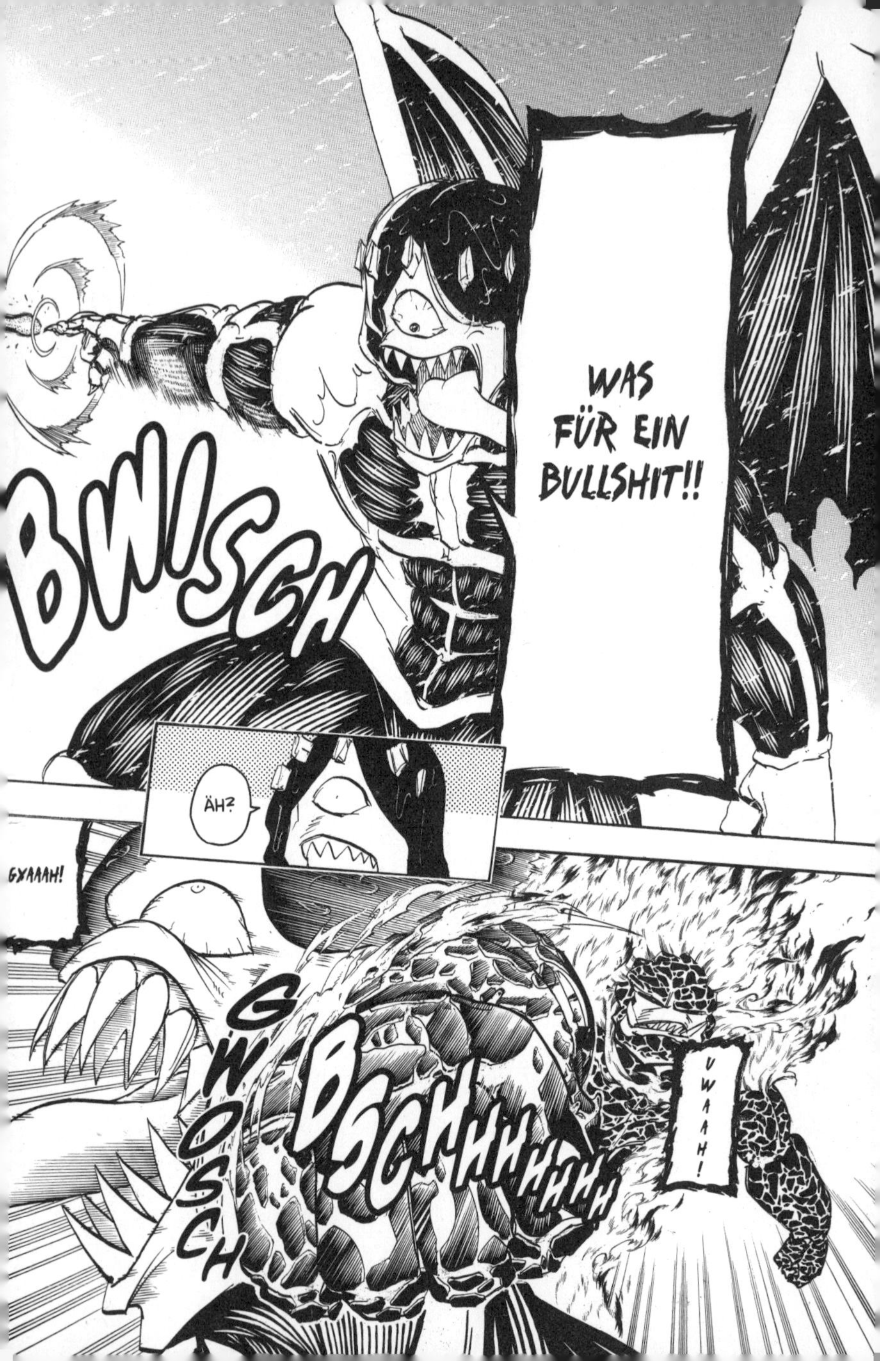
WAS FÜR EIN BULLSHIT!!
BWISCH
ÄH?
GYAAAH!
GWOOSCH
BOSCHHHHHHH
UWAAH!

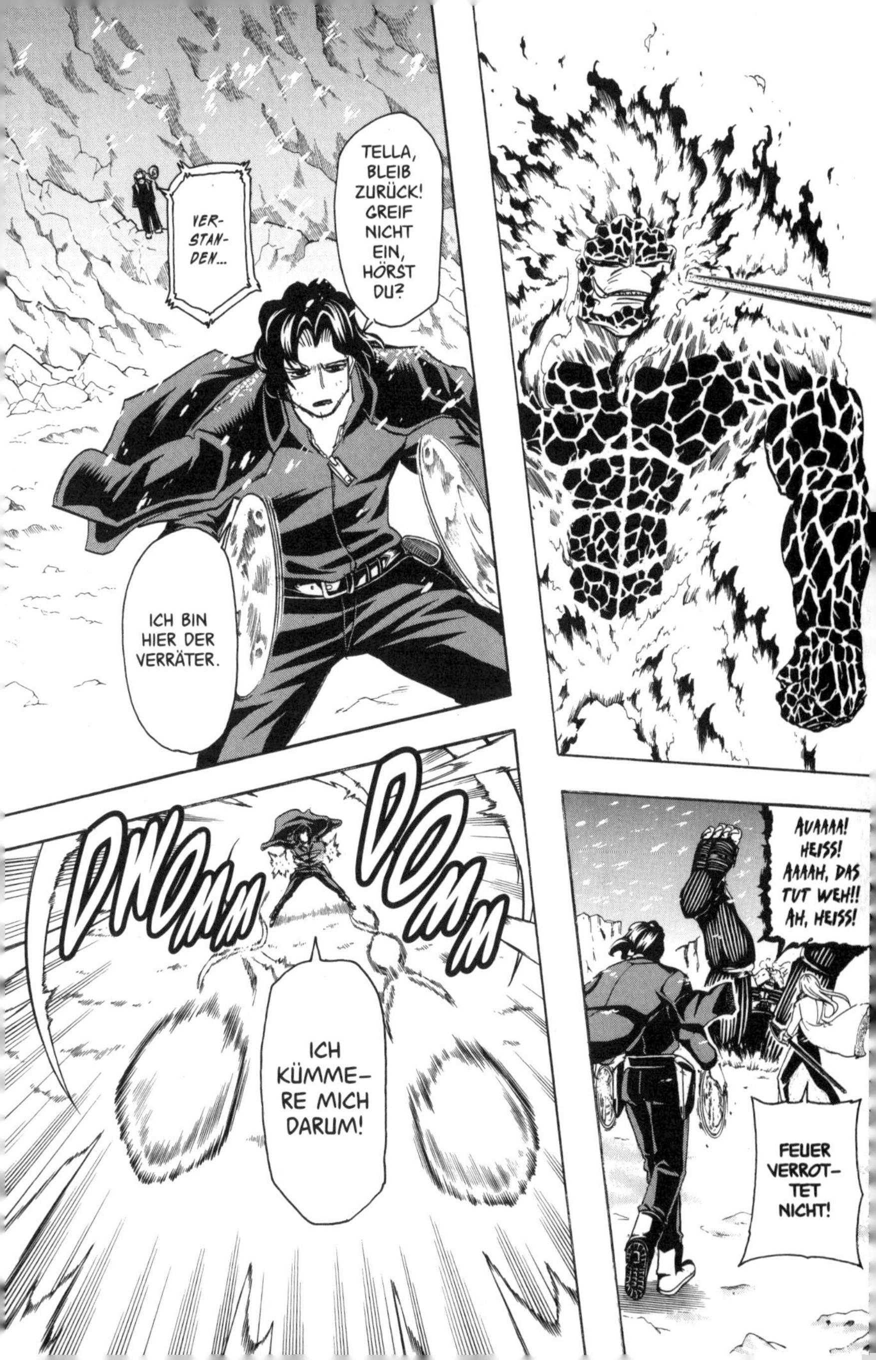

TELLA, BLEIB ZURÜCK! GREIF NICHT EIN, HÖRST DU?
VER-STAN-DEN...
ICH BIN HIER DER VERRÄTER.
AUAAAA! HEISS! AAAAH, DAS TUT WEH!! AH, HEISS!
FEUER VERROT-TET NICHT!
DWOMM
DOMM
ICH KÜMME-RE MICH DARUM!

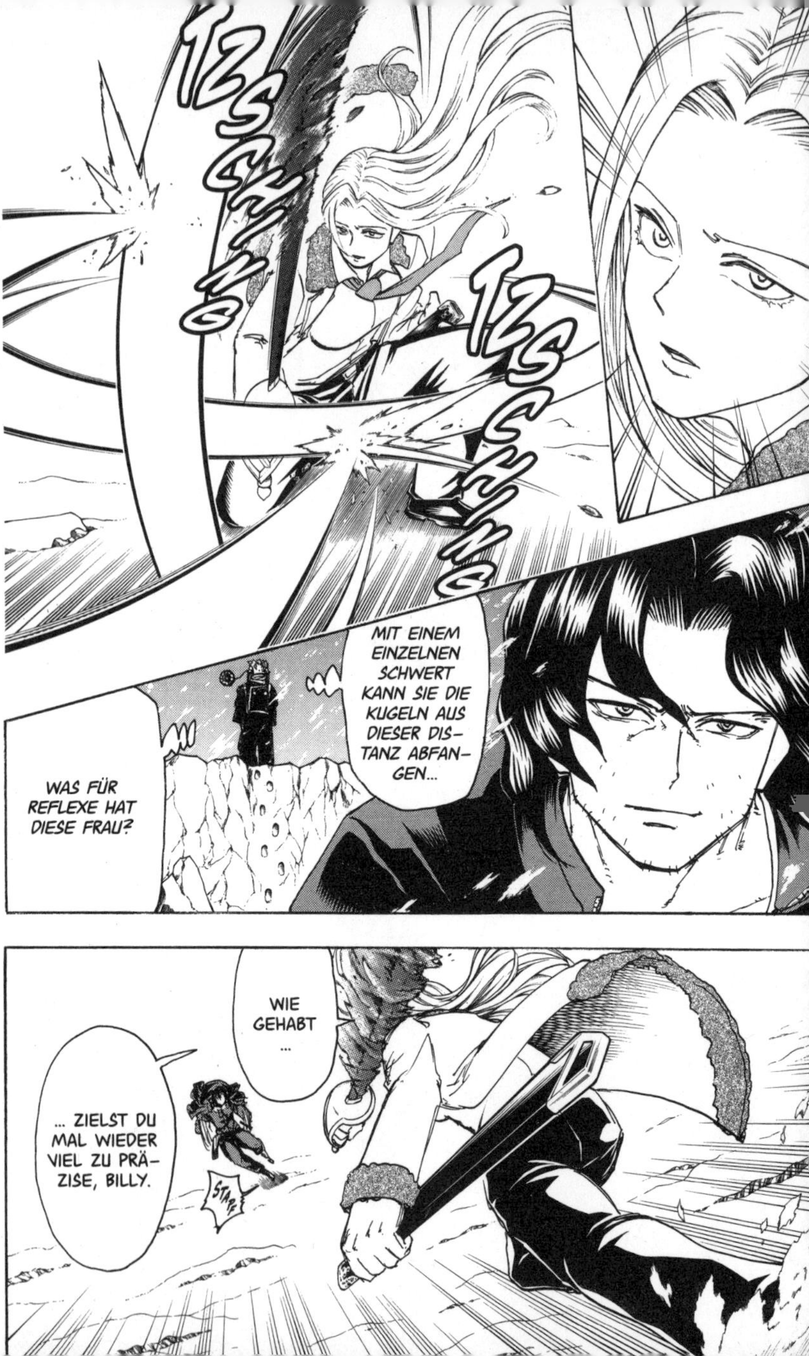
TZSCHING
TZSCHING
MIT EINEM EINZELNEN SCHWERT KANN SIE DIE KUGELN AUS DIESER DISTANZ ABFANGEN...
WAS FÜR REFLEXE HAT DIESE FRAU?
WIE GEHABT ...
... ZIELST DU MAL WIEDER VIEL ZU PRÄZISE, BILLY.
STAPF

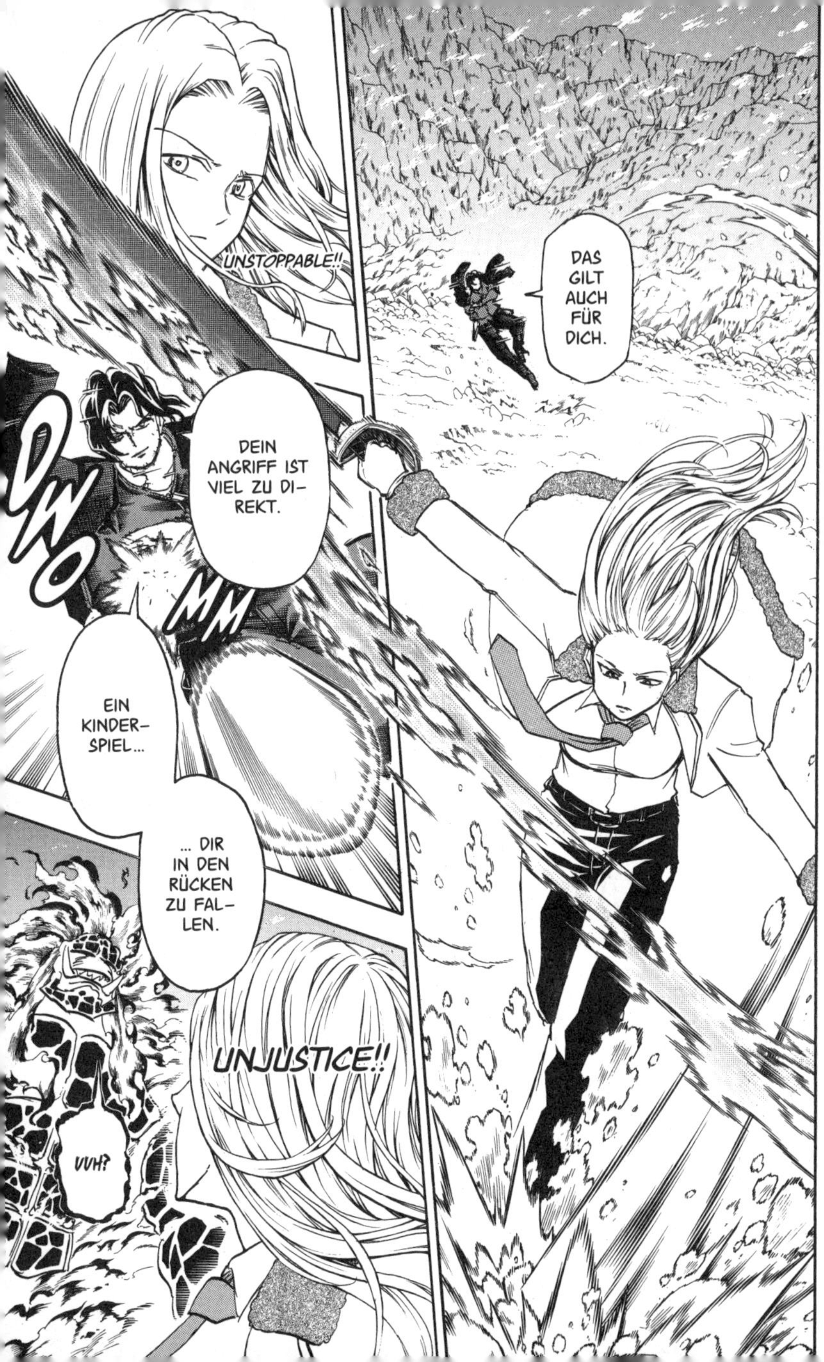
UNSTOPPABLE!!
DEIN ANGRIFF IST VIEL ZU DI-REKT.
DOMM
DAS GILT AUCH FÜR DICH.
EIN KINDER-SPIEL...
... DIR IN DEN RÜCKEN ZU FAL-LEN.
UNJUSTICE!!
UUH?

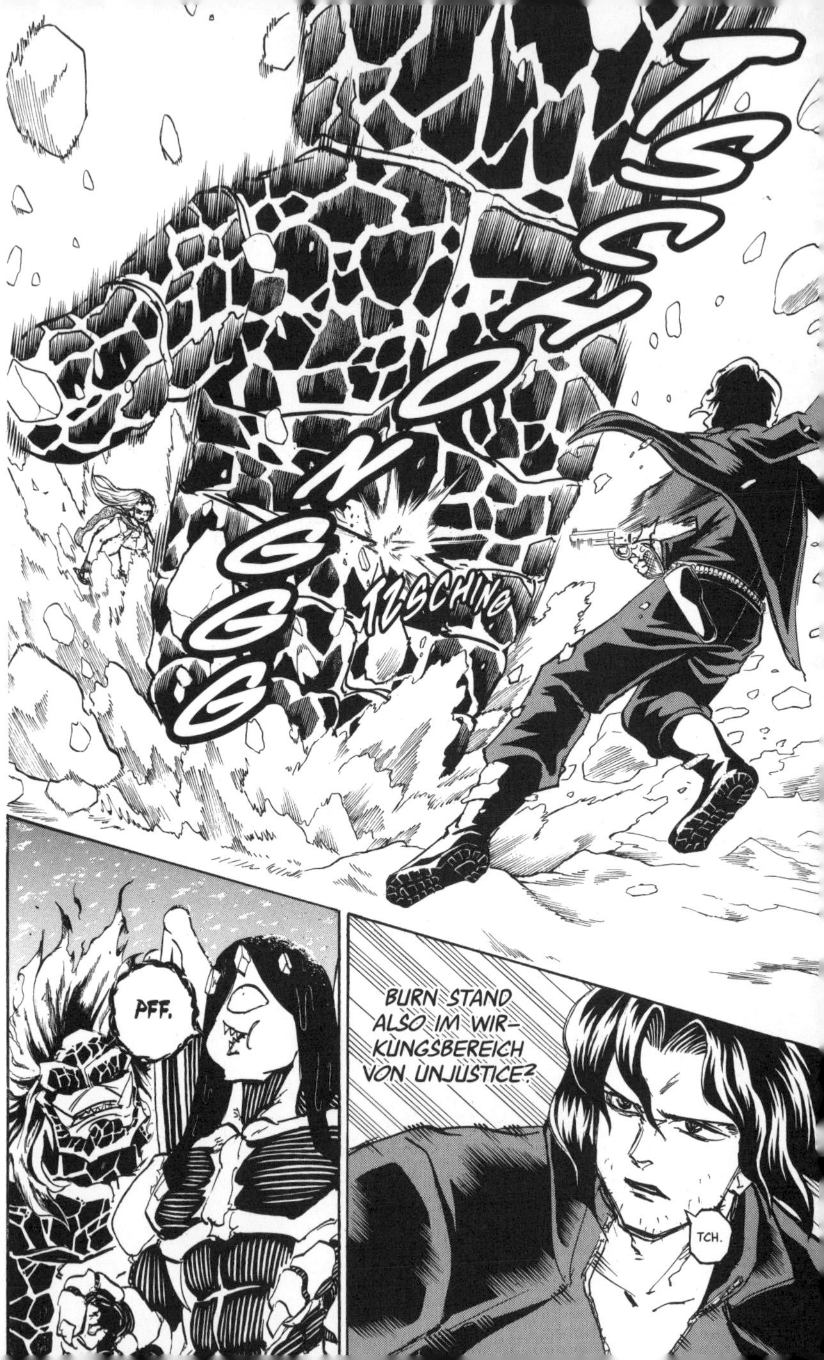
TSCHONGGGG
TZSCHING
BURN STAND ALSO IM WIRKUNGSBEREICH VON UNJUSTICE?
TCH.
PFF.

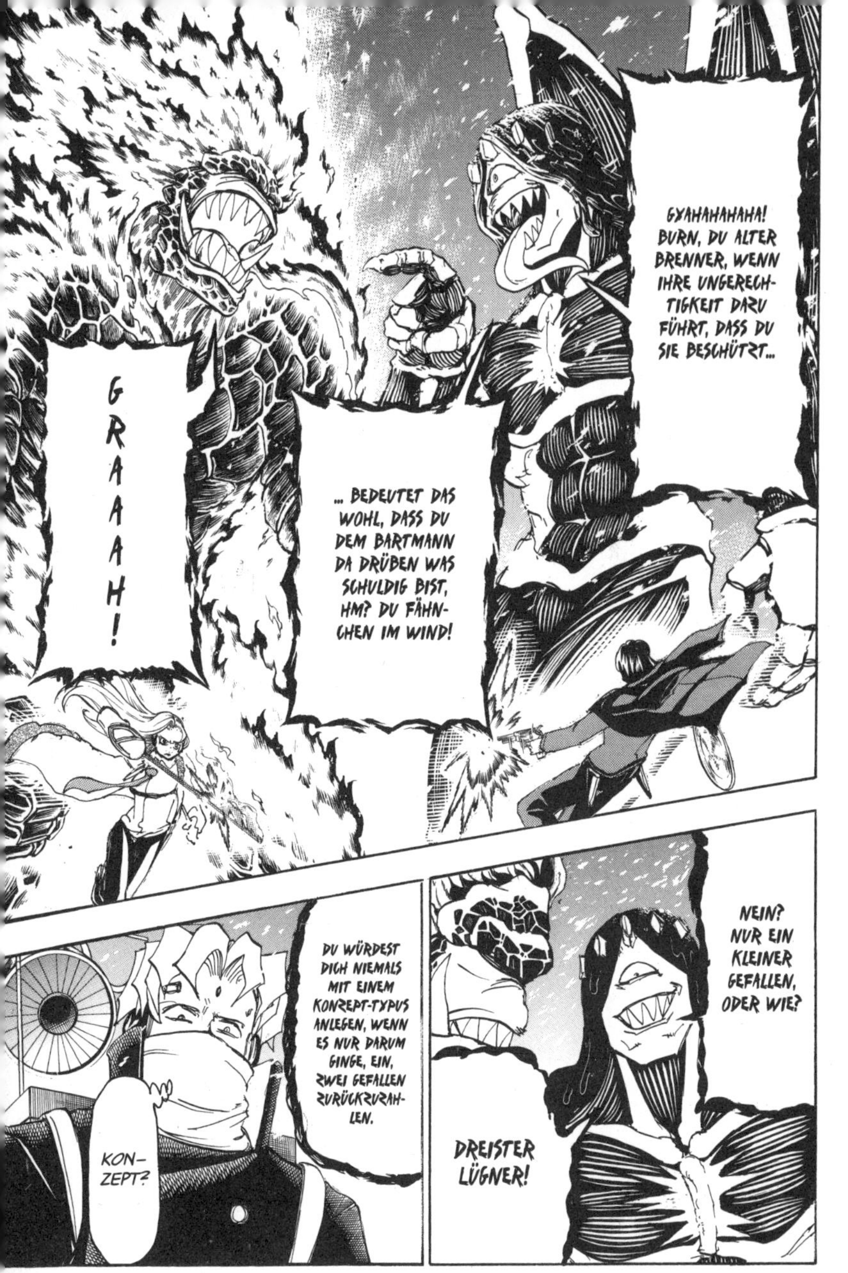
GYAHAHAHAHA! BURN, DU ALTER BRENNER, WENN IHRE UNGERECH-TIGKEIT DAZU FÜHRT, DASS DU SIE BESCHÜTZT...
... BEDEUTET DAS WOHL, DASS DU DEM BARTMANN DA DRÜBEN WAS SCHULDIG BIST, HM? DU FÄHN-CHEN IM WIND!
GRAAAAAH!
NEIN? NUR EIN KLEINER GEFALLEN, ODER WIE?
DREISTER LÜGNER!
DU WÜRDEST DICH NIEMALS MIT EINEM KONZEPT-TYPUS ANLEGEN, WENN ES NUR DARUM GINGE, EIN, ZWEI GEFALLEN ZURÜCKZUZAH-LEN.
KON-ZEPT?

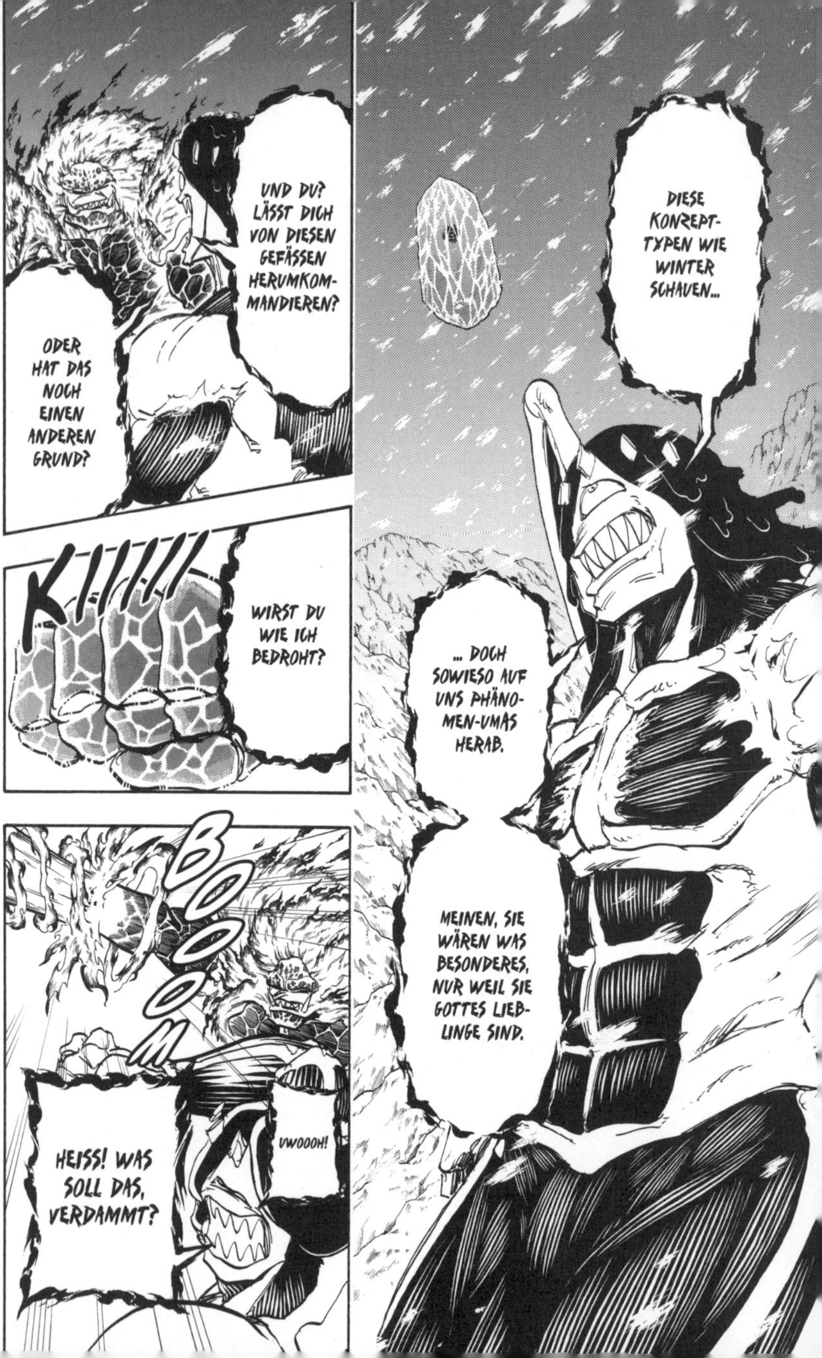
DIESE KONZEPT-TYPEN WIE WINTER SCHAUEN...
... DOCH SOWIESO AUF UNS PHÄNOMEN-UMAS HERAB.
MEINEN, SIE WÄREN WAS BESONDERES, NUR WEIL SIE GOTTES LIEBLINGE SIND.
UND DU? LÄSST DICH VON DIESEN GEFÄSSEN HERUMKOMMANDIEREN?
ODER HAT DAS NOCH EINEN ANDEREN GRUND?
KIIII
WIRST DU WIE ICH BEDROHT?
BOOOOM
UWOOOH!
HEISS! WAS SOLL DAS, VERDAMMT?

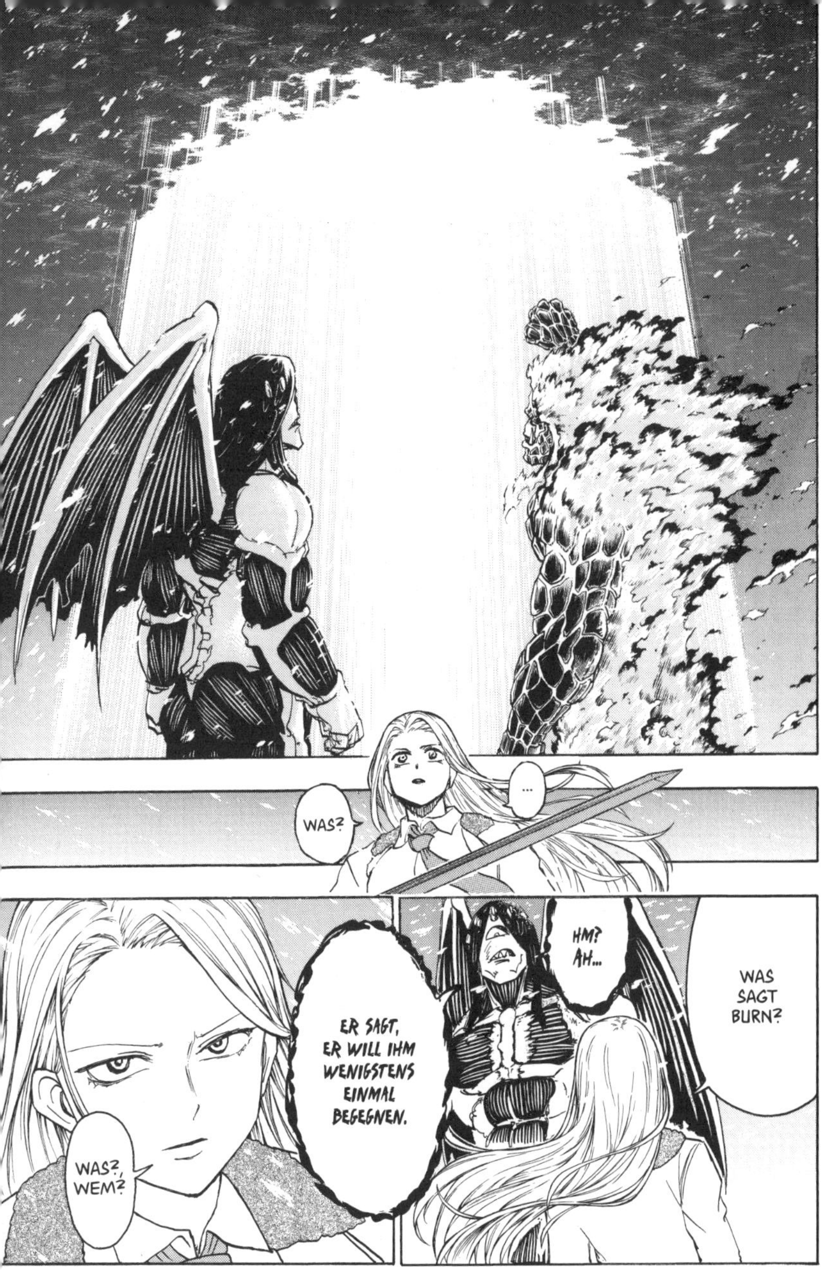
...
WAS?
WAS SAGT BURN?
HM? AH...
ER SAGT, ER WILL IHM WENIGSTENS EINMAL BEGEGNEN.
WAS?, WEM?

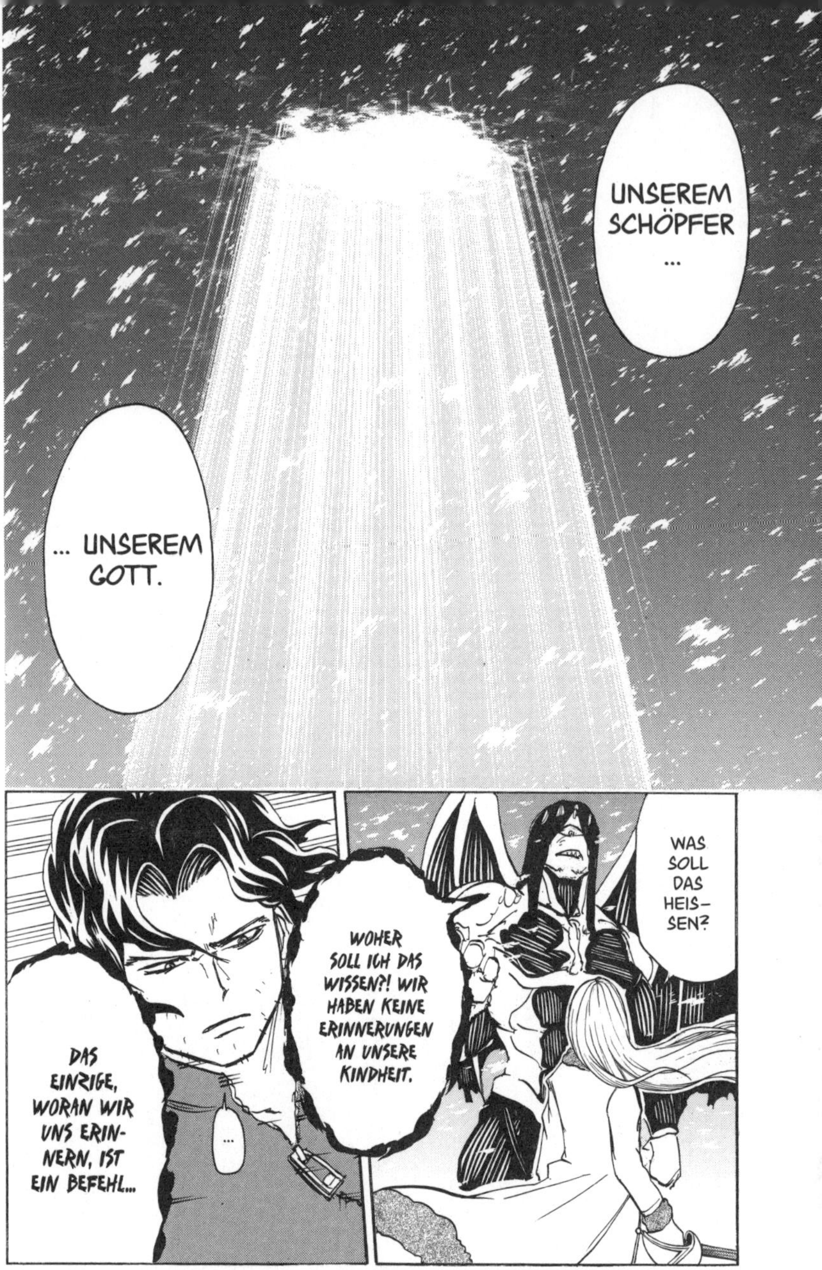
UNSEREM SCHÖPFER ...
... UNSEREM GOTT.
WAS SOLL DAS HEIS-SEN?
WOHER SOLL ICH DAS WISSEN?! WIR HABEN KEINE ERINNERUNGEN AN UNSERE KINDHEIT.
...
DAS EINZIGE, WORAN WIR UNS ERIN-NERN, IST EIN BEFEHL...

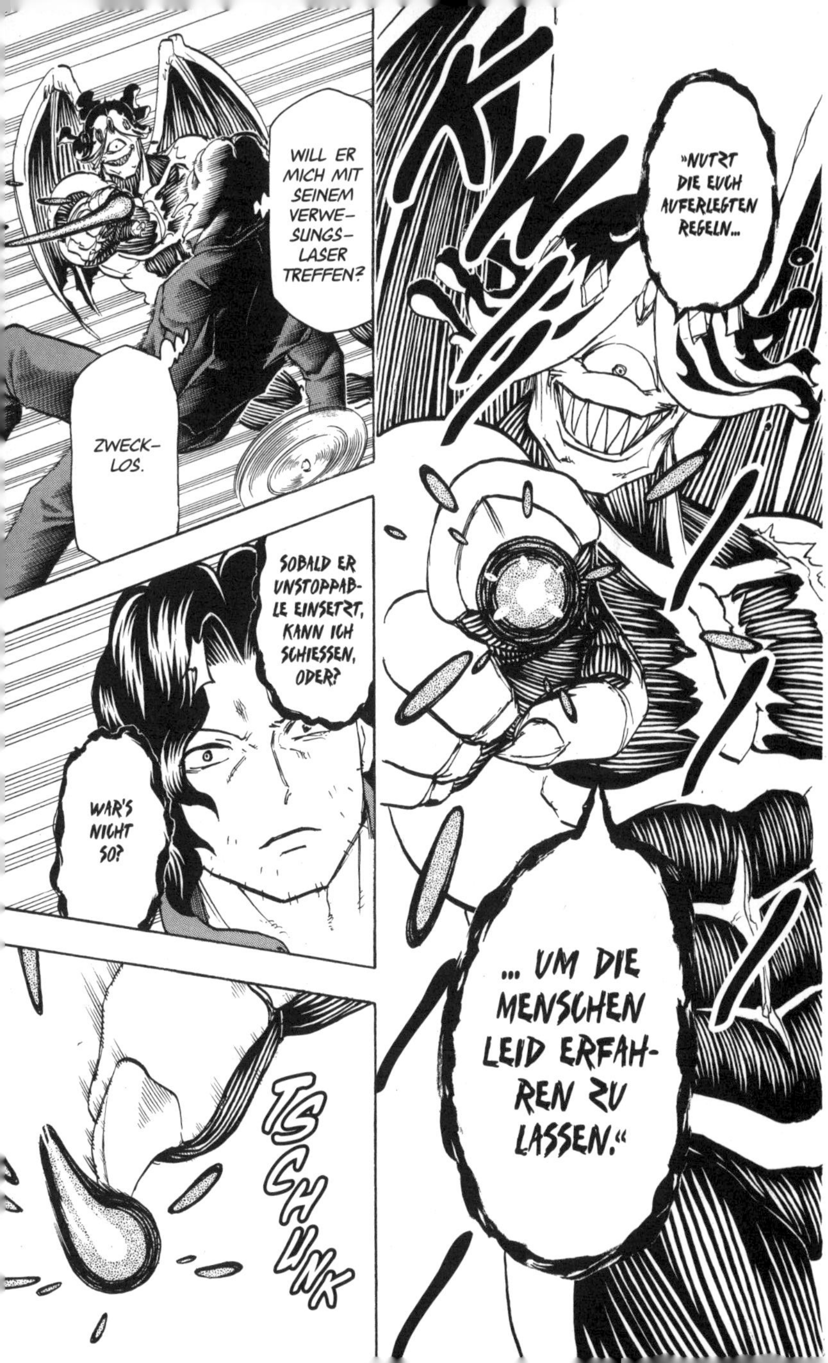
»NUTZT DIE EUCH AUFERLEGTEN REGELN…
… UM DIE MENSCHEN LEID ERFAHREN ZU LASSEN.«
WILL ER MICH MIT SEINEM VERWE-SUNGS-LASER TREFFEN?
ZWECK-LOS.
SOBALD ER UNSTOPPAB-LE EINSETZT, KANN ICH SCHIESSEN, ODER?
WAR'S NICHT SO?
TSCHUNK

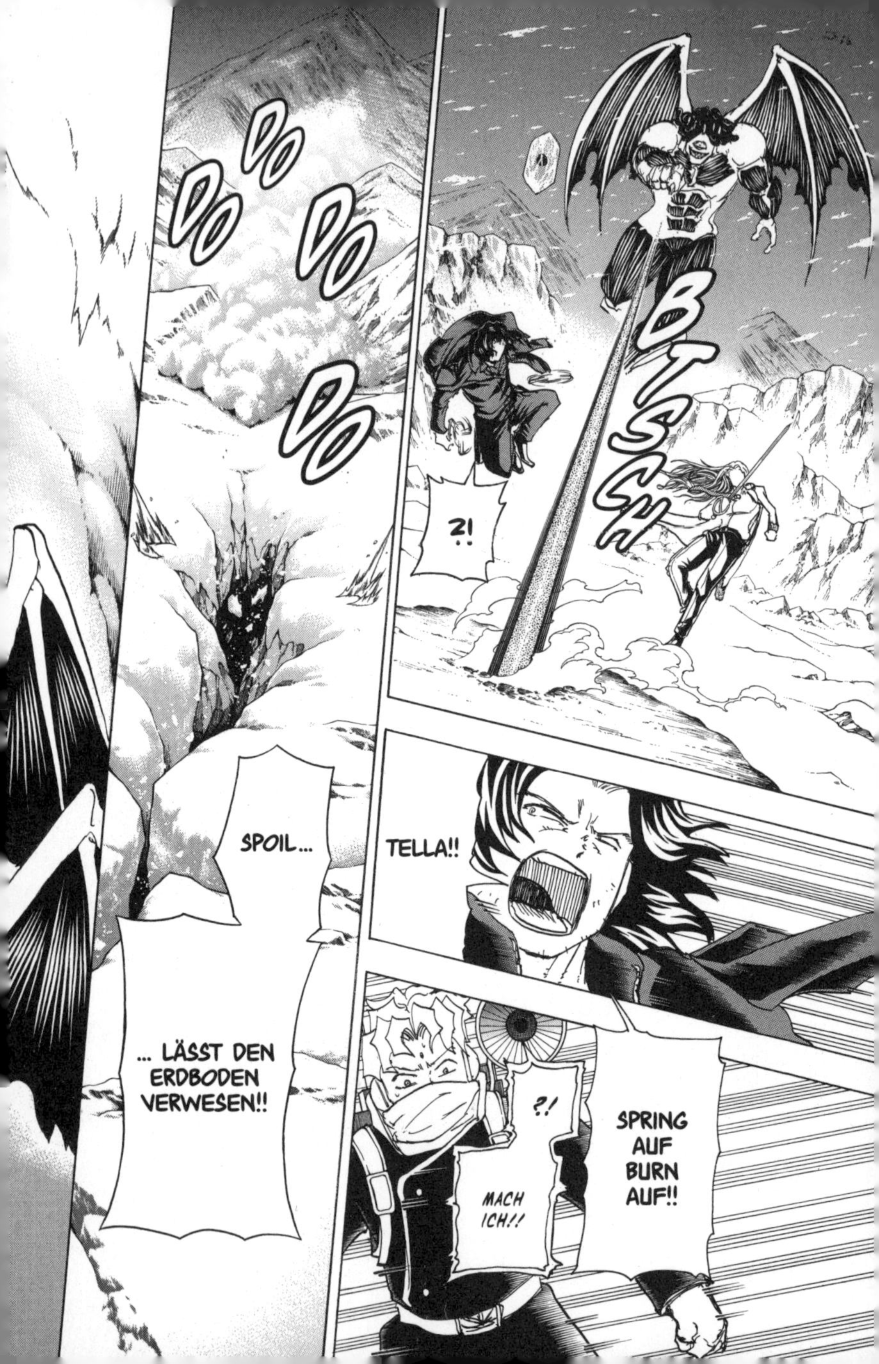
BTISCH
?!
DODODODO
SPOIL...
TELLA!!
... LÄSST DEN ERDBODEN VERWESEN!!
SPRING AUF BURN AUF!!
?!
MACH ICH!!

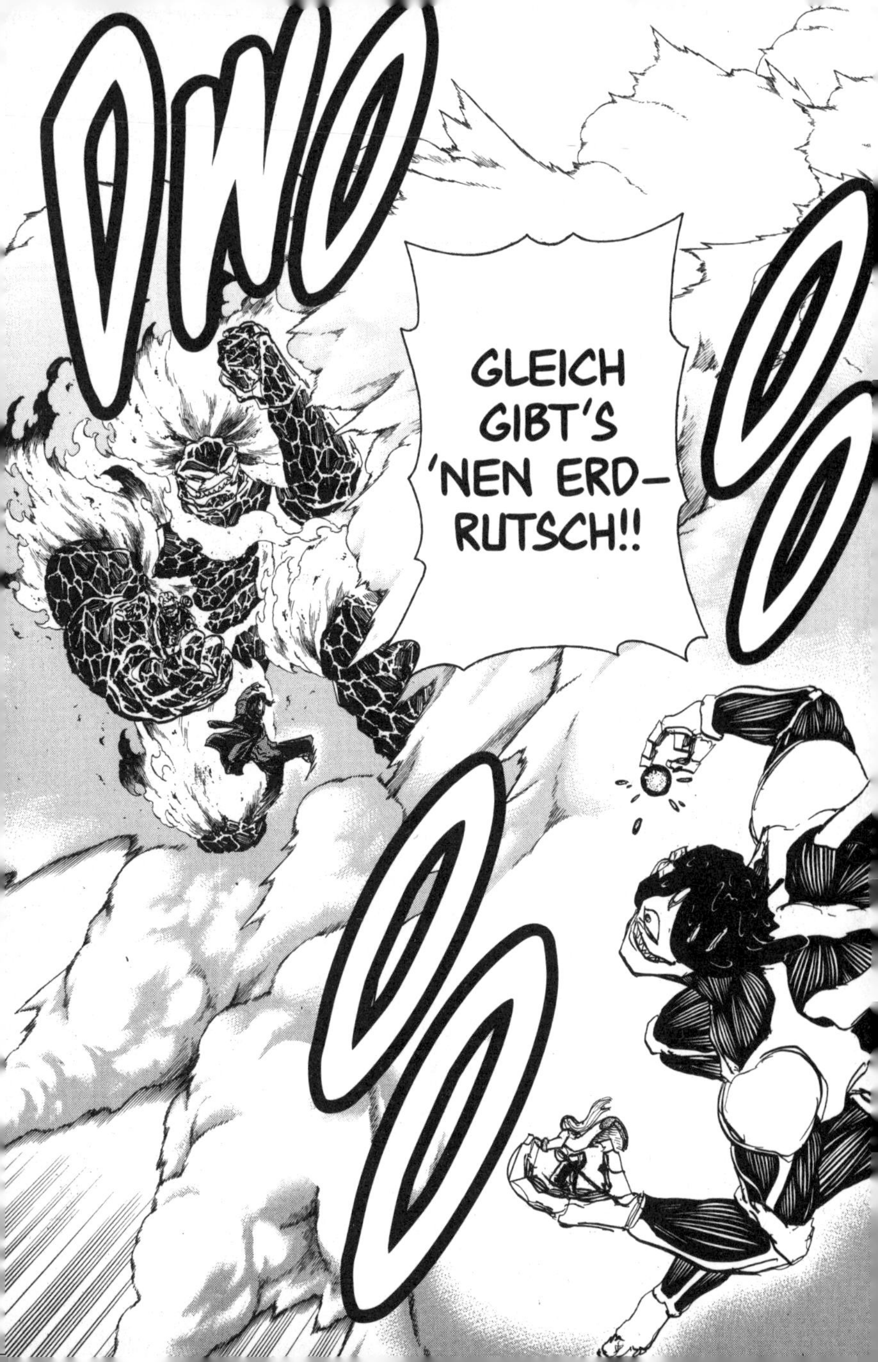
GLEICH GIBT'S 'NEN ERD-RUTSCH!!

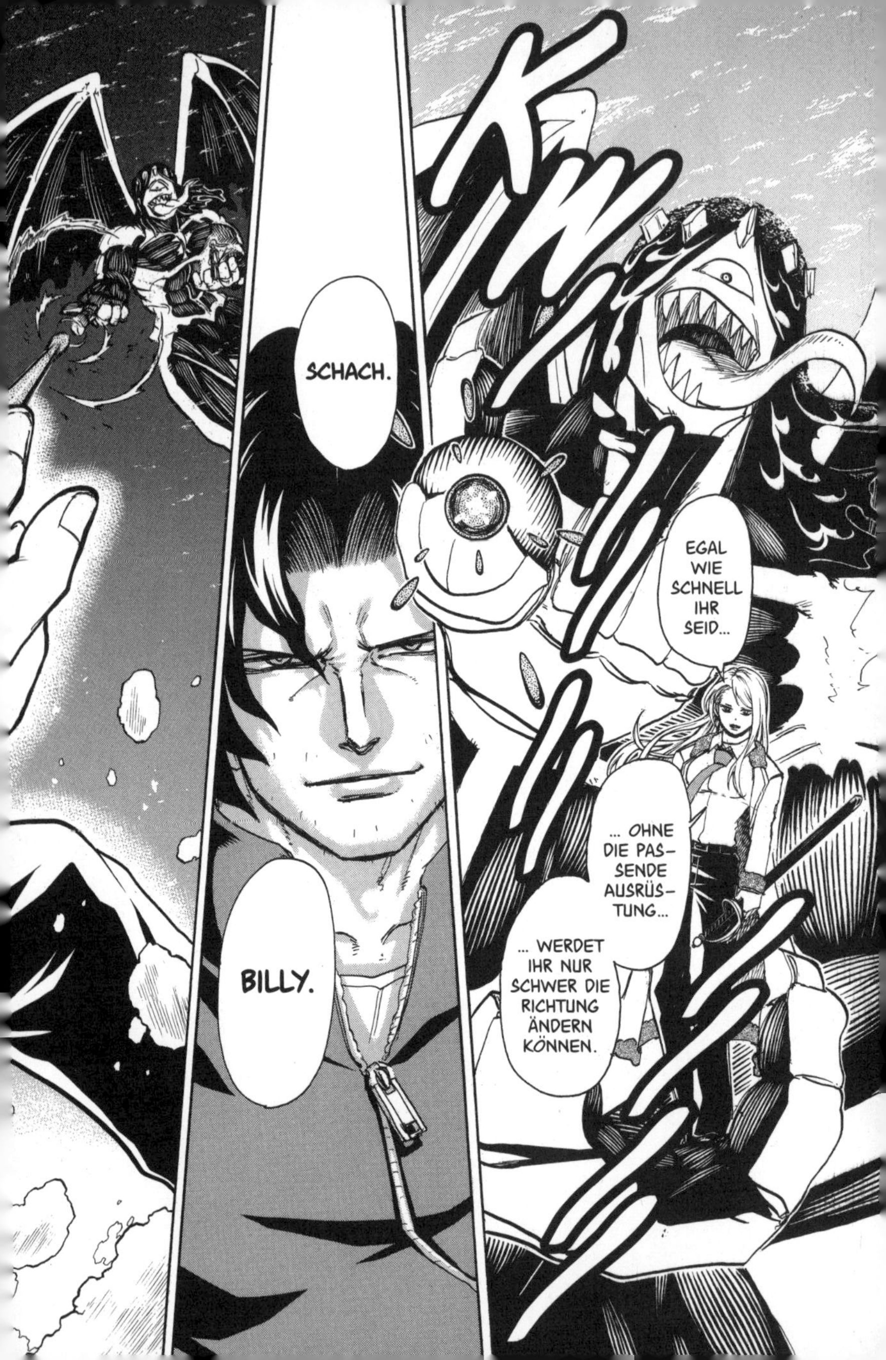
EGAL WIE SCHNELL IHR SEID...
... OHNE DIE PAS-SENDE AUSRÜS-TUNG...
... WERDET IHR NUR SCHWER DIE RICHTUNG ÄNDERN KÖNNEN.
SCHACH.
BILLY.

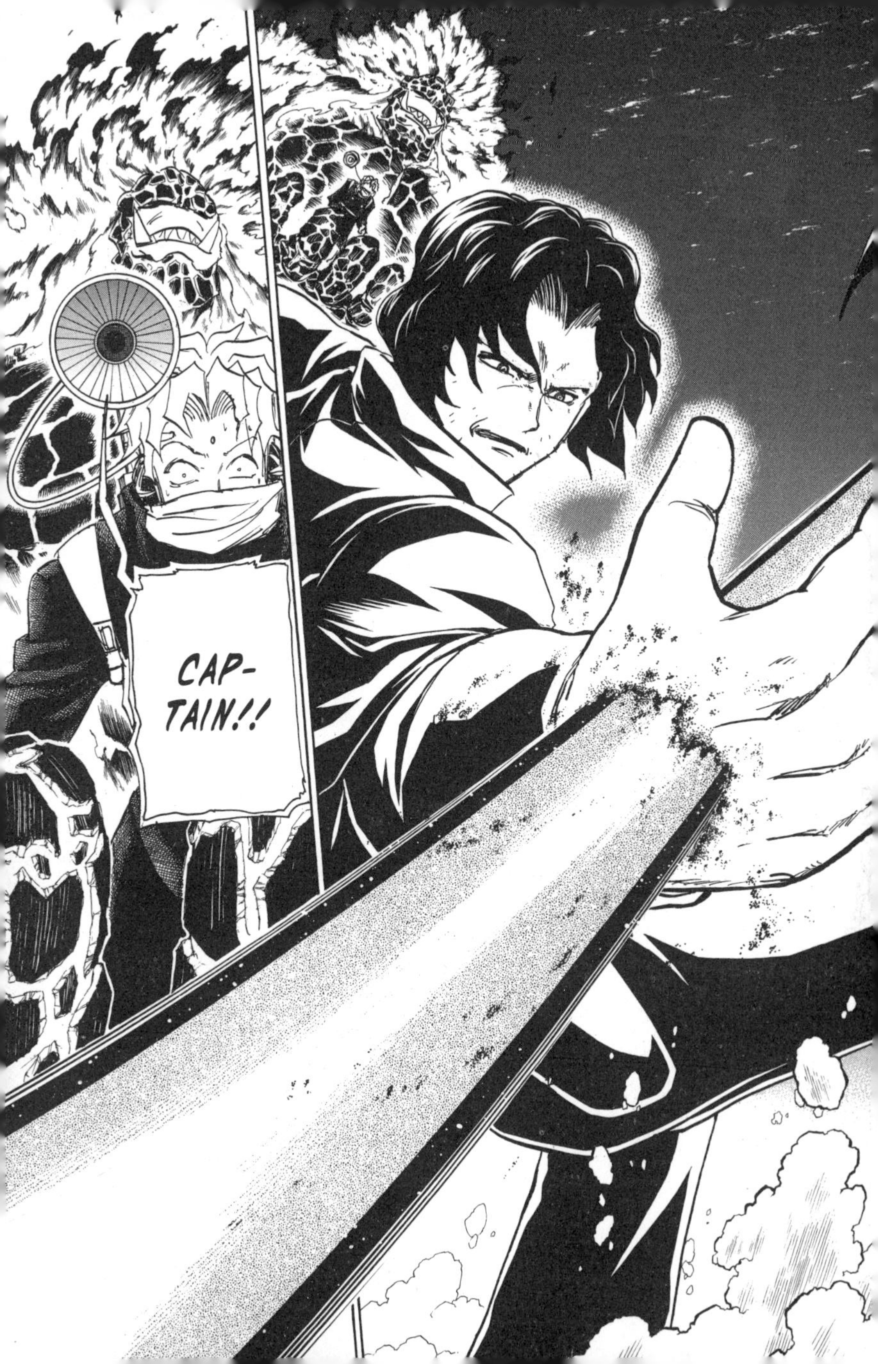
CAP-
TAIN!!

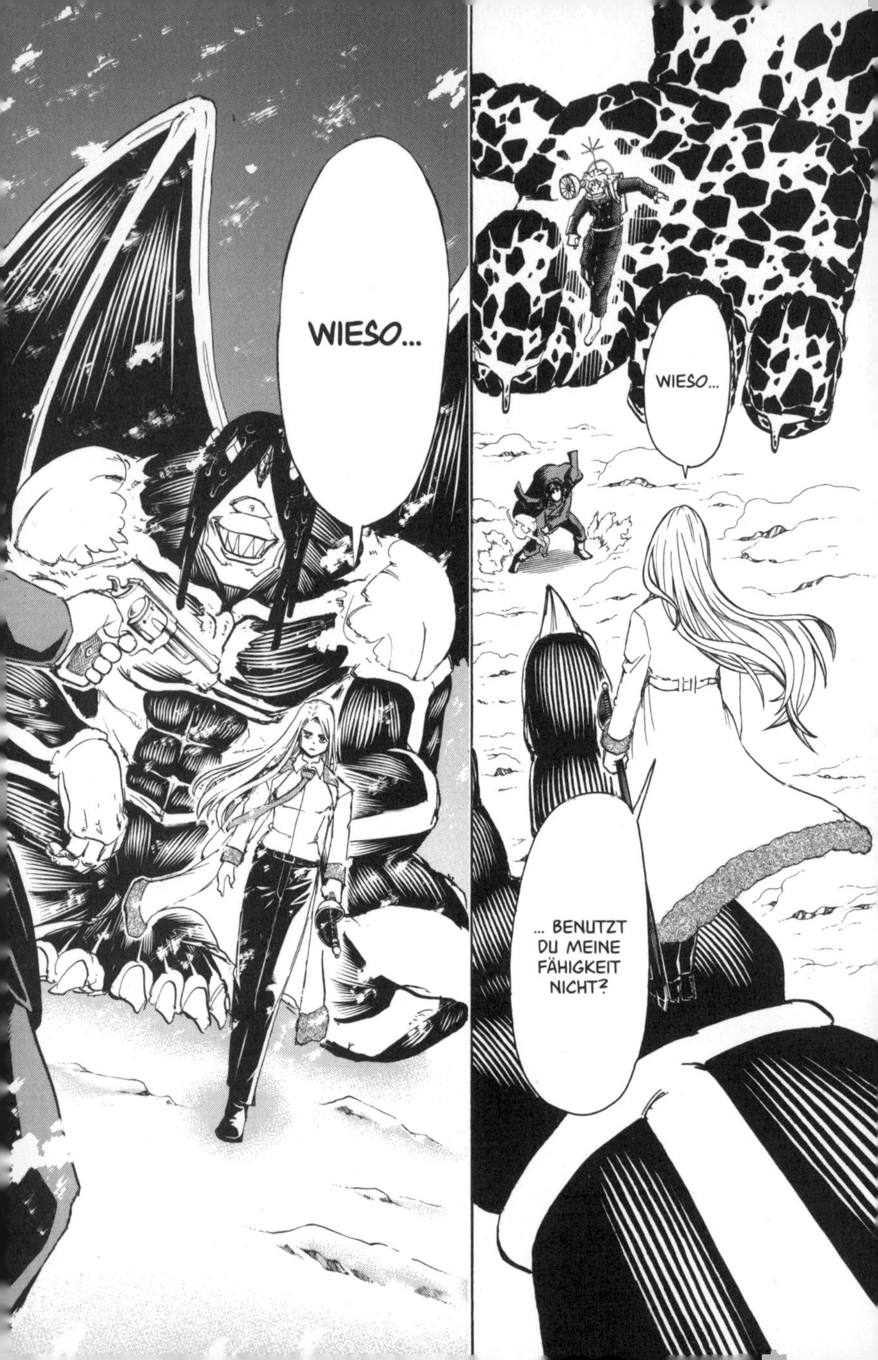
WIESO...
... BENUTZT DU MEINE FÄHIGKEIT NICHT?
WIESO...

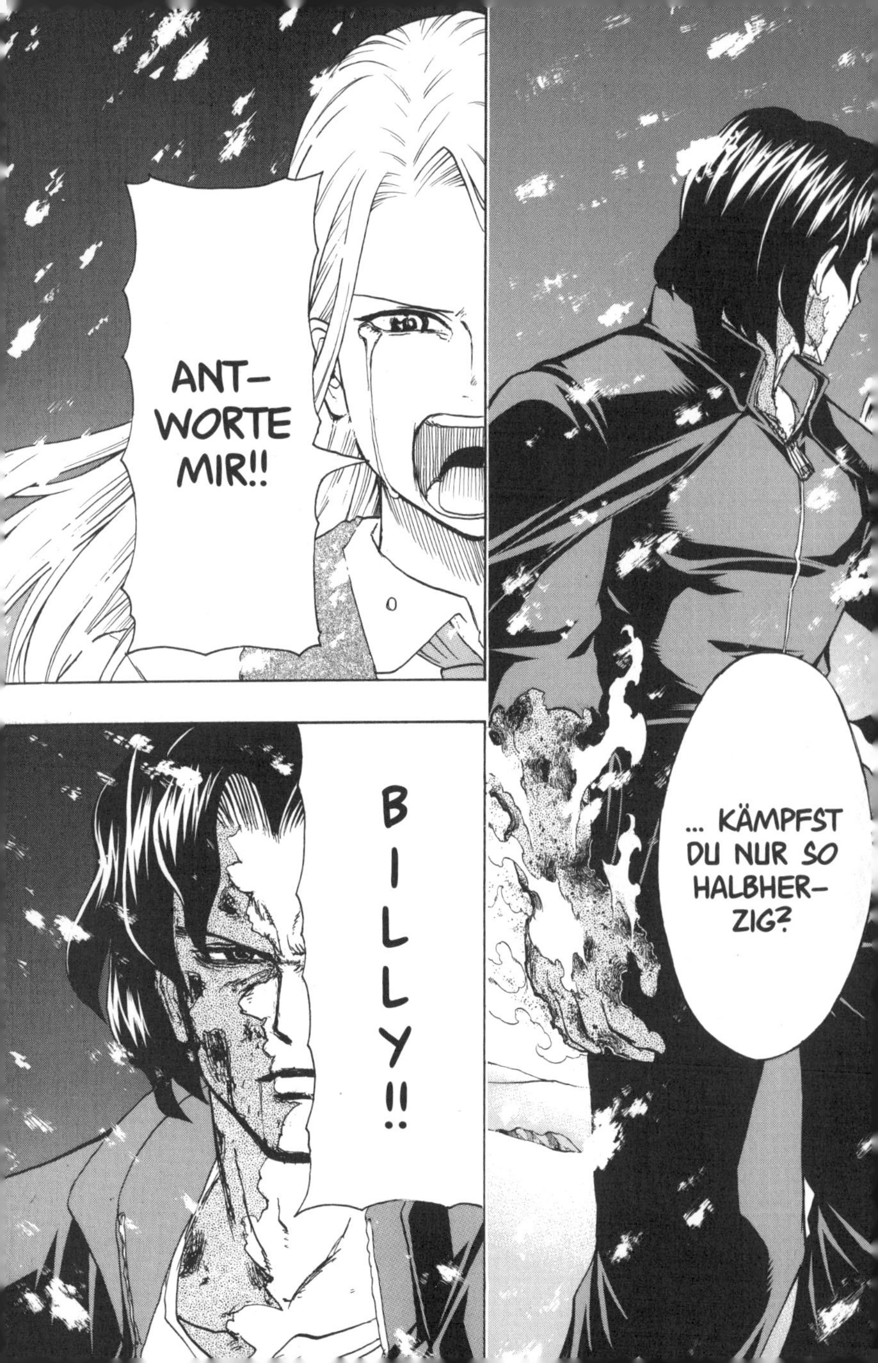
... KÄMPFST DU NUR SO HALBHER-ZIG?
ANT-WORTE MIR!!
BILLY!!

UMA SPOIL

ALTER: WAS WEISS ICH?

GRÖSSE: VERÄNDERT SICH JE NACH ENERGIEHAUSHALT DES KÖRPERS

GEWICHT: ICH HAB DOCH GRAD GESAGT, ES VARIIERT!

HOBBIES: TESTET GERN AUS, WELCHE SUBSTANZEN AM HÜBSCHESTEN VERROTTEN

BESONDERE FÄHIGKEITEN: DINGE VERROTTEN LASSEN

WAS ER MAG: ALLES, WAS VERROTTET IST

WOVOR ER SICH FÜRCHTET: JUIZ (HAT SO VIEL SCHISS VOR IHR, DASS ER ALLE ALLÜREN ÜBER BORD GEWORFEN HAT)

WAS ER HASST: UNDEAD (VICTOR)
SHEN (WEIL ER SEIN KOPFTEIL ZERSTÖRT HAT)
POSITIVE ZEITGENOSSEN (DA SEIN KERN UND SEINE PHASE-1-FÄHIGKEITEN BEI SOLCHEN LEUTEN KEINE WIRKUNG ZEIGEN)

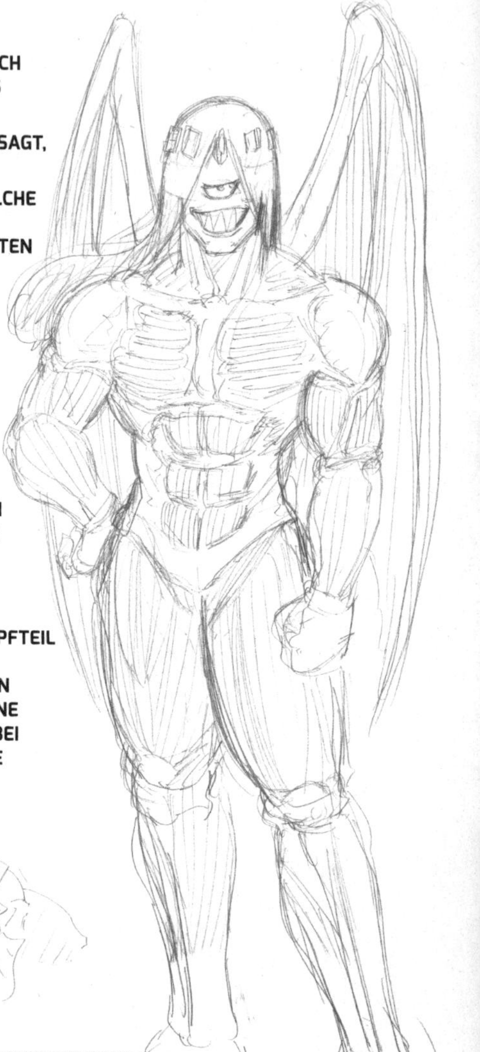

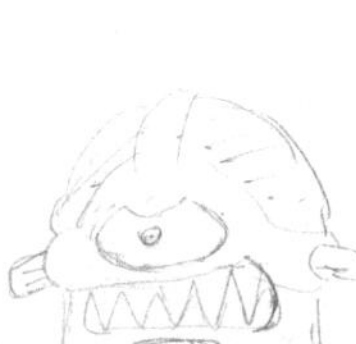

KERN-FORM
WENN SPOIL SEINE FÄHIGKEITEN NICHT BEWUSST AUF EIN BEGRENZTES GEBIET KONZENTRIERT, BESITZT DIESE FORM KAUM SCHLAGKRAFT. ES DAUERT LANGE, BIS DER VERWESUNGSPROZESS EINSETZT.

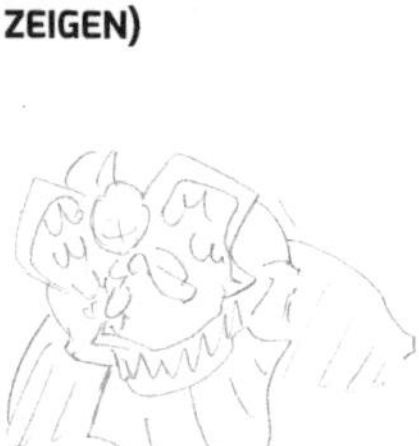

PHASE 1
VERFORMT NOCH NICHT VERROTTETE DINGE UND SUBSTANZEN IN SEINER NÄHE IN EIN SKELETT, DAS DIE GESTALT EINES MENSCHEN ANNIMMT. UNTERSCHEIDET SICH NICHT SONDERLICH VON DEN FÄHIGKEITEN DER URSPRÜNGLICHEN KERN-FORM.

PHASE 2
DIE SPOIL-FÄHIGKEITEN WURDEN ERWEITERT; ES GIBT KEINE GEBIETSBEGRENZUNGEN MEHR.

No. 56
Weil du an mich glaubst

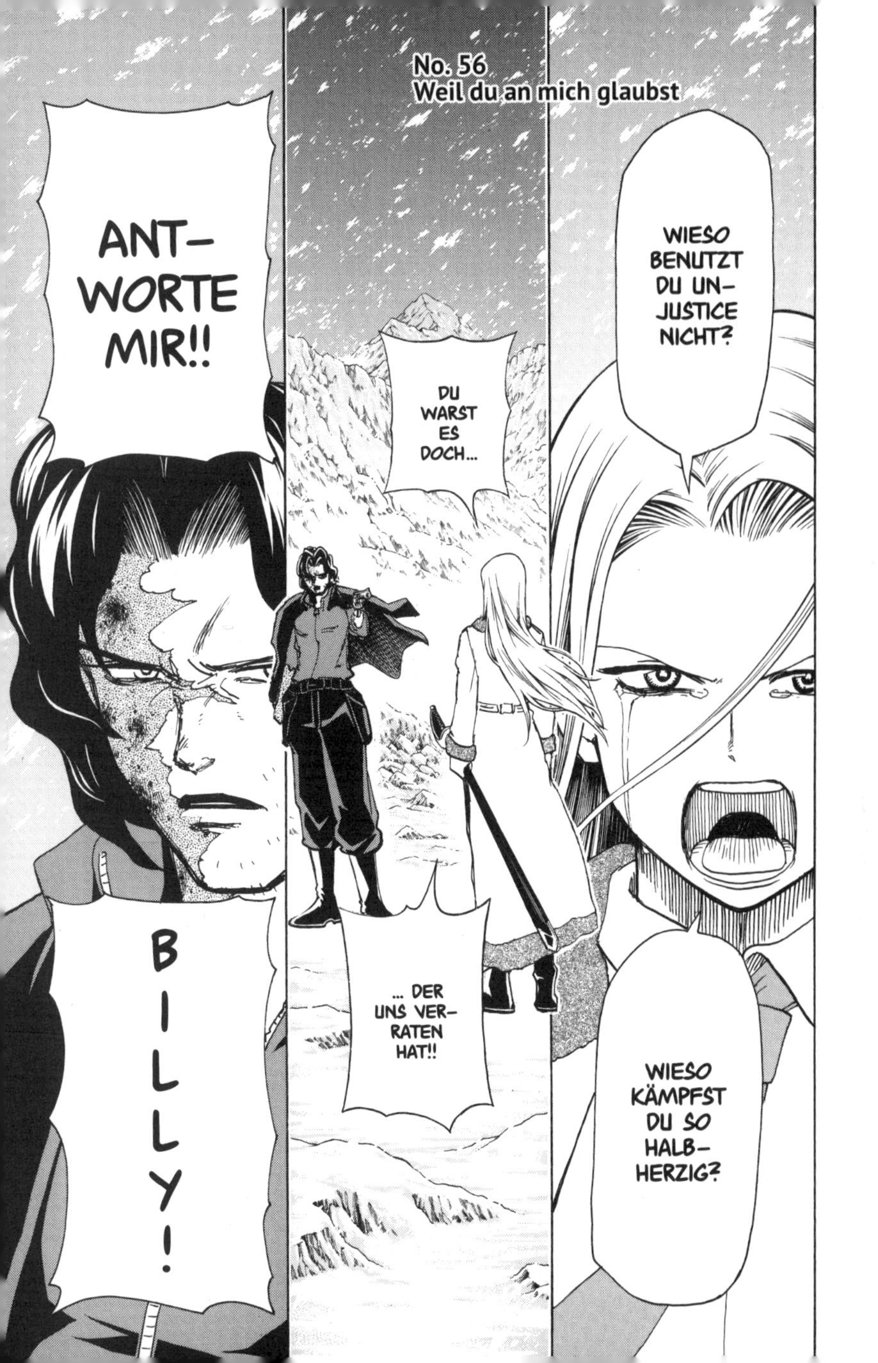

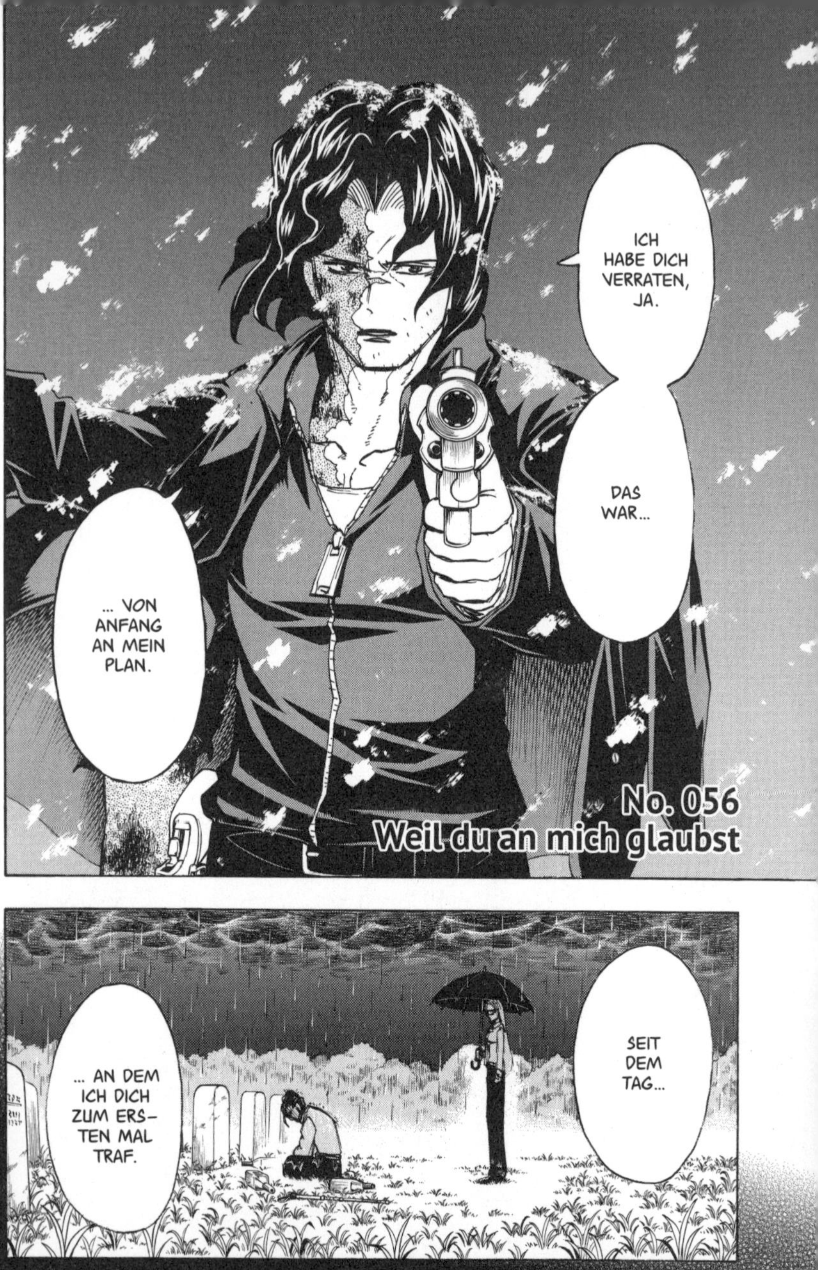
ICH HABE DICH VERRATEN, JA.
DAS WAR...
... VON ANFANG AN MEIN PLAN.
No. 056
Weil du an mich glaubst
SEIT DEM TAG...
... AN DEM ICH DICH ZUM ERS-TEN MAL TRAF.

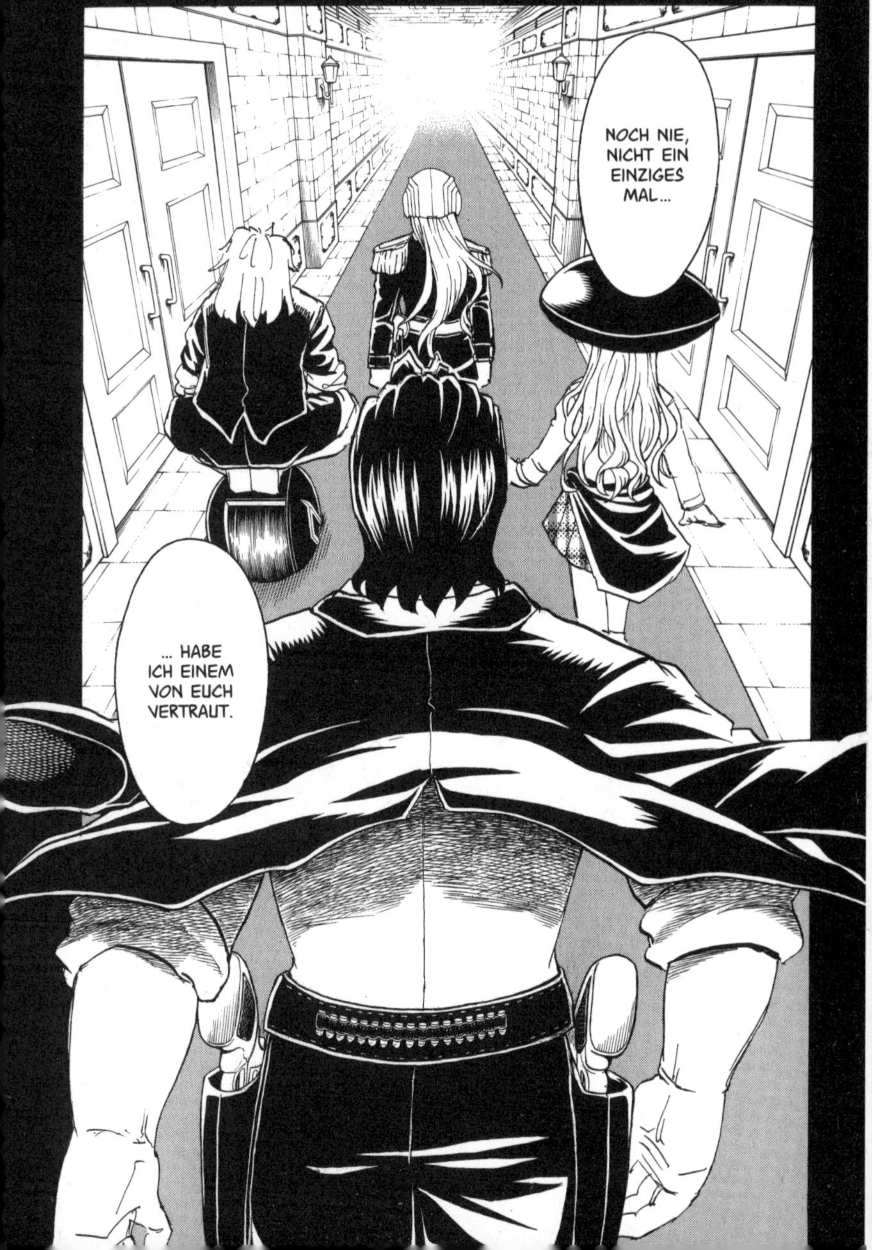
NOCH NIE, NICHT EIN EINZIGES MAL...
... HABE ICH EINEM VON EUCH VERTRAUT.

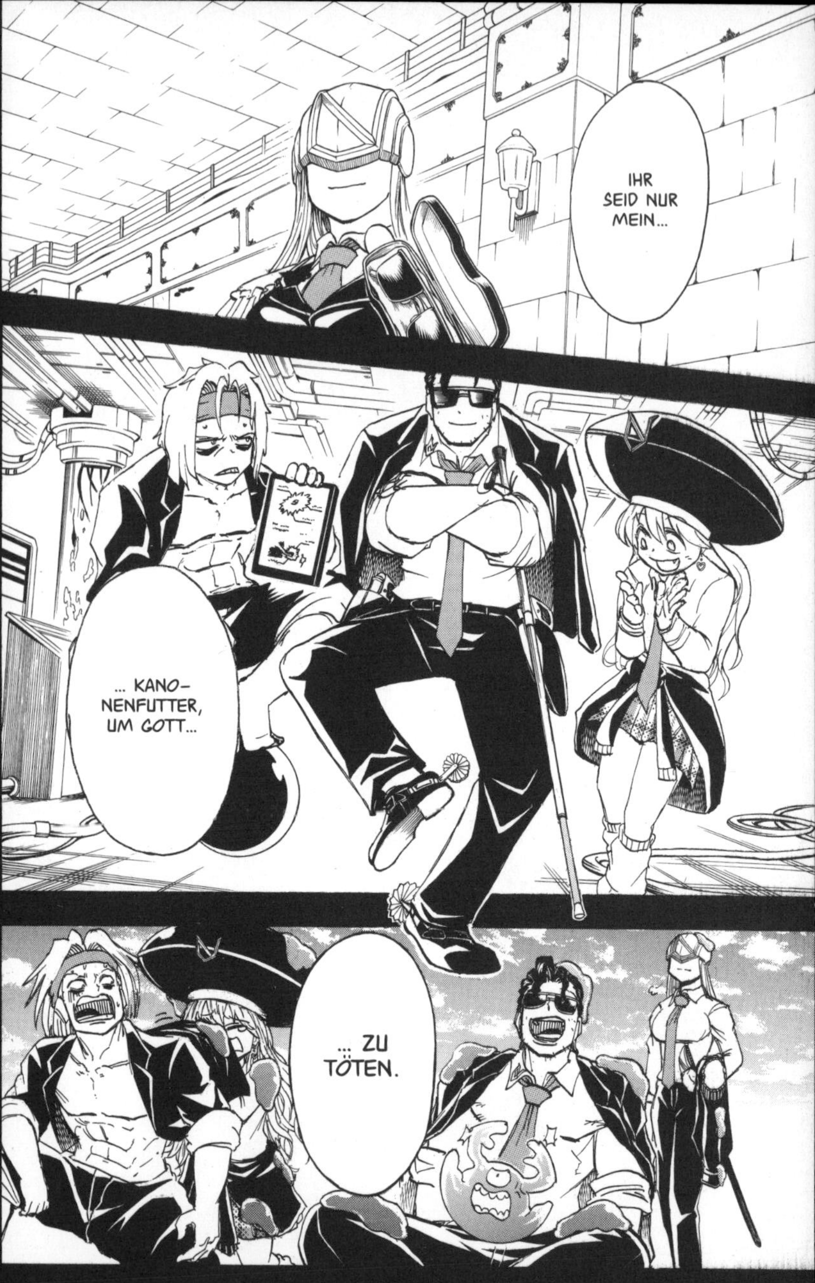
IHR SEID NUR MEIN...
... KANO-NENFUTTER, UM GOTT...
... ZU TÖTEN.

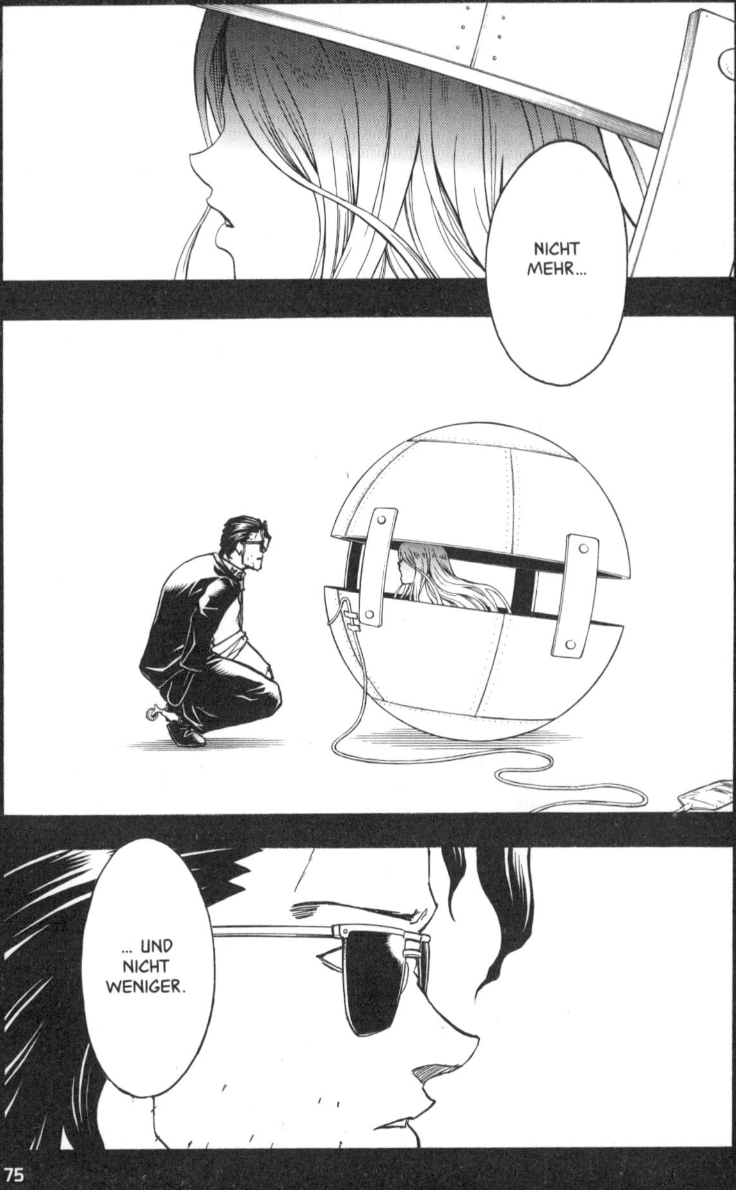
NICHT MEHR...
... UND NICHT WENIGER.

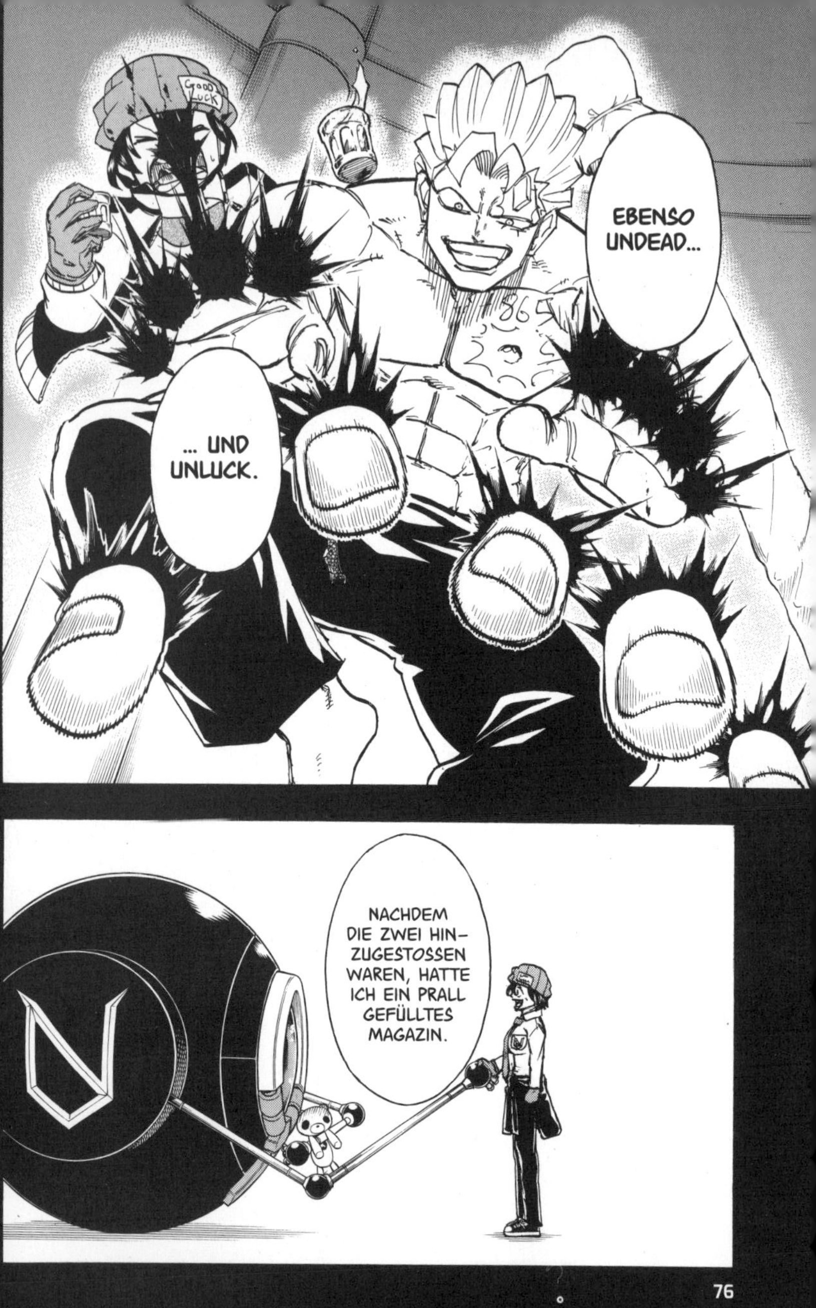

GOOD LUCK
EBENSO UNDEAD...
... UND UNLUCK.
NACHDEM DIE ZWEI HINZUGESTOSSEN WAREN, HATTE ICH EIN PRALL GEFÜLLTES MAGAZIN.

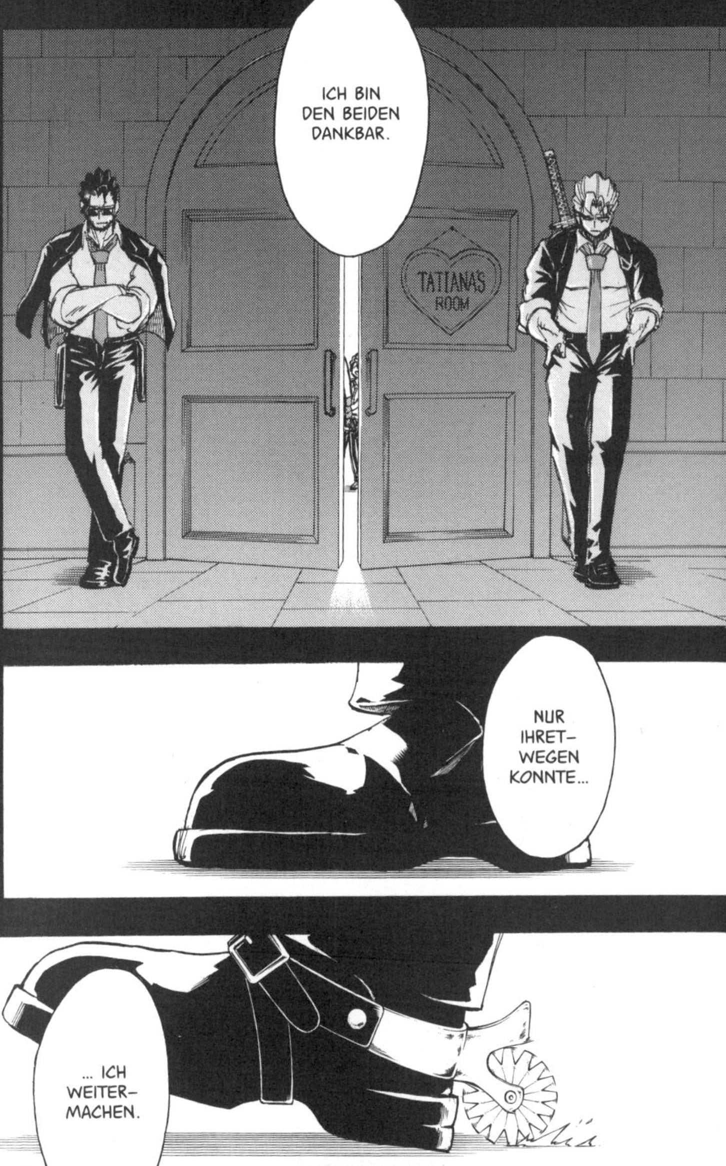
ICH BIN DEN BEIDEN DANKBAR.
TATIANA'S ROOM
NUR IHRET-WEGEN KONNTE...
... ICH WEITER-MACHEN.

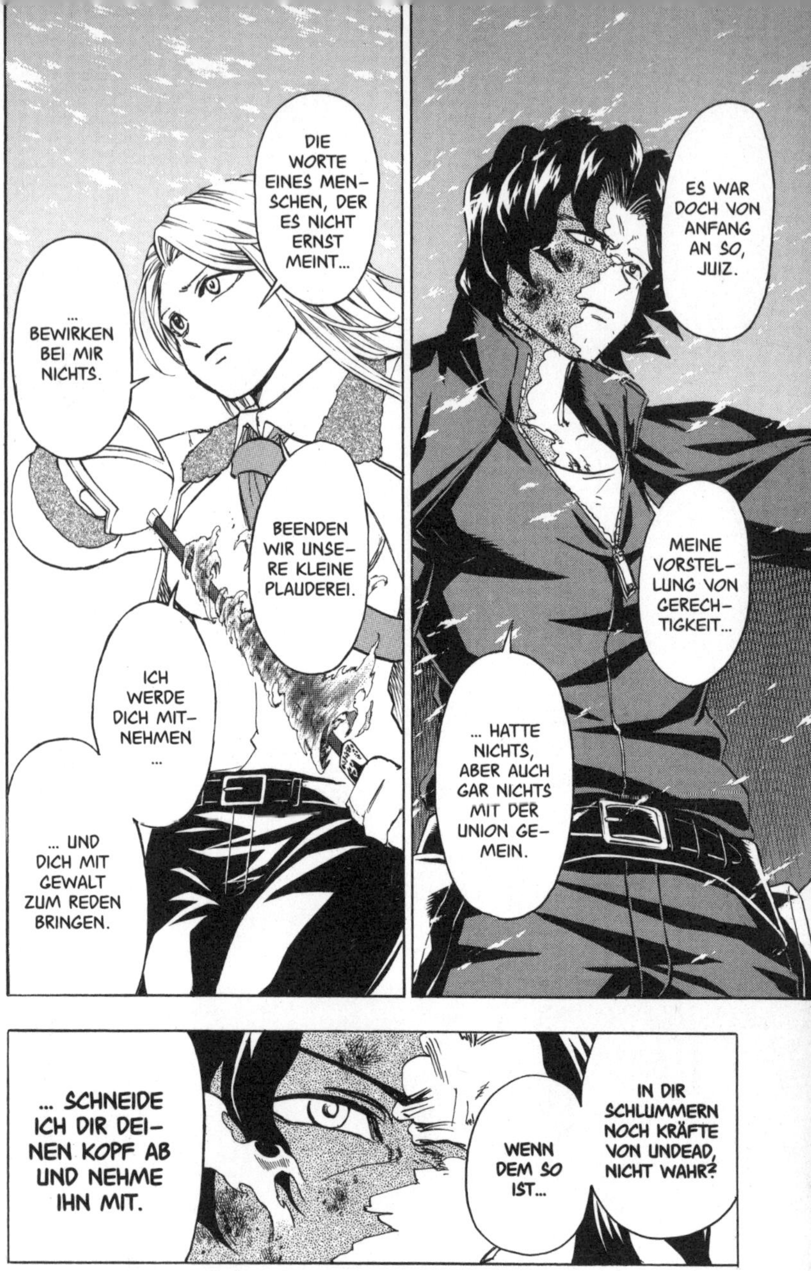
ES WAR DOCH VON ANFANG AN SO, JUIZ.
MEINE VORSTELLUNG VON GERECHTIGKEIT...
... HATTE NICHTS, ABER AUCH GAR NICHTS MIT DER UNION GEMEIN.
DIE WORTE EINES MENSCHEN, DER ES NICHT ERNST MEINT...
... BEWIRKEN BEI MIR NICHTS.
BEENDEN WIR UNSERE KLEINE PLAUDEREI.
ICH WERDE DICH MITNEHMEN ...
... UND DICH MIT GEWALT ZUM REDEN BRINGEN.
IN DIR SCHLUMMERN NOCH KRÄFTE VON UNDEAD, NICHT WAHR?
WENN DEM SO IST...
... SCHNEIDE ICH DIR DEINEN KOPF AB UND NEHME IHN MIT.

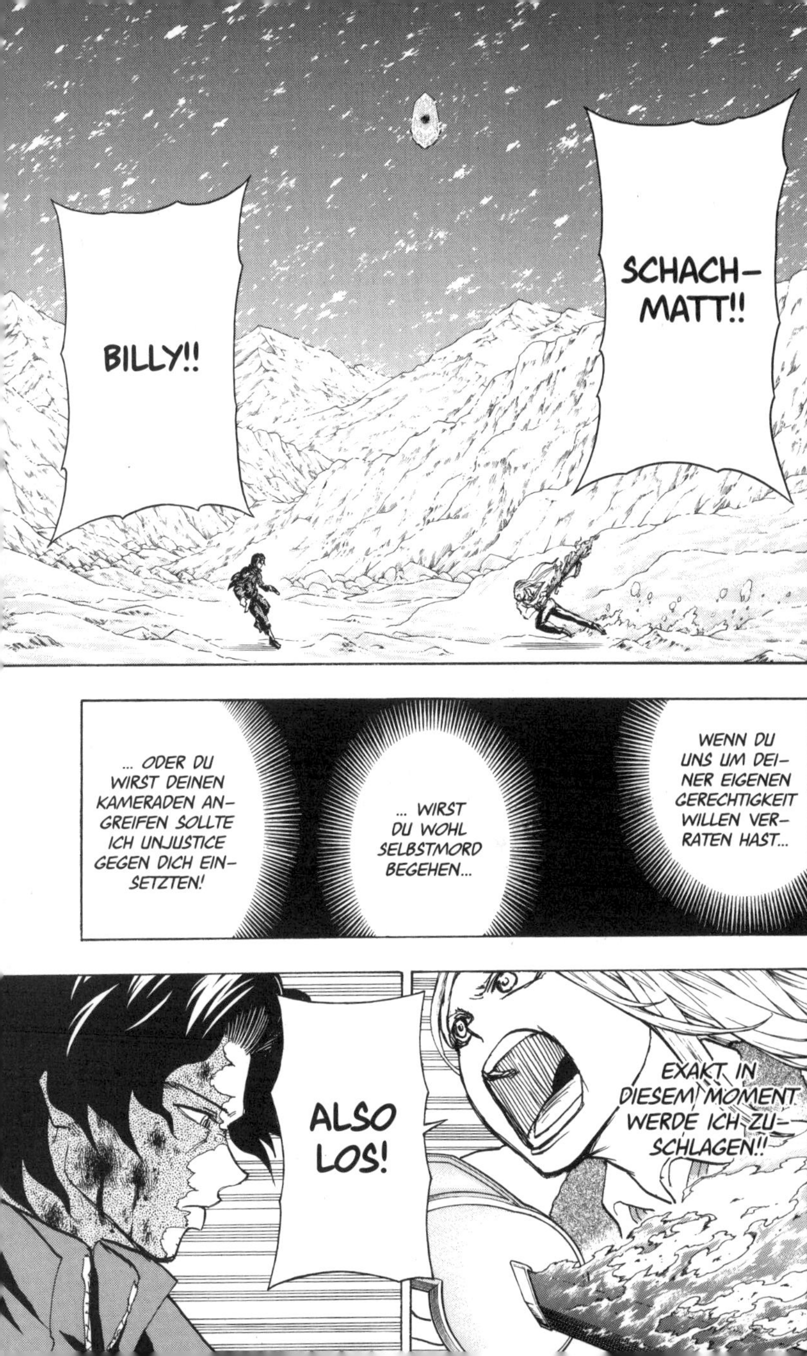
SCHACH-MATT!!
BILLY!!
WENN DU UNS UM DEINER EIGENEN GERECHTIGKEIT WILLEN VERRATEN HAST...
... WIRST DU WOHL SELBSTMORD BEGEHEN...
... ODER DU WIRST DEINEN KAMERADEN ANGREIFEN SOLLTE ICH UNJUSTICE GEGEN DICH EINSETZTEN!
EXAKT IN DIESEM MOMENT WERDE ICH ZUSCHLAGEN!!
ALSO LOS!

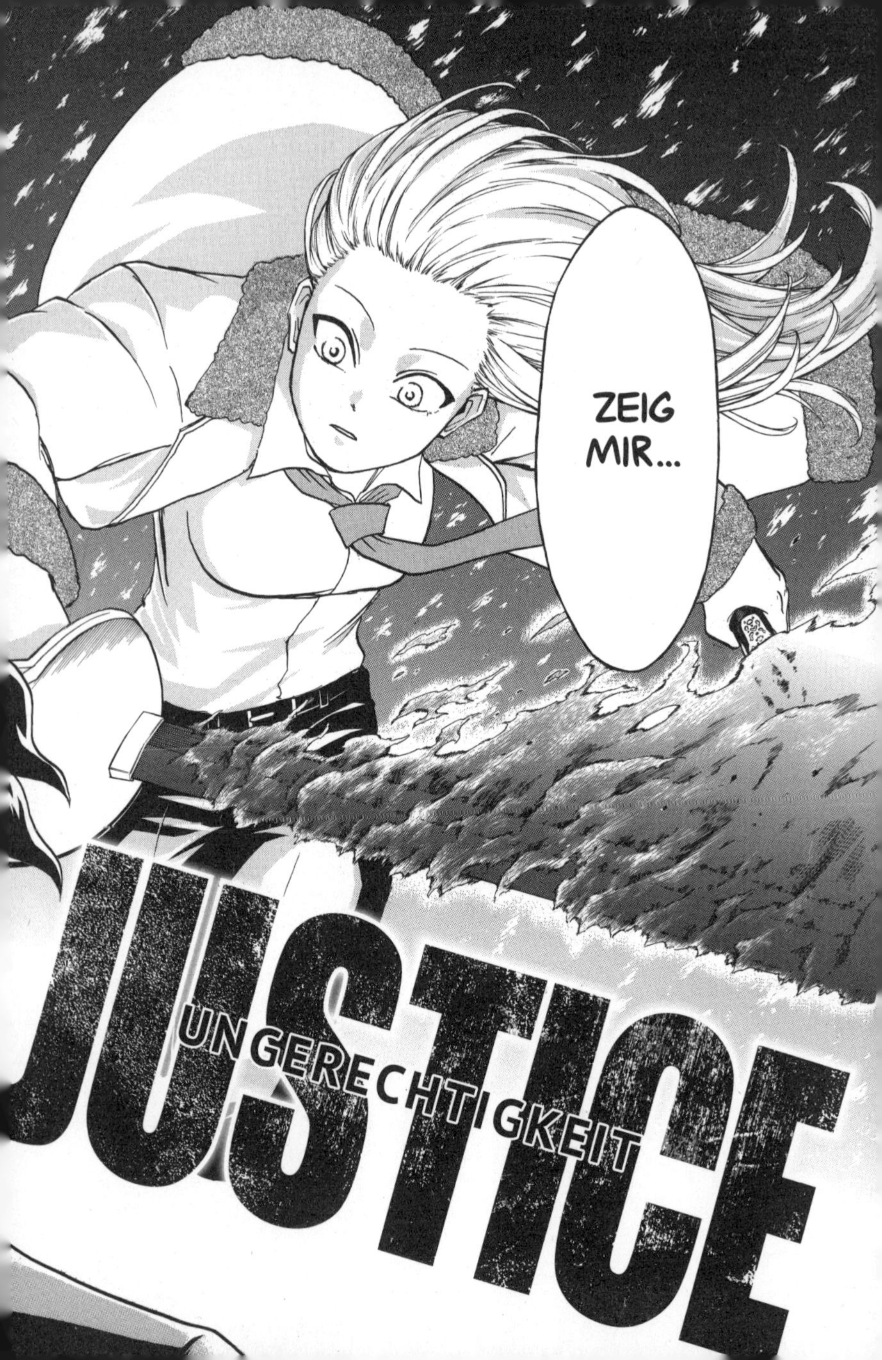
ZEIG MIR...
JUSTICE
UNGERECHTIGKEIT

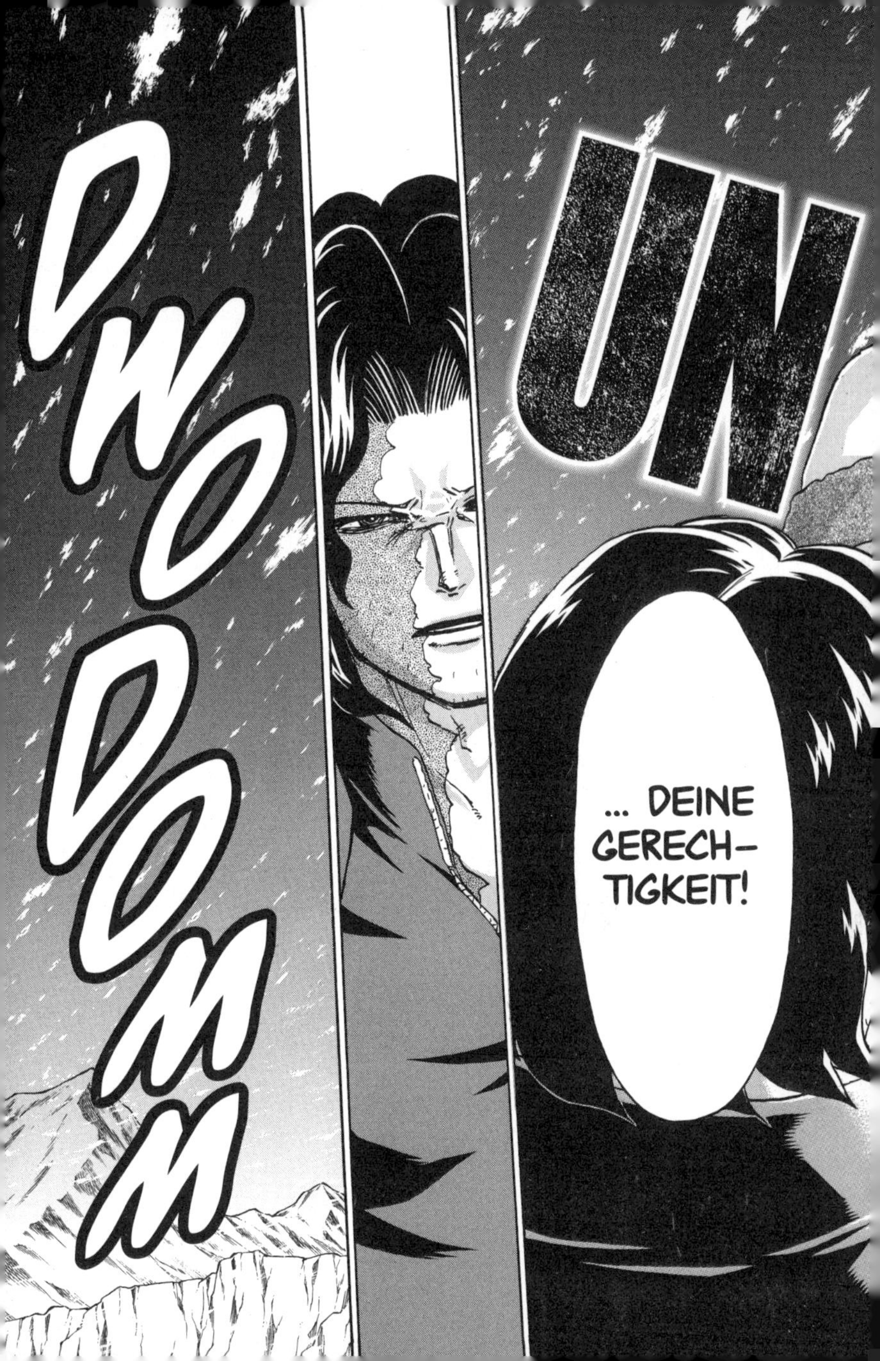
UN
DWOOOMM
... DEINE GERECH-TIGKEIT!

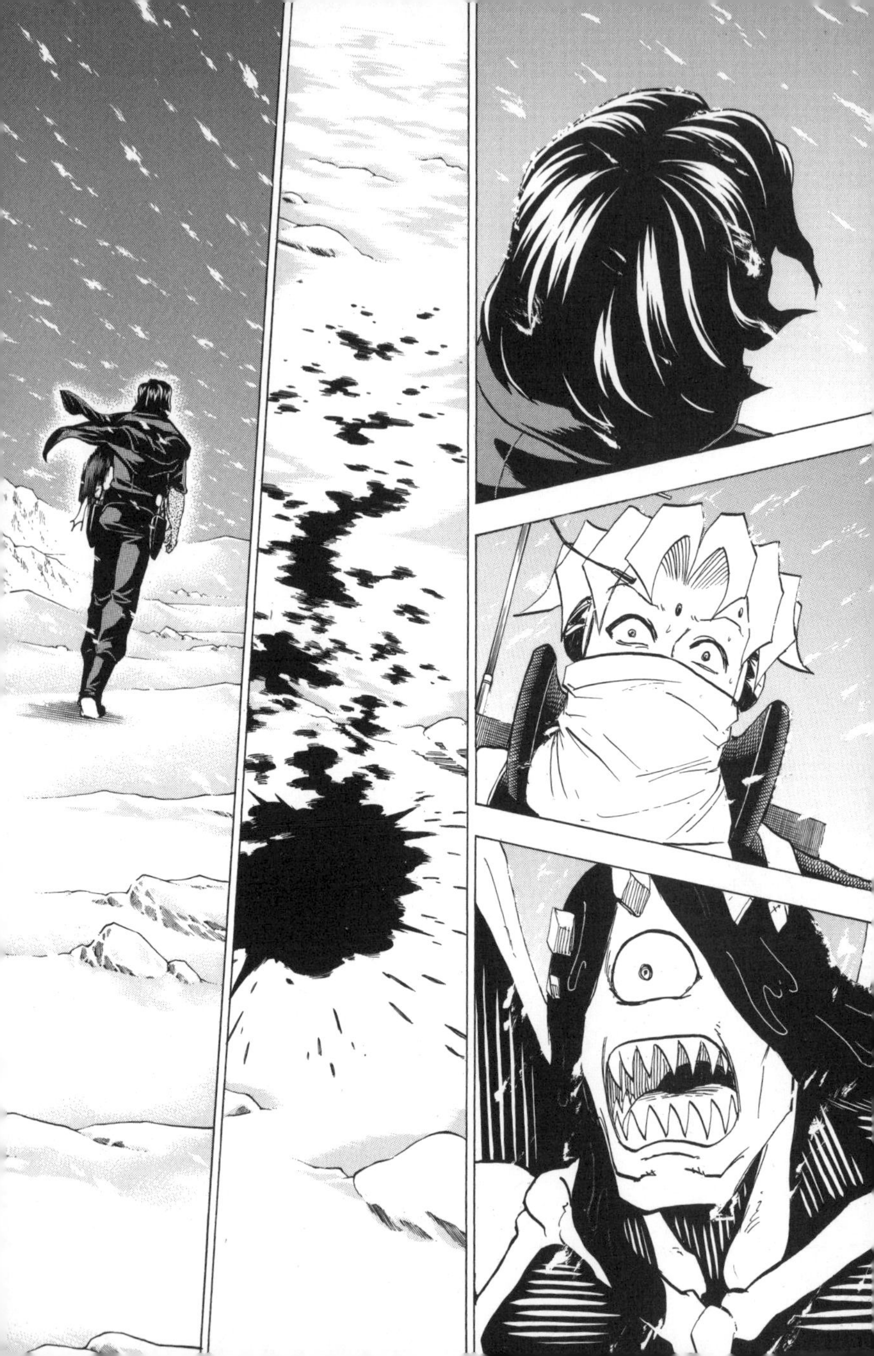

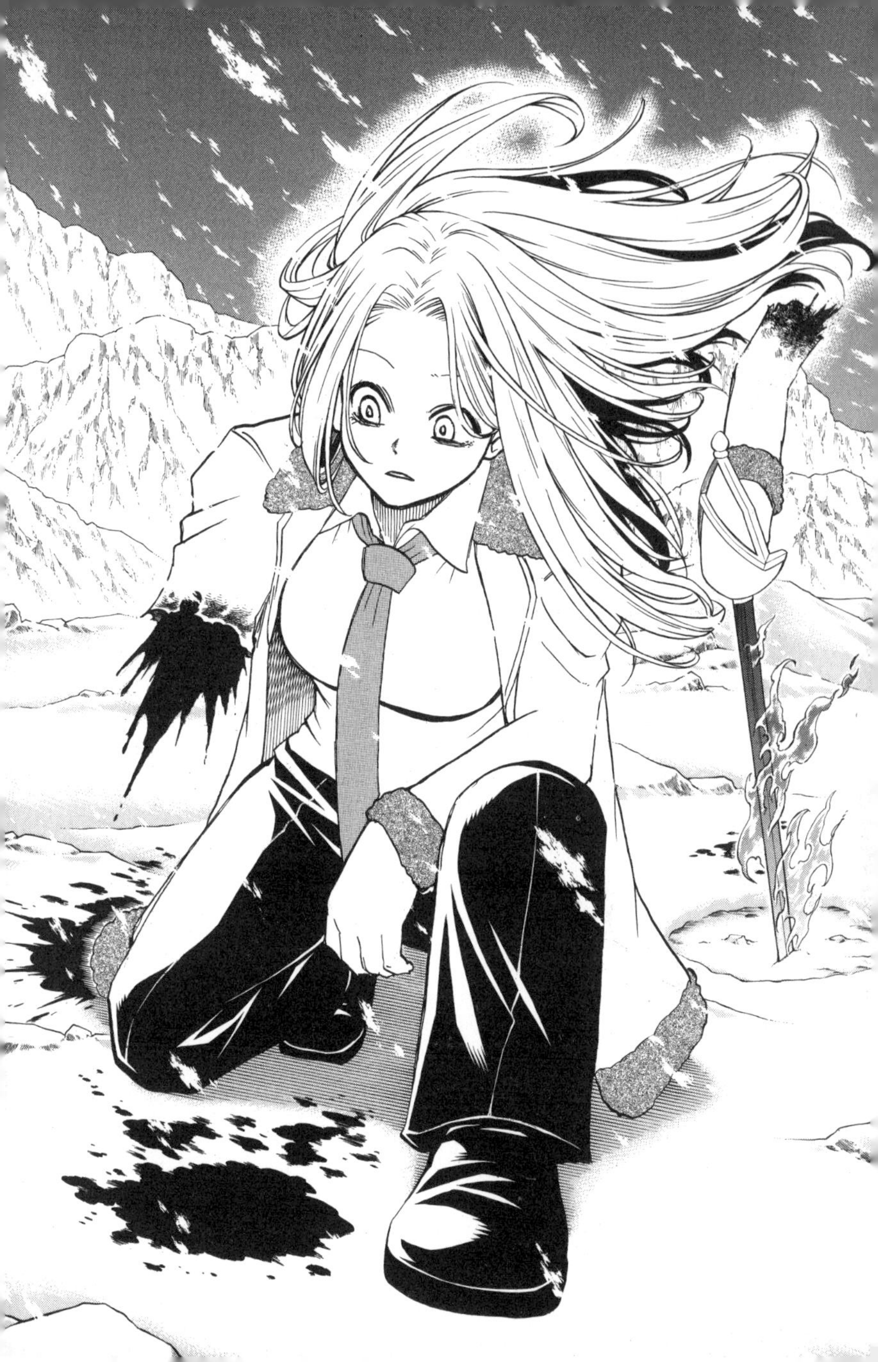

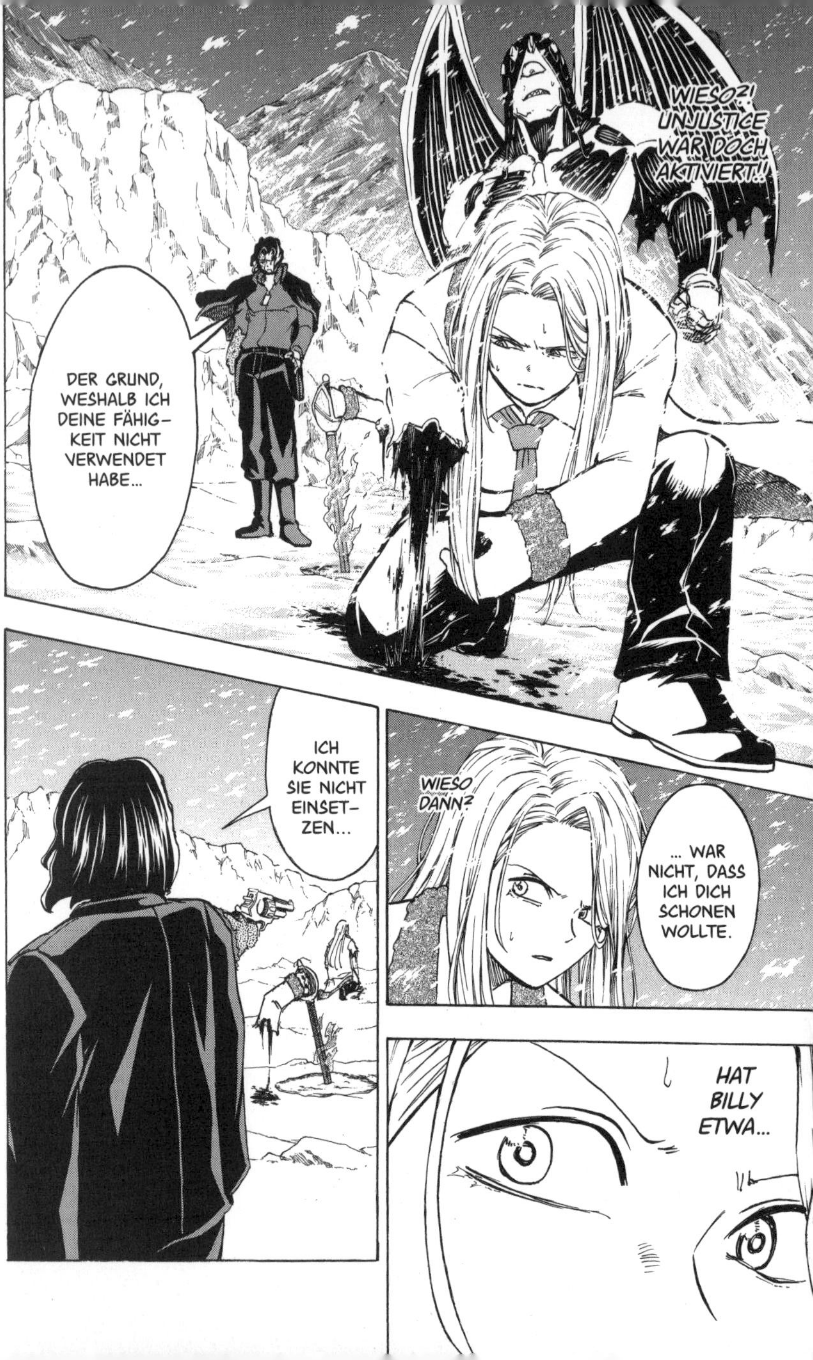
WIESO?! UNJUSTICE WAR DOCH AKTIVIERT!!
DER GRUND, WESHALB ICH DEINE FÄHIG-KEIT NICHT VERWENDET HABE...
... WAR NICHT, DASS ICH DICH SCHONEN WOLLTE.
WIESO DANN?
ICH KONNTE SIE NICHT EINSET-ZEN...
HAT BILLY ETWA...

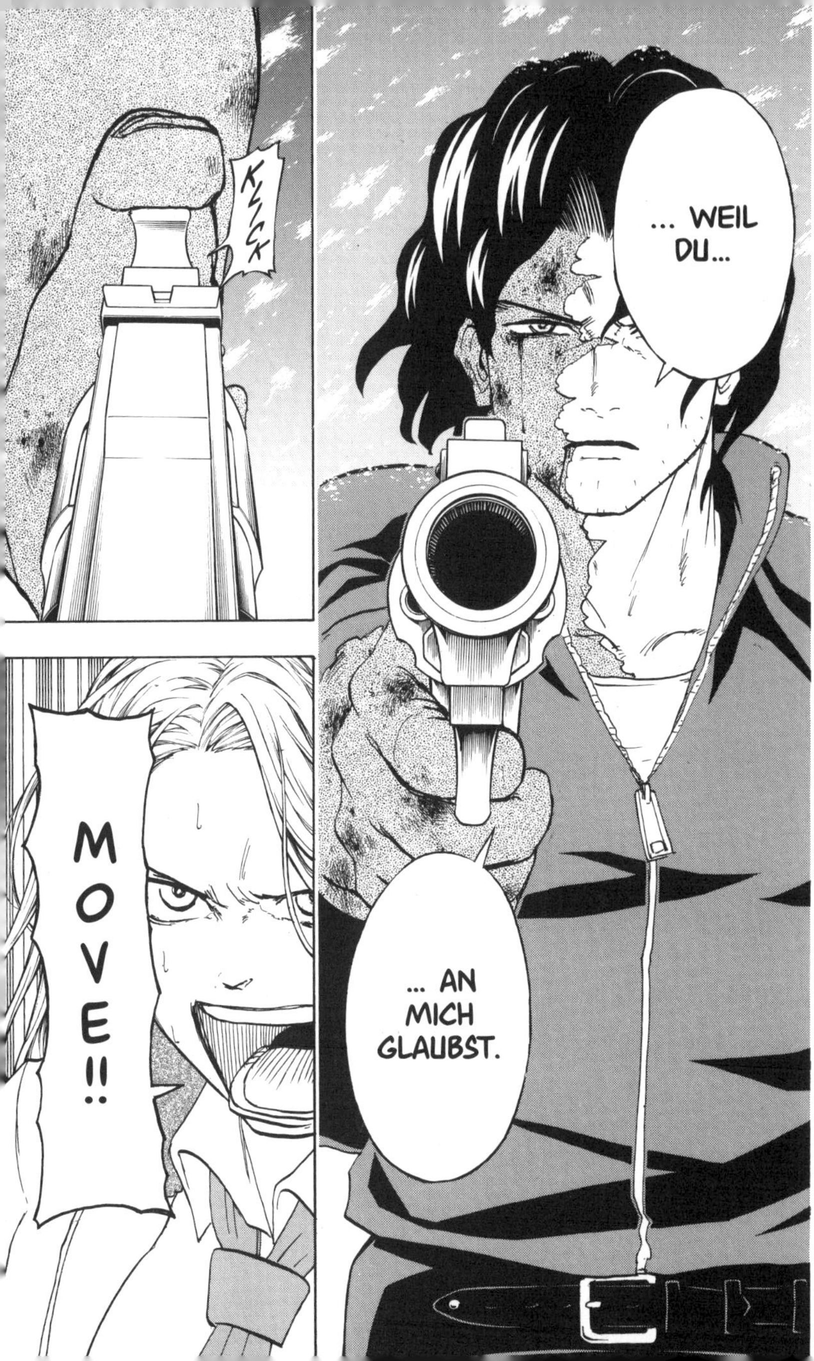
... WEIL DU...
... AN MICH GLAUBST.
KLICK
MOVE!!

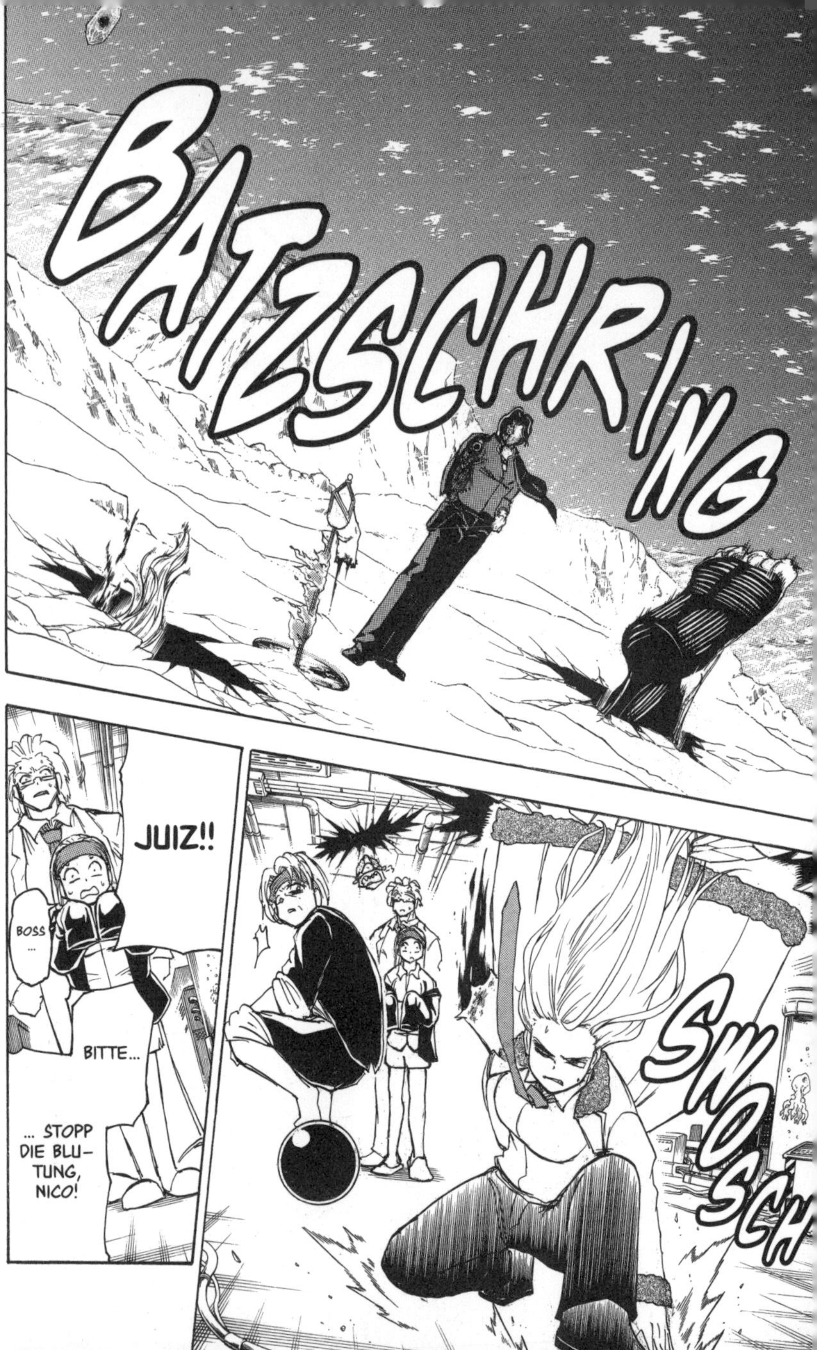
BATZSCHRING
JUIZ!!
BOSS ...
BITTE...
... STOPP DIE BLU-TUNG, NICO!
SWOSCH

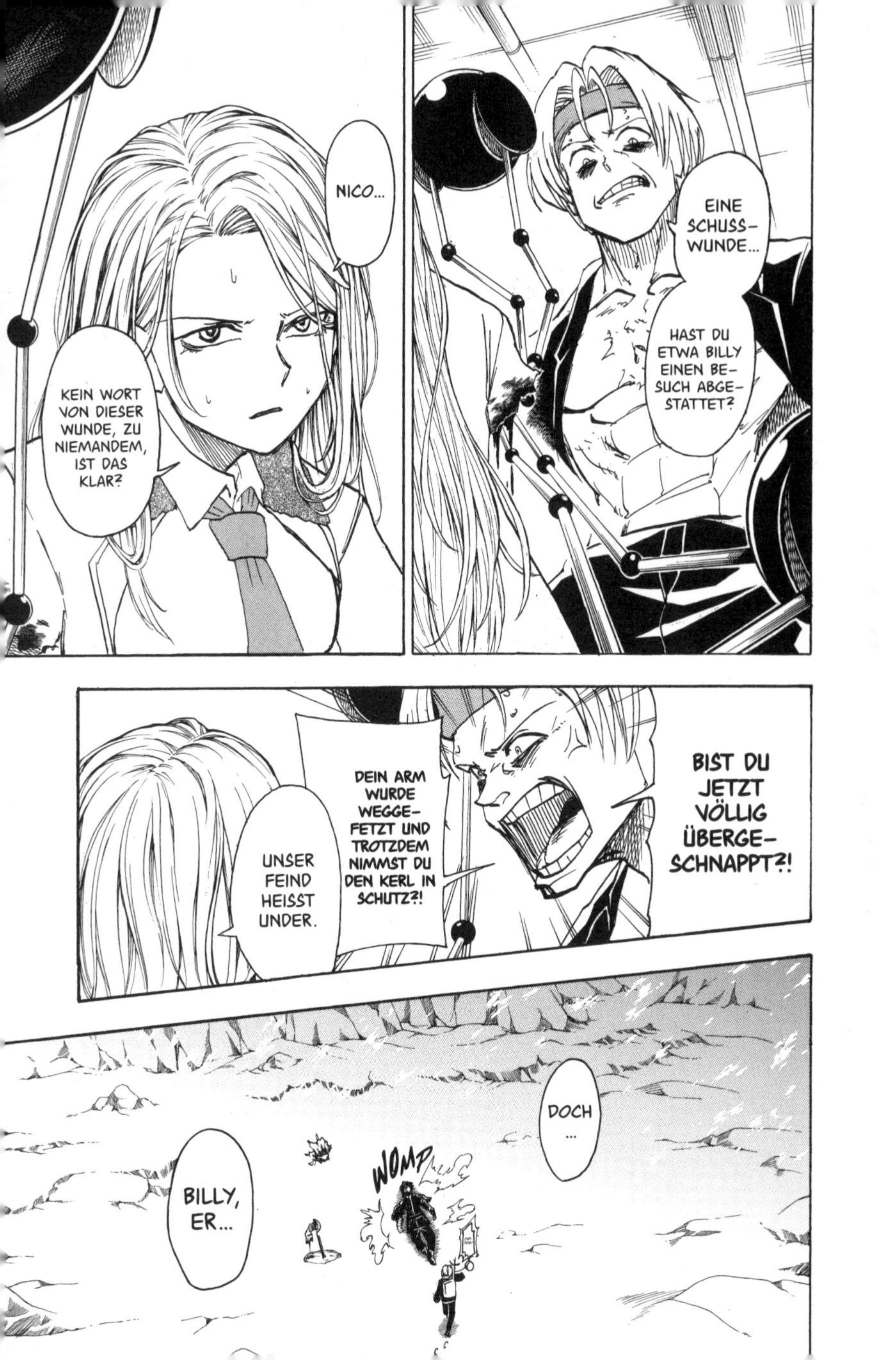
EINE SCHUSS-WUNDE...
HAST DU ETWA BILLY EINEN BESUCH ABGESTATTET?
NICO...
KEIN WORT VON DIESER WUNDE, ZU NIEMANDEM, IST DAS KLAR?
BIST DU JETZT VÖLLIG ÜBERGE-SCHNAPPT?!
DEIN ARM WURDE WEGGE-FETZT UND TROTZDEM NIMMST DU DEN KERL IN SCHUTZ?!
UNSER FEIND HEISST UNDER.
DOCH ...
WOMP
BILLY, ER...

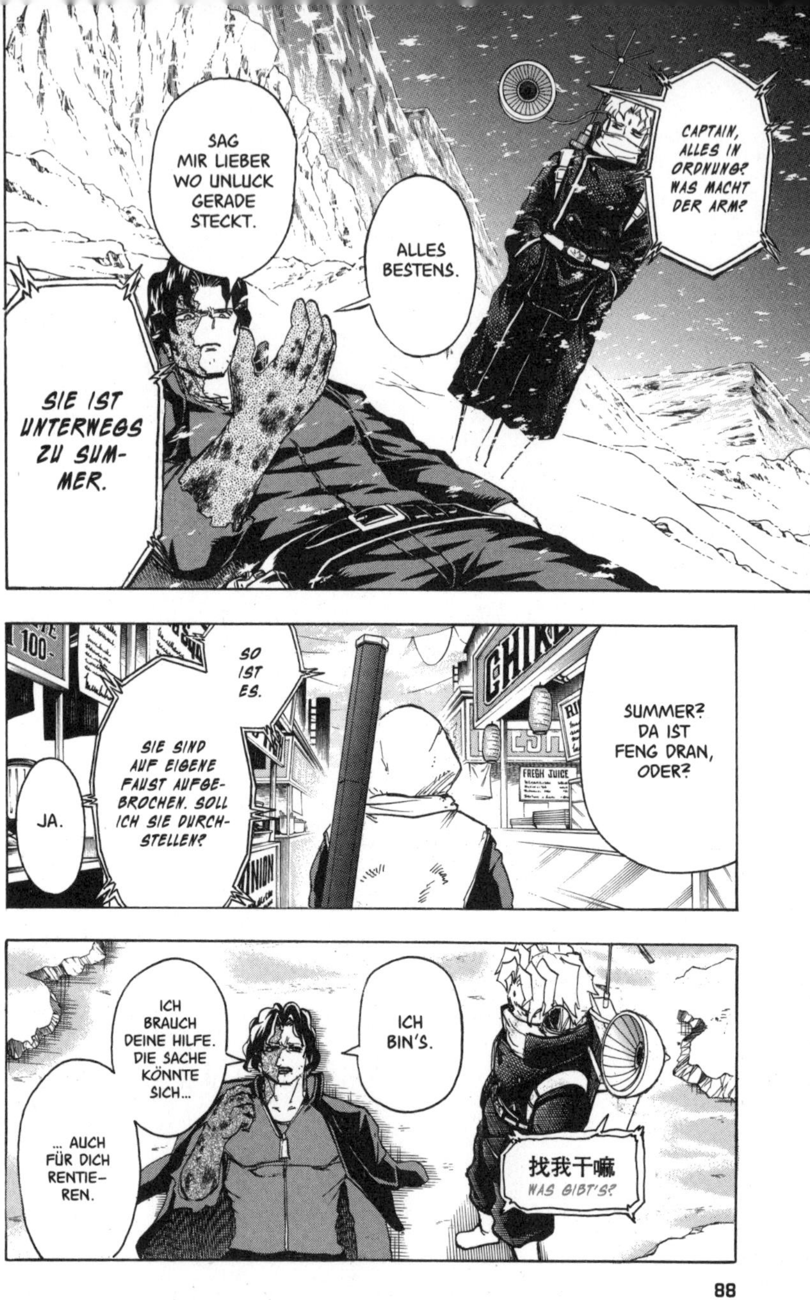
CAPTAIN, ALLES IN ORDNUNG? WAS MACHT DER ARM?
ALLES BESTENS.
SAG MIR LIEBER WO UNLUCK GERADE STECKT.
SIE IST UNTERWEGS ZU SUMMER.
SUMMER? DA IST FENG DRAN, ODER?
SO IST ES.
SIE SIND AUF EIGENE FAUST AUFGE-BROCHEN. SOLL ICH SIE DURCH-STELLEN?
JA.
FRESH JUICE
找我干嘛
WAS GIBT'S?
ICH BIN'S.
ICH BRAUCH DEINE HILFE. DIE SACHE KÖNNTE SICH...
... AUCH FÜR DICH RENTIE-REN.

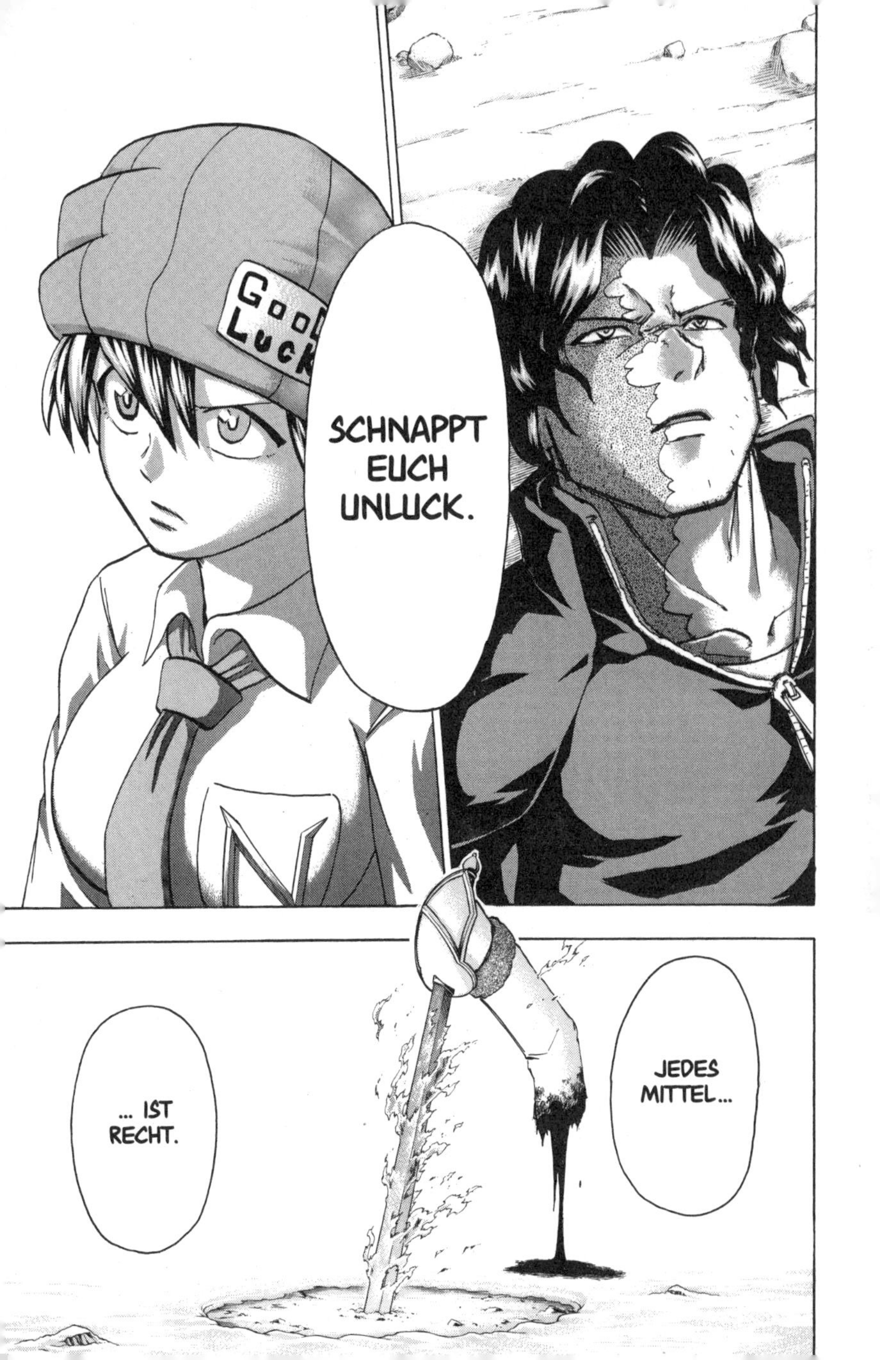
GOOD LUCK
SCHNAPPT EUCH UNLUCK.
JEDES MITTEL...
... IST RECHT.

UMA BURN

ALTER: RAAAH! (WEISS ICH NICHT)

GRÖSSE: RAAAH! (KANN ICH BELIEBIG VERÄNDERN)

GEWICHT: RAAAH! (JUPP, KANN ICH AUCH VERÄNDERN)

HOBBYS: RANG RANG RAAH! (IN DIE SONNE STARREN)

BESONDERE FÄHIGKEITEN: RAAAH! (ALLES UND JEDEN VERBRENNEN!)

WAS ER MAG: ÖL, KOHLE UND SCHARFE SACHEN

WAS ER RESPEKTIERT: DIE SONNE

WAS ER HASST: WASSER

LIEGT IHM NICHT SO: SPRECHEN

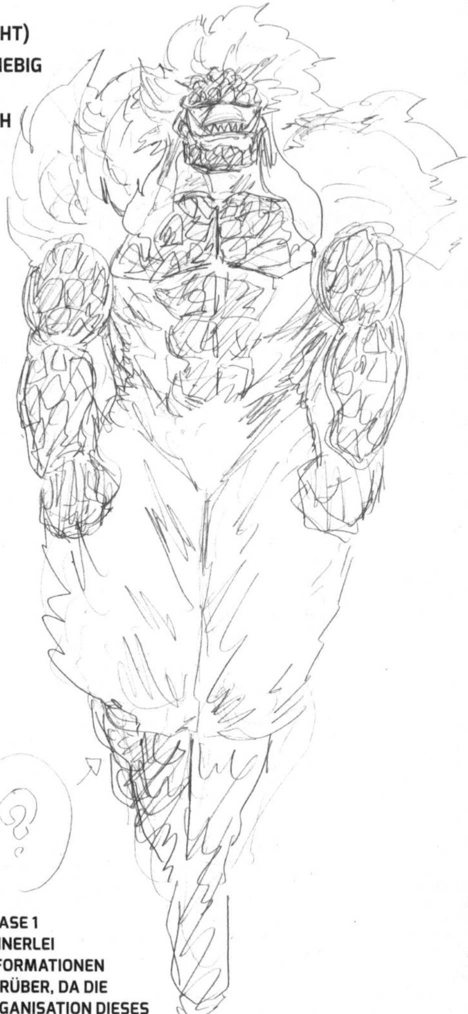

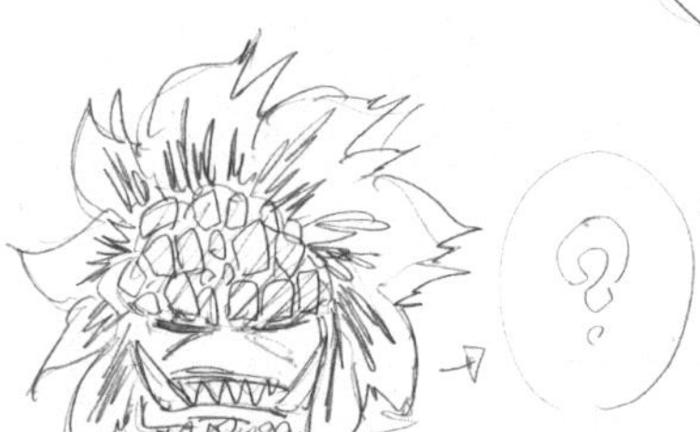

KERN-FORM
GENAU WIE SPOIL MUSS AUCH ER SEINE KRÄFTE AUF EIN GEBIET BEGRENZEN, UM GENÜGEND SCHLAGKRAFT ZU ERZEUGEN.

PHASE 1
KEINERLEI INFORMATIONEN DARÜBER, DA DIE ORGANISATION DIESES UMA BEREITS IN VOLL ENTWICKELTER PHASE 2 ENTDECKT HAT.

No. 057 Jīng Cǎi – Leben wie Konfetti

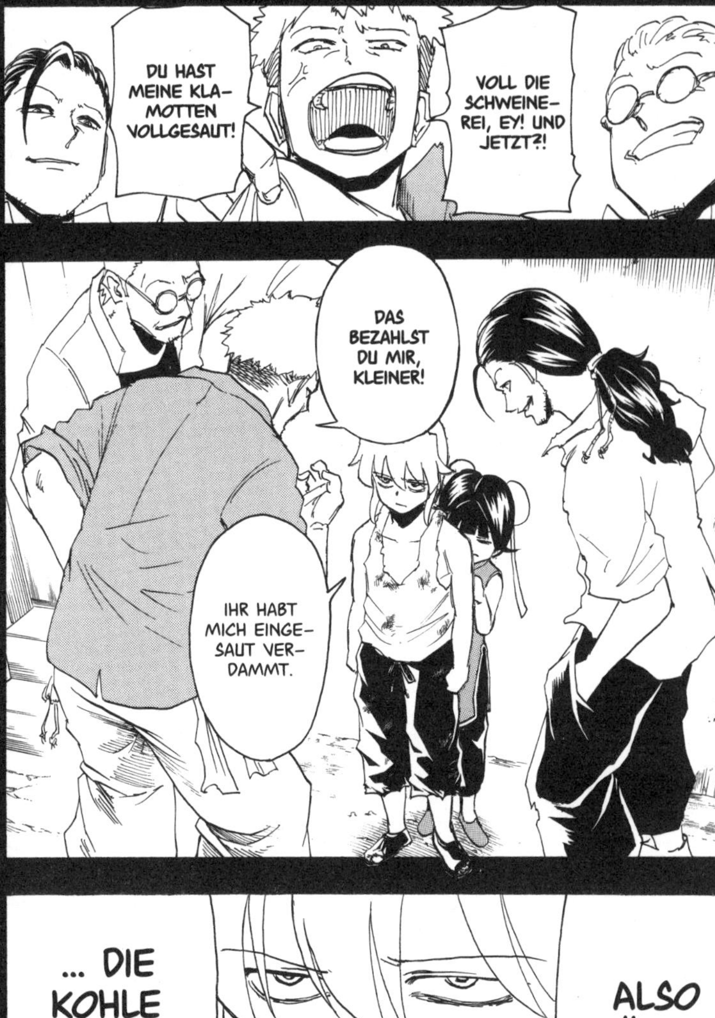

No. 057
Jīng Cǎi – Leben wie Konfetti

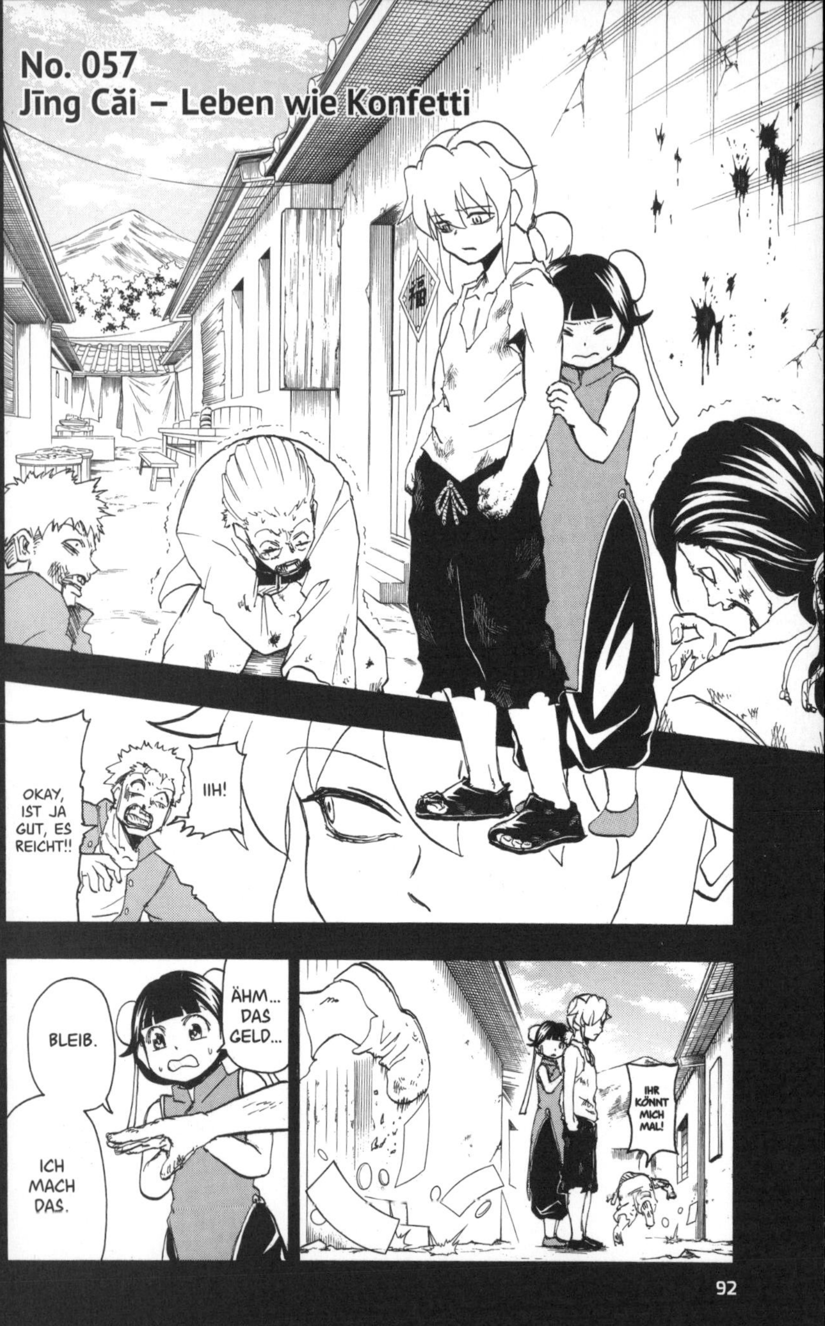

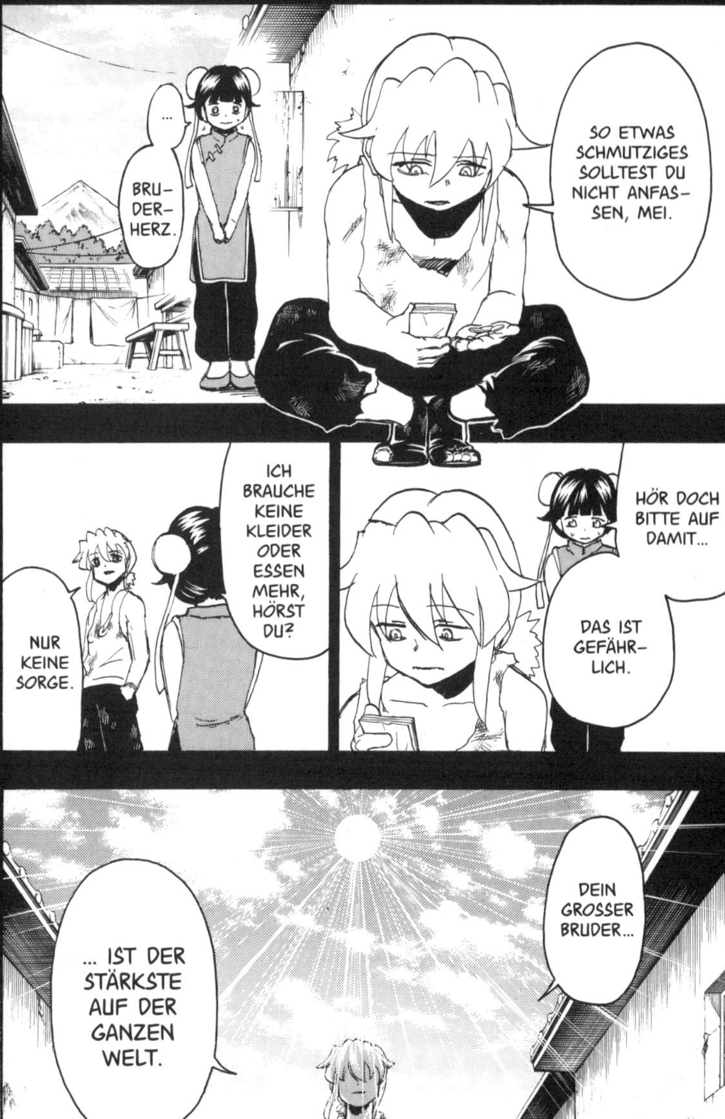
SO ETWAS SCHMUTZIGES SOLLTEST DU NICHT ANFAS-SEN, MEI.
... BRU-DER-HERZ.
HÖR DOCH BITTE AUF DAMIT...
DAS IST GEFÄHR-LICH.
ICH BRAUCHE KEINE KLEIDER ODER ESSEN MEHR, HÖRST DU?
NUR KEINE SORGE.
DEIN GROSSER BRUDER...
... IST DER STÄRKSTE AUF DER GANZEN WELT.

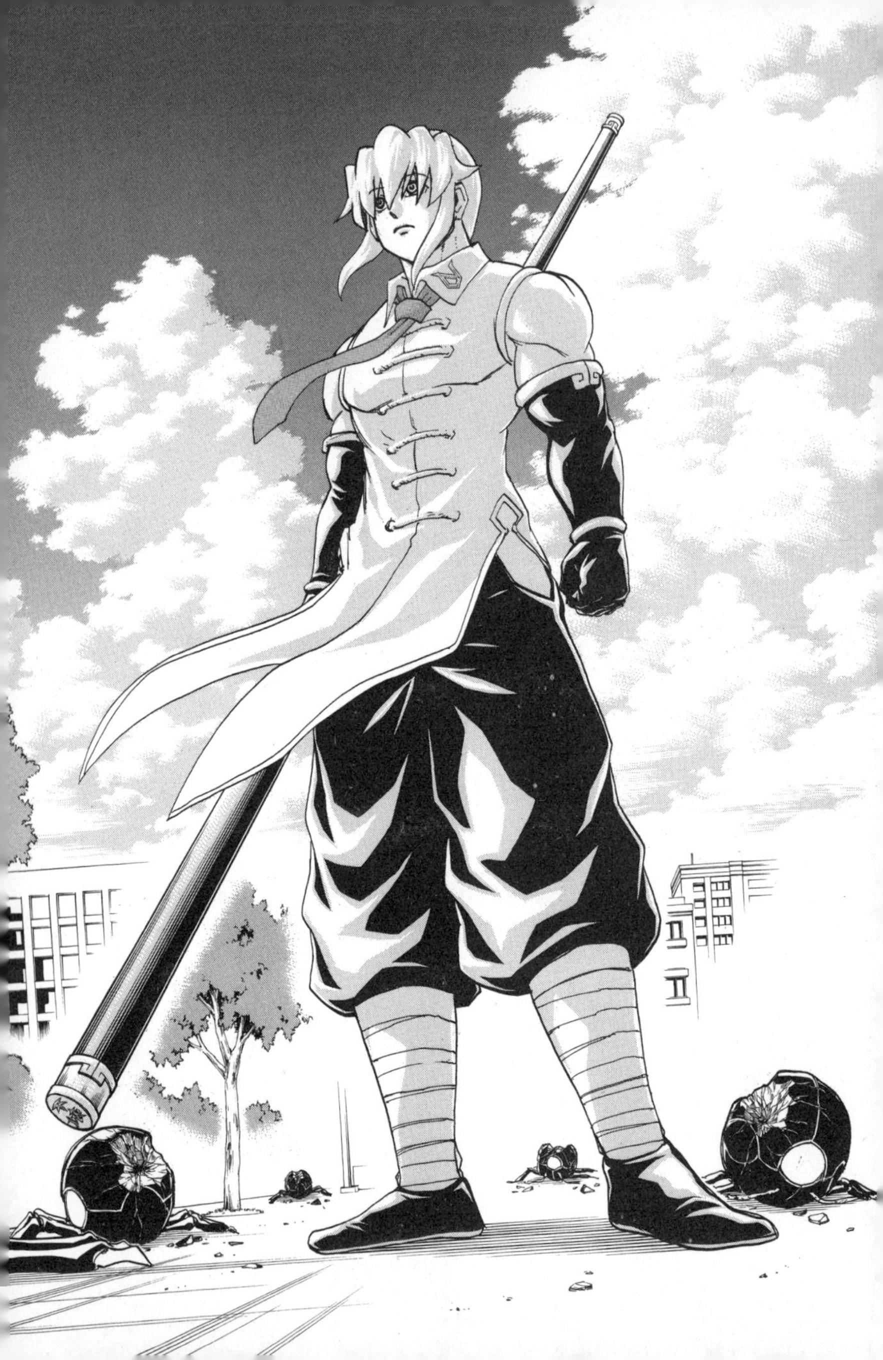

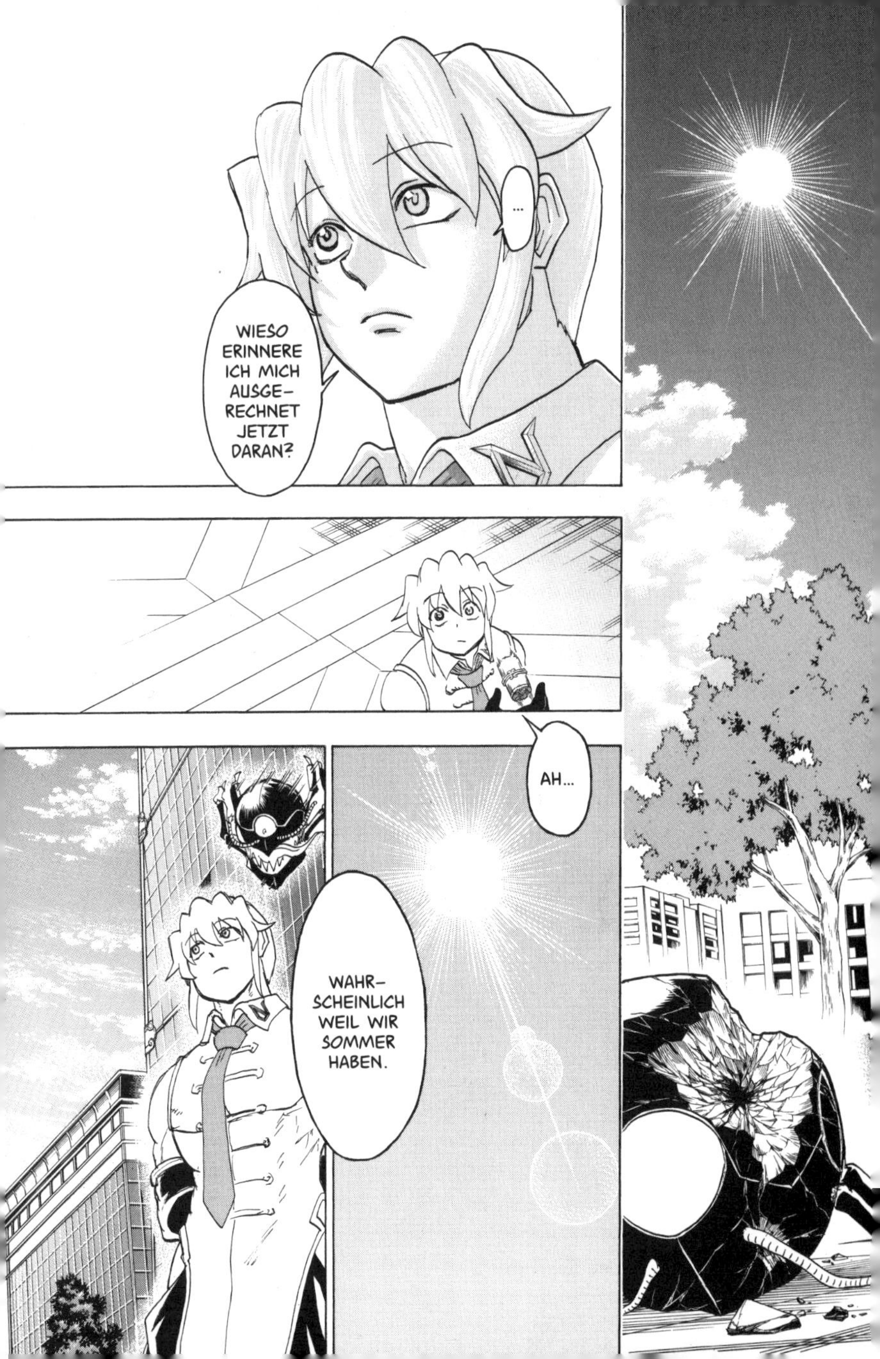
...
WIESO ERINNERE ICH MICH AUSGE-RECHNET JETZT DARAN?
AH...
WAHR-SCHEINLICH WEIL WIR SOMMER HABEN.

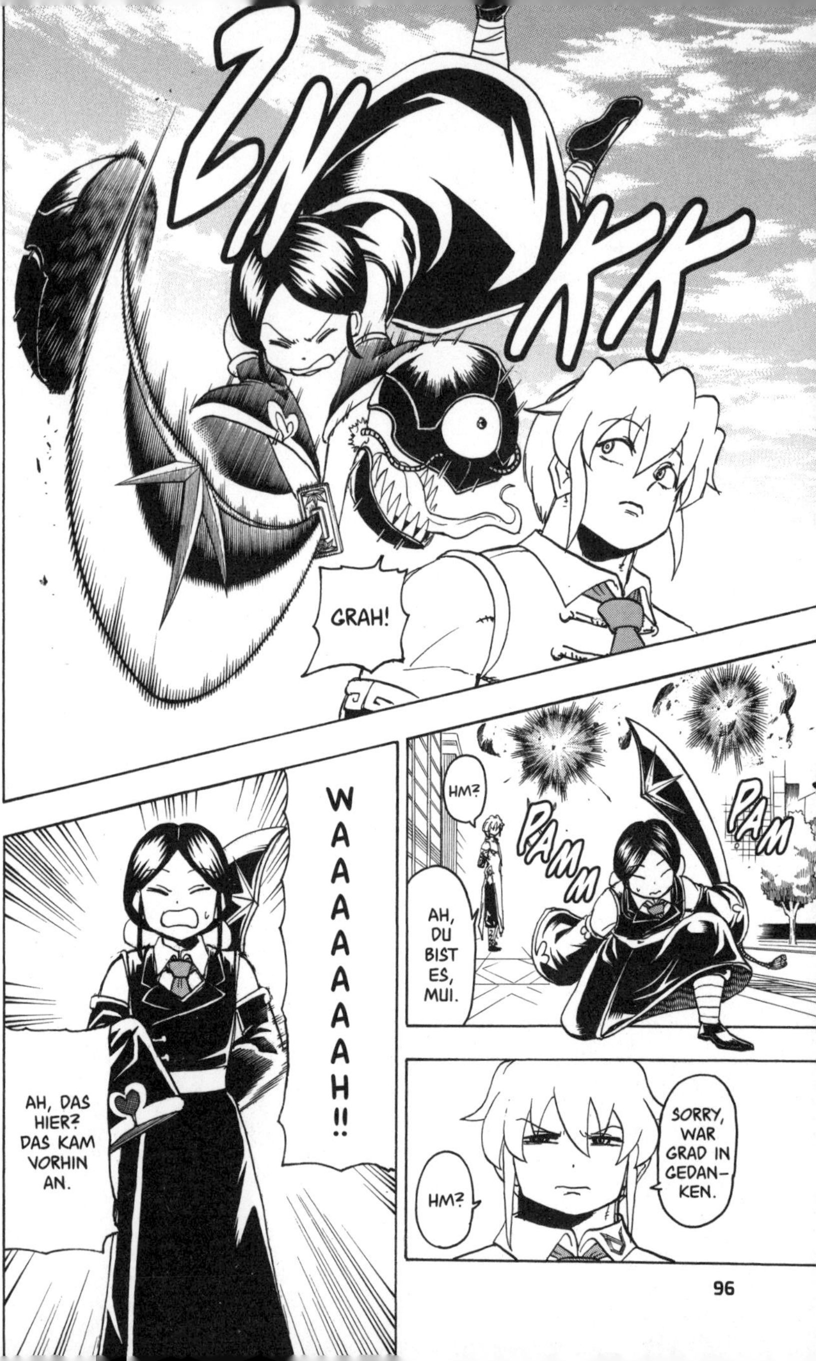
SNAKK
GRAH!
HM?
PAMM
PAM
AH, DU BIST ES, MUI.
SORRY, WAR GRAD IN GEDAN-KEN.
HM?
WAAAAAAAAAAAH!!
AH, DAS HIER? DAS KAM VORHIN AN.

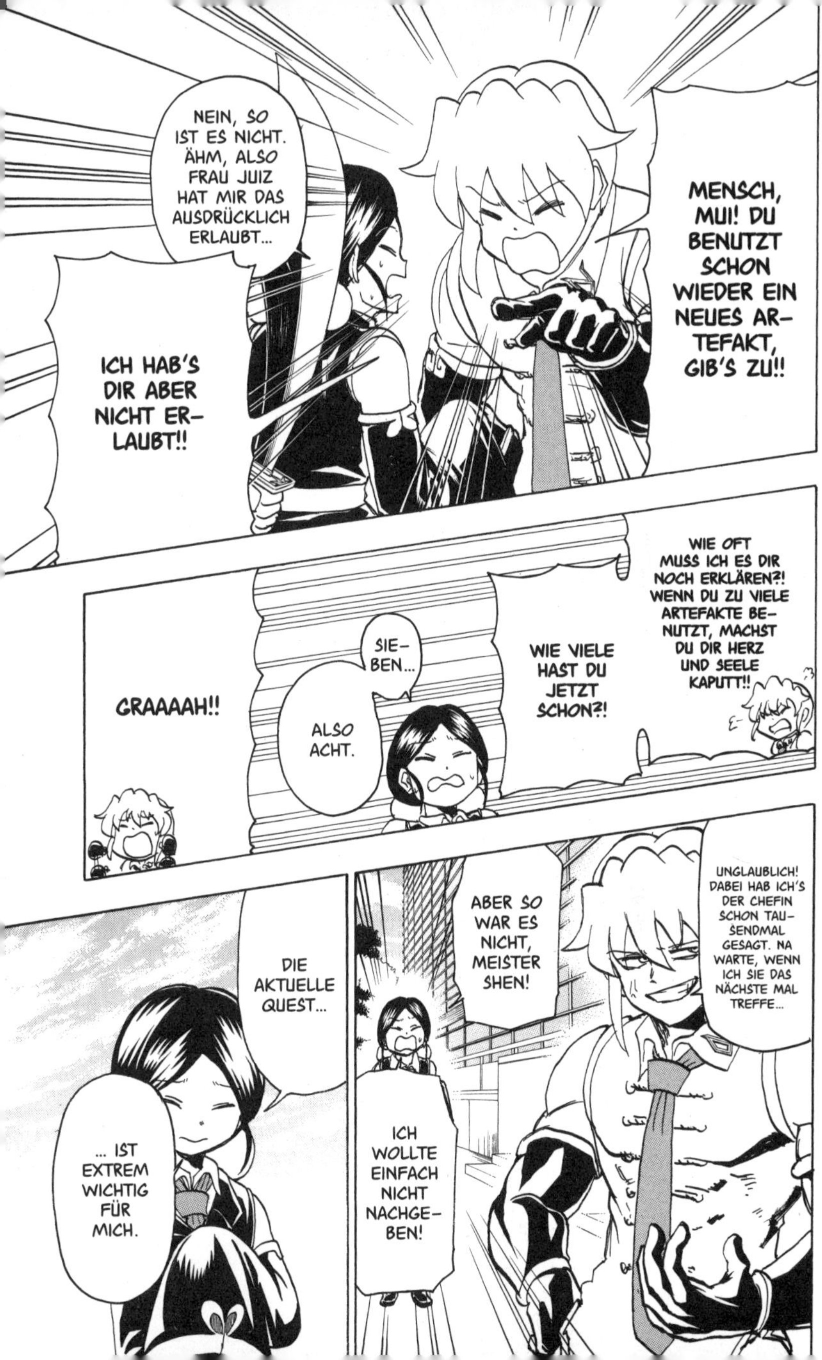
MENSCH, MUI! DU BENUTZT SCHON WIEDER EIN NEUES ARTEFAKT, GIB'S ZU!!
NEIN, SO IST ES NICHT. ÄHM, ALSO FRAU JUIZ HAT MIR DAS AUSDRÜCKLICH ERLAUBT...
ICH HAB'S DIR ABER NICHT ERLAUBT!!
WIE OFT MUSS ICH ES DIR NOCH ERKLÄREN?! WENN DU ZU VIELE ARTEFAKTE BENUTZT, MACHST DU DIR HERZ UND SEELE KAPUTT!!
WIE VIELE HAST DU JETZT SCHON?!
SIEBEN...
ALSO ACHT.
GRAAAAH!!
UNGLAUBLICH! DABEI HAB ICH'S DER CHEFIN SCHON TAUSENDMAL GESAGT. NA WARTE, WENN ICH SIE DAS NÄCHSTE MAL TREFFE...
ABER SO WAR ES NICHT, MEISTER SHEN!
ICH WOLLTE EINFACH NICHT NACHGEBEN!
DIE AKTUELLE QUEST...
... IST EXTREM WICHTIG FÜR MICH.

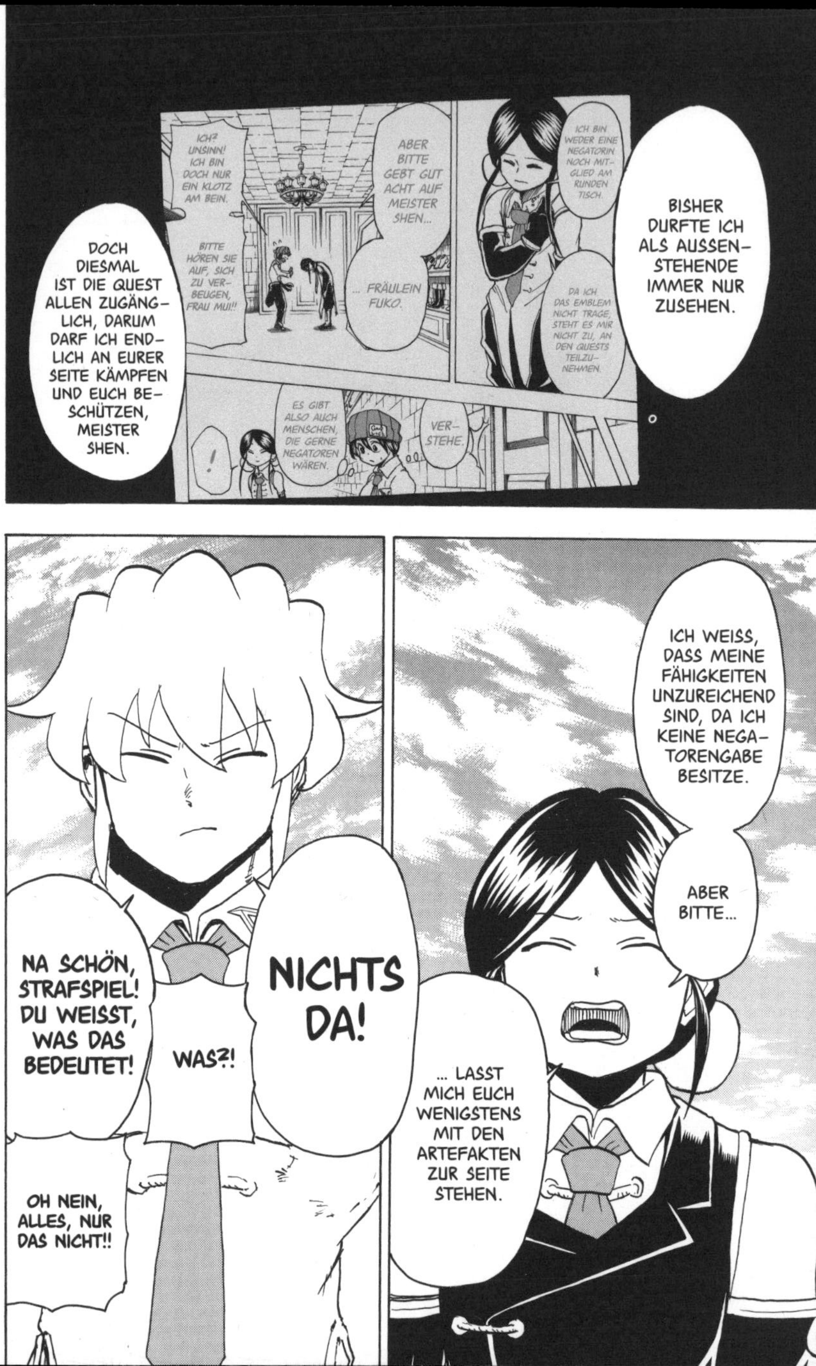
BISHER DURFTE ICH ALS AUSSEN-STEHENDE IMMER NUR ZUSEHEN.
ICH BIN WEDER EINE NEGATORIN NOCH MIT-GLIED AM RUNDEN TISCH.
DA ICH DAS EMBLEM NICHT TRAGE, STEHT ES MIR NICHT ZU, AN DEN QUESTS TEILZU-NEHMEN.
ABER BITTE GEBT GUT ACHT AUF MEISTER SHEN...
... FRÄULEIN FUKO.
ICH? UNSINN! ICH BIN DOCH NUR EIN KLOTZ AM BEIN.
BITTE HÖREN SIE AUF, SICH ZU VER-BEUGEN, FRAU MUI!!
VER-STEHE.
ES GIBT ALSO AUCH MENSCHEN, DIE GERNE NEGATOREN WÄREN.
!
DOCH DIESMAL IST DIE QUEST ALLEN ZUGÄNG-LICH, DARUM DARF ICH END-LICH AN EURER SEITE KÄMPFEN UND EUCH BE-SCHÜTZEN, MEISTER SHEN.
ICH WEISS, DASS MEINE FÄHIGKEITEN UNZUREICHEND SIND, DA ICH KEINE NEGA-TORENGABE BESITZE.
ABER BITTE...
... LASST MICH EUCH WENIGSTENS MIT DEN ARTEFAKTEN ZUR SEITE STEHEN.
NICHTS DA!
WAS?!
NA SCHÖN, STRAFSPIEL! DU WEISST, WAS DAS BEDEUTET!
OH NEIN, ALLES, NUR DAS NICHT!!

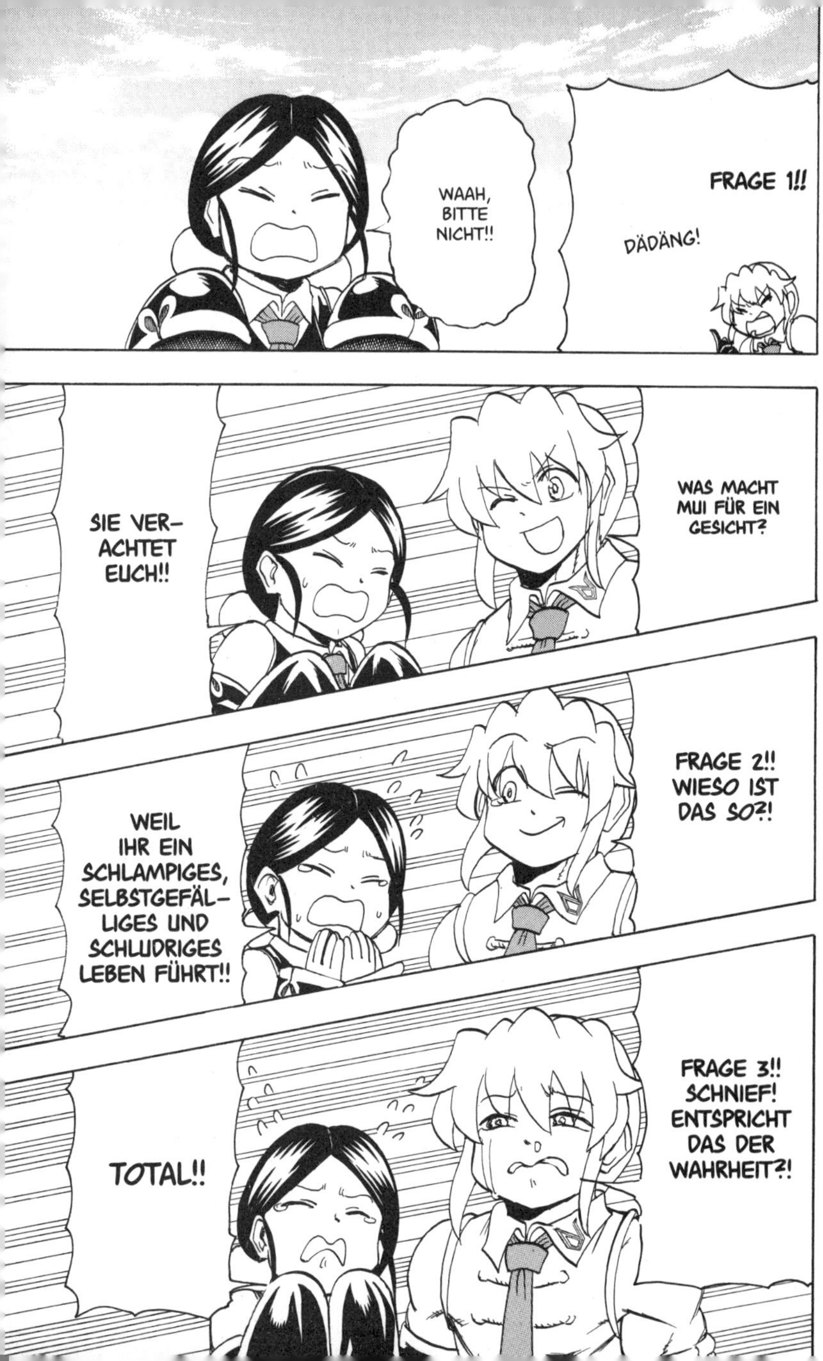
FRAGE 1!!
DÄDÄNG!
WAAH, BITTE NICHT!!
WAS MACHT MUI FÜR EIN GESICHT?
SIE VER-ACHTET EUCH!!
FRAGE 2!! WIESO IST DAS SO?!
WEIL IHR EIN SCHLAMPIGES, SELBSTGEFÄL-LIGES UND SCHLUDRIGES LEBEN FÜHRT!!
FRAGE 3!! SCHNIEF! ENTSPRICHT DAS DER WAHRHEIT?!
TOTAL!!

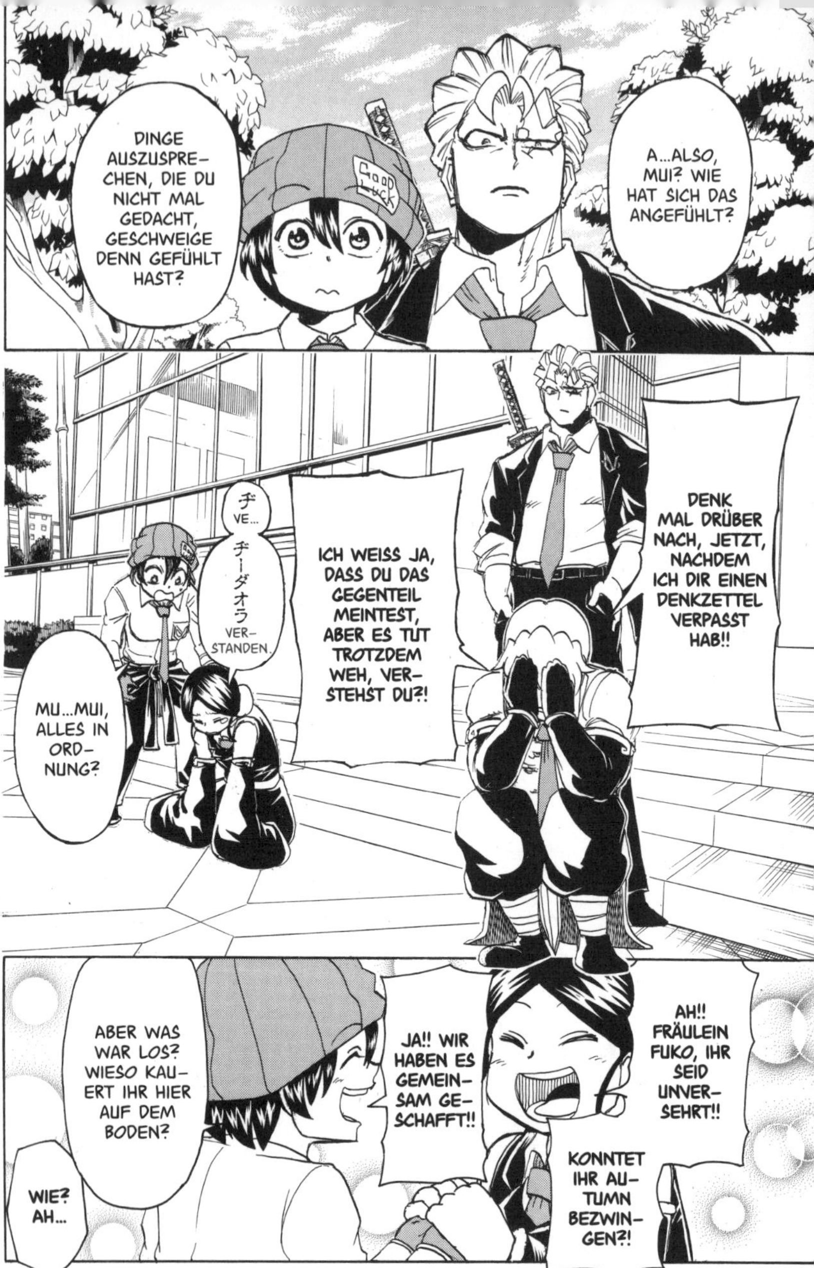
A...ALSO, MUI? WIE HAT SICH DAS ANGEFÜHLT?
DINGE AUSZUSPRECHEN, DIE DU NICHT MAL GEDACHT, GESCHWEIGE DENN GEFÜHLT HAST?
DENK MAL DRÜBER NACH, JETZT, NACHDEM ICH DIR EINEN DENKZETTEL VERPASST HAB!!
ICH WEISS JA, DASS DU DAS GEGENTEIL MEINTEST, ABER ES TUT TROTZDEM WEH, VERSTEHST DU?!
チ VE... チーダオラ VERSTANDEN.
MU...MUI, ALLES IN ORDNUNG?
AH!! FRÄULEIN FUKO, IHR SEID UNVERSEHRT!!
KONNTET IHR AUTUMN BEZWINGEN?!
JA!! WIR HABEN ES GEMEINSAM GESCHAFFT!!
ABER WAS WAR LOS? WIESO KAUERT IHR HIER AUF DEM BODEN?
WIE? AH...

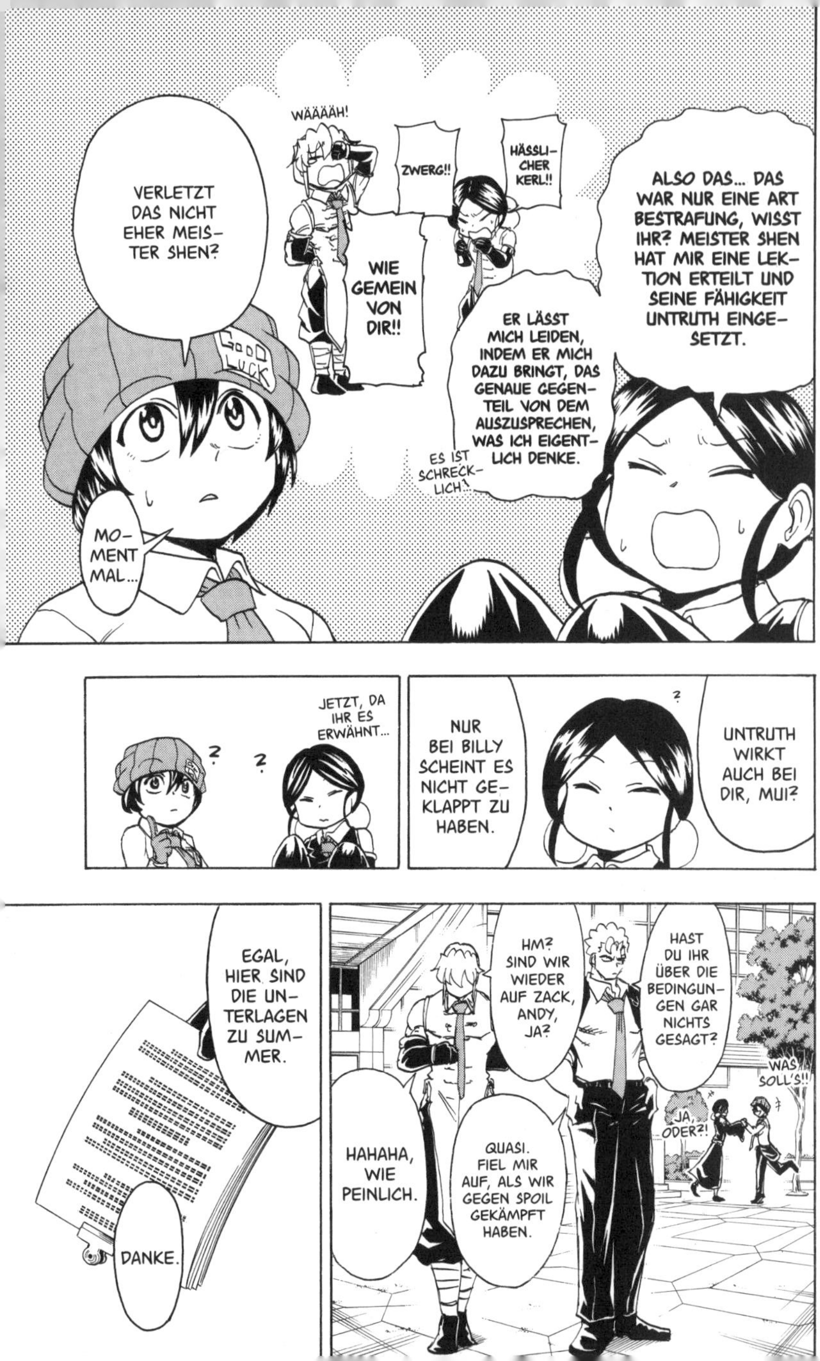
ALSO DAS... DAS WAR NUR EINE ART BESTRAFUNG, WISST IHR? MEISTER SHEN HAT MIR EINE LEKTION ERTEILT UND SEINE FÄHIGKEIT UNTRUTH EINGESETZT.
ER LÄSST MICH LEIDEN, INDEM ER MICH DAZU BRINGT, DAS GENAUE GEGENTEIL VON DEM AUSZUSPRECHEN, WAS ICH EIGENTLICH DENKE.
ES IST SCHRECKLICH!
HÄSSLICHER KERL!!
ZWERG!!
WÄÄÄÄH!
WIE GEMEIN VON DIR!!
VERLETZT DAS NICHT EHER MEISTER SHEN?
MOMENT MAL...
UNTRUTH WIRKT AUCH BEI DIR, MUI?
NUR BEI BILLY SCHEINT ES NICHT GEKLAPPT ZU HABEN.
JETZT, DA IHR ES ERWÄHNT...
HAST DU IHR ÜBER DIE BEDINGUNGEN GAR NICHTS GESAGT?
HM? SIND WIR WIEDER AUF ZACK, ANDY, JA?
WAS SOLL'S!!
JA, ODER?!
QUASI. FIEL MIR AUF, ALS WIR GEGEN SPOIL GEKÄMPFT HABEN.
HAHAHA, WIE PEINLICH.
EGAL, HIER SIND DIE UNTERLAGEN ZU SUMMER.
DANKE.

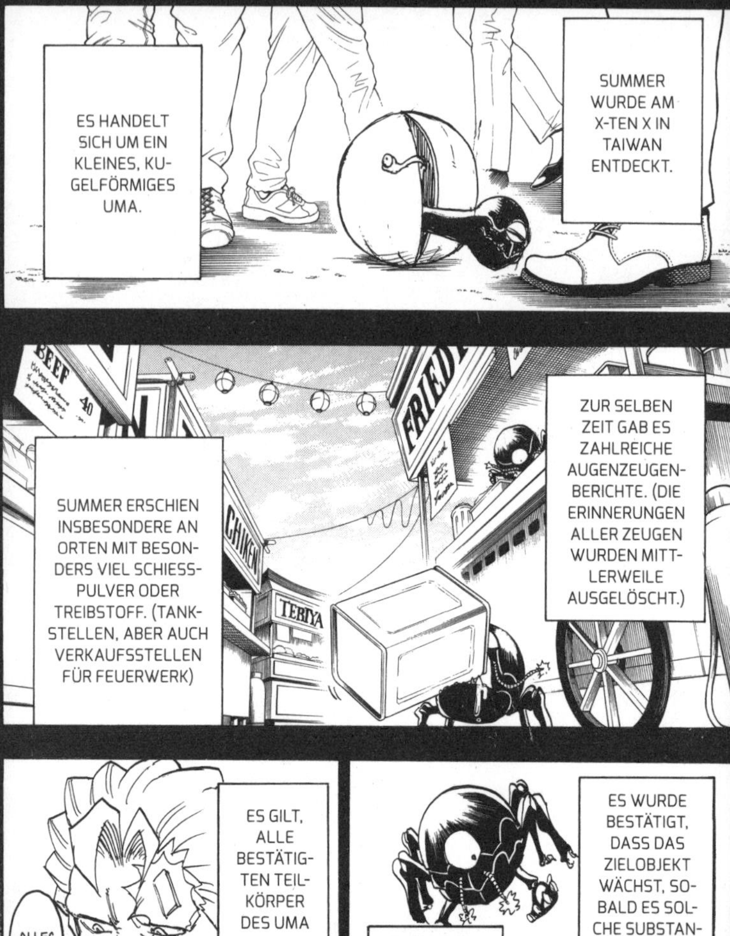
SUMMER WURDE AM X-TEN X IN TAIWAN ENTDECKT.
ES HANDELT SICH UM EIN KLEINES, KUGELFÖRMIGES UMA.
ZUR SELBEN ZEIT GAB ES ZAHLREICHE AUGENZEUGENBERICHTE. (DIE ERINNERUNGEN ALLER ZEUGEN WURDEN MITTLERWEILE AUSGELÖSCHT.)
SUMMER ERSCHIEN INSBESONDERE AN ORTEN MIT BESONDERS VIEL SCHIESSPULVER ODER TREIBSTOFF. (TANKSTELLEN, ABER AUCH VERKAUFSSTELLEN FÜR FEUERWERK)
BEEF
CHIKEN
ES WURDE BESTÄTIGT, DASS DAS ZIELOBJEKT WÄCHST, SOBALD ES SOLCHE SUBSTANZEN ZU SICH NIMMT.
DA ES RELATIV FRÜH ENTDECKT WURDE, NEHMEN WIR AN, DASS DAS ZIELOBJEKT SICH GERADE IRGENDWO VERSTECKT HÄLT UND DER FORM SEINES WESENSKERNS RECHT ÄHNLICH SIEHT.
ES GILT, ALLE BESTÄTIGTEN TEILKÖRPER DES UMA WIE AUCH...
... DEN GESCHWÄCHTEN HAUPTKÖRPER MITSAMT WESENSKERN AUFZUSPÜREN UND ZU ZERSTÖREN.
ALLES KLAR...

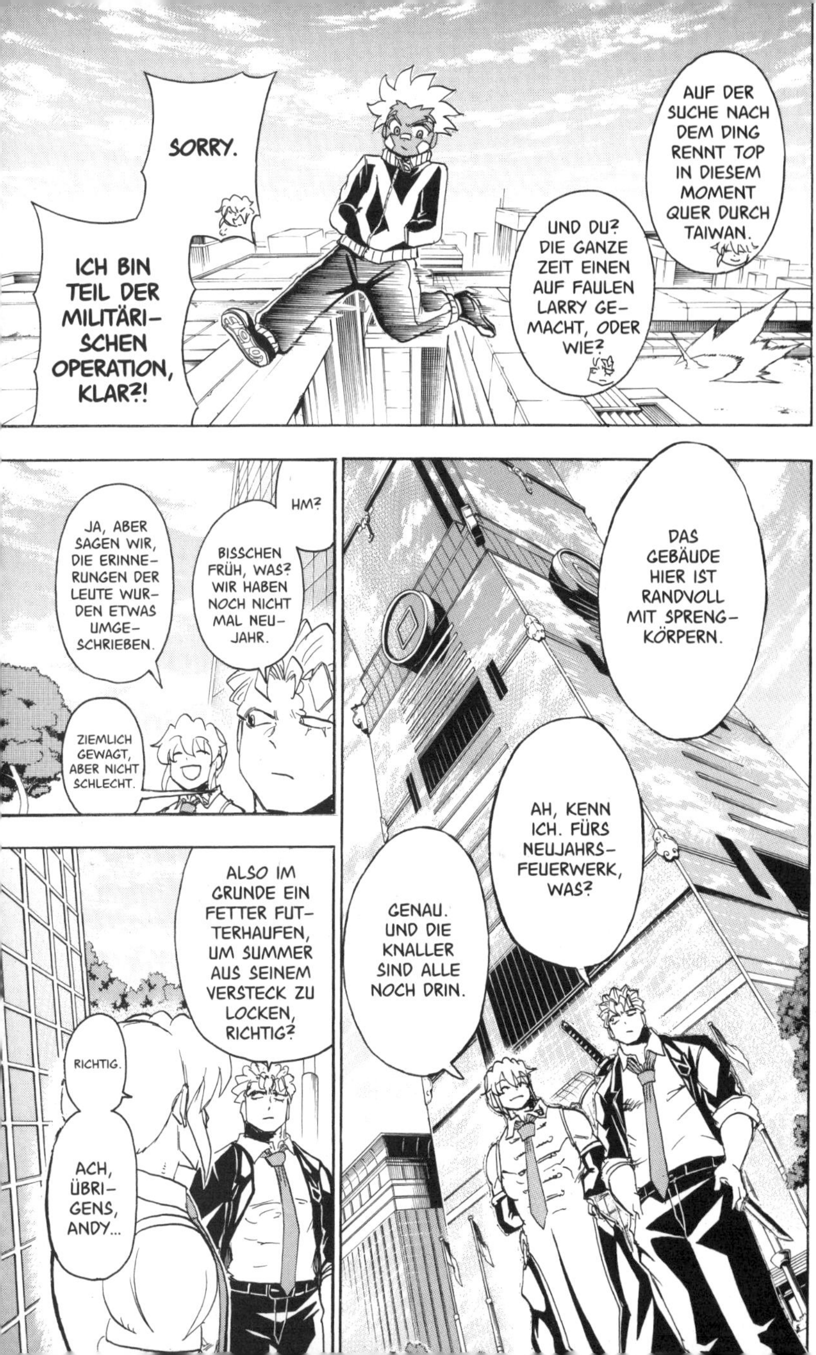
AUF DER SUCHE NACH DEM DING RENNT TOP IN DIESEM MOMENT QUER DURCH TAIWAN.
UND DU? DIE GANZE ZEIT EINEN AUF FAULEN LARRY GEMACHT, ODER WIE?
SORRY.
ICH BIN TEIL DER MILITÄRISCHEN OPERATION, KLAR?!
DAS GEBÄUDE HIER IST RANDVOLL MIT SPRENGKÖRPERN.
AH, KENN ICH. FÜRS NEUJAHRSFEUERWERK, WAS?
GENAU. UND DIE KNALLER SIND ALLE NOCH DRIN.
HM?
BISSCHEN FRÜH, WAS? WIR HABEN NOCH NICHT MAL NEUJAHR.
JA, ABER SAGEN WIR, DIE ERINNERUNGEN DER LEUTE WURDEN ETWAS UMGESCHRIEBEN.
ZIEMLICH GEWAGT, ABER NICHT SCHLECHT.
ALSO IM GRUNDE EIN FETTER FUTTERHAUFEN, UM SUMMER AUS SEINEM VERSTECK ZU LOCKEN, RICHTIG?
RICHTIG.
ACH, ÜBRIGENS, ANDY...

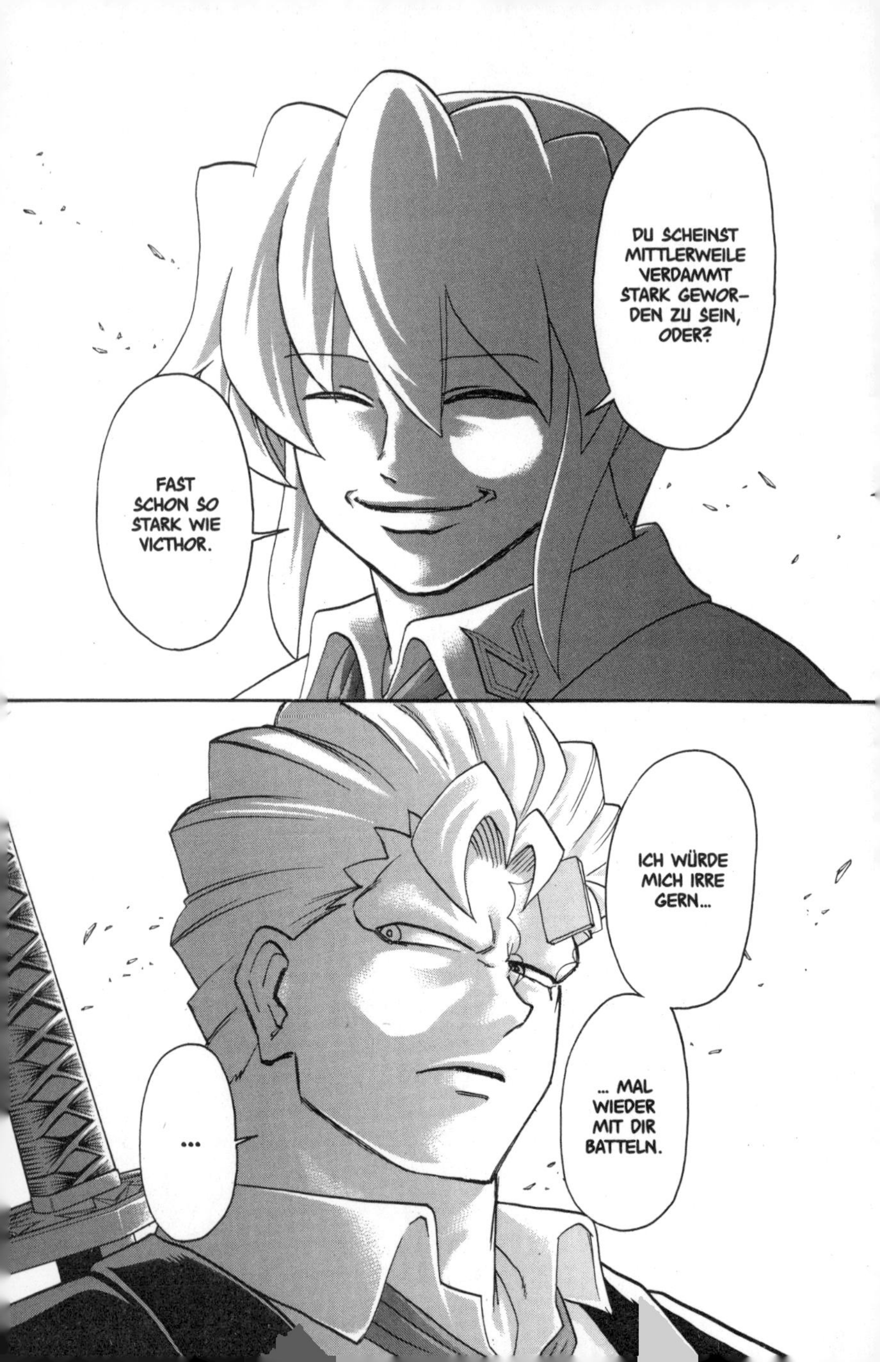
DU SCHEINST MITTLERWEILE VERDAMMT STARK GEWORDEN ZU SEIN, ODER?
FAST SCHON SO STARK WIE VICTHOR.
ICH WÜRDE MICH IRRE GERN...
... MAL WIEDER MIT DIR BATTELN.
...

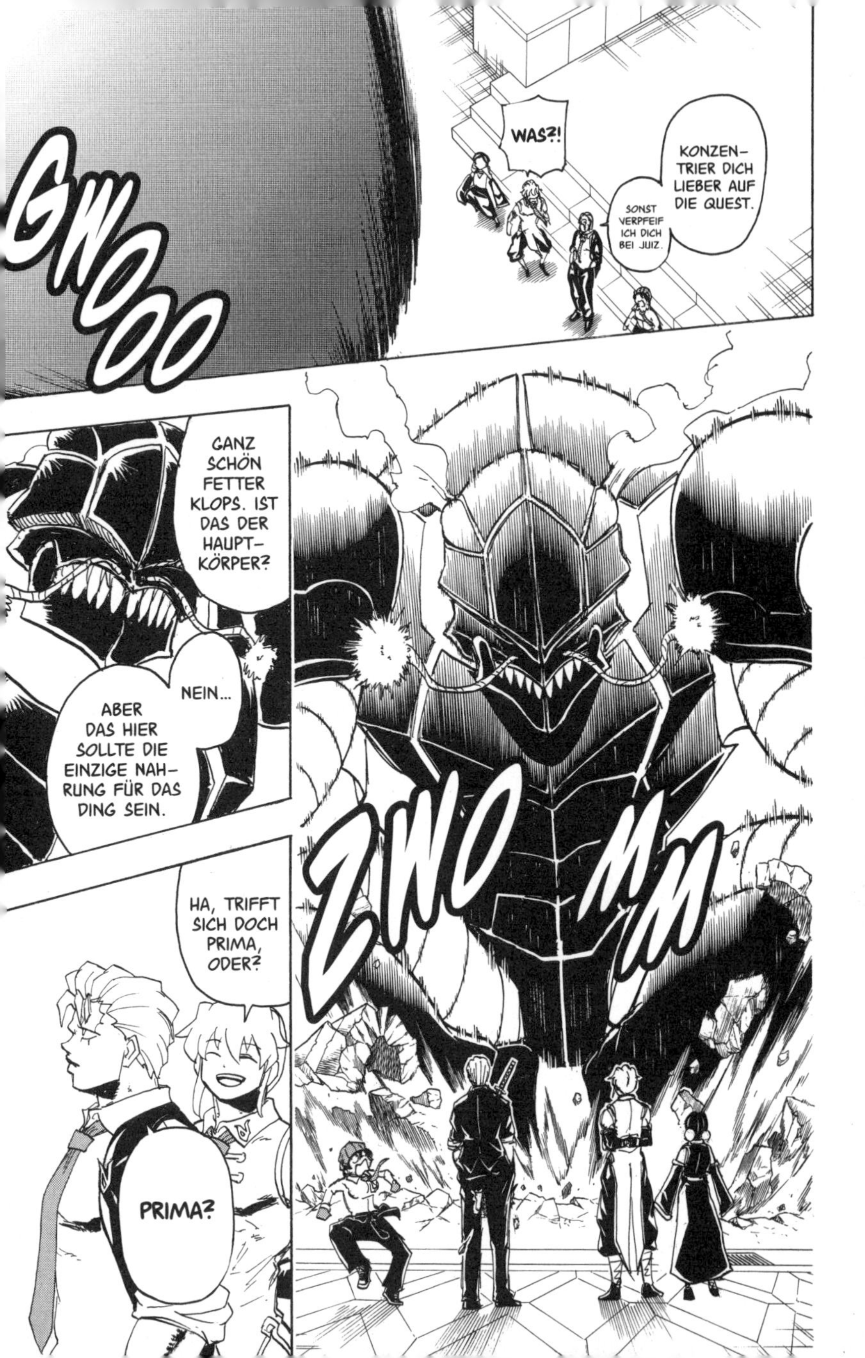
KONZEN-TRIER DICH LIEBER AUF DIE QUEST.
SONST VERPFEIF ICH DICH BEI JUIZ.
WAS?!
GWOOO
GANZ SCHÖN FETTER KLOPS. IST DAS DER HAUPT-KÖRPER?
NEIN...
ABER DAS HIER SOLLTE DIE EINZIGE NAH-RUNG FÜR DAS DING SEIN.
ZWOMM
HA, TRIFFT SICH DOCH PRIMA, ODER?
PRIMA?

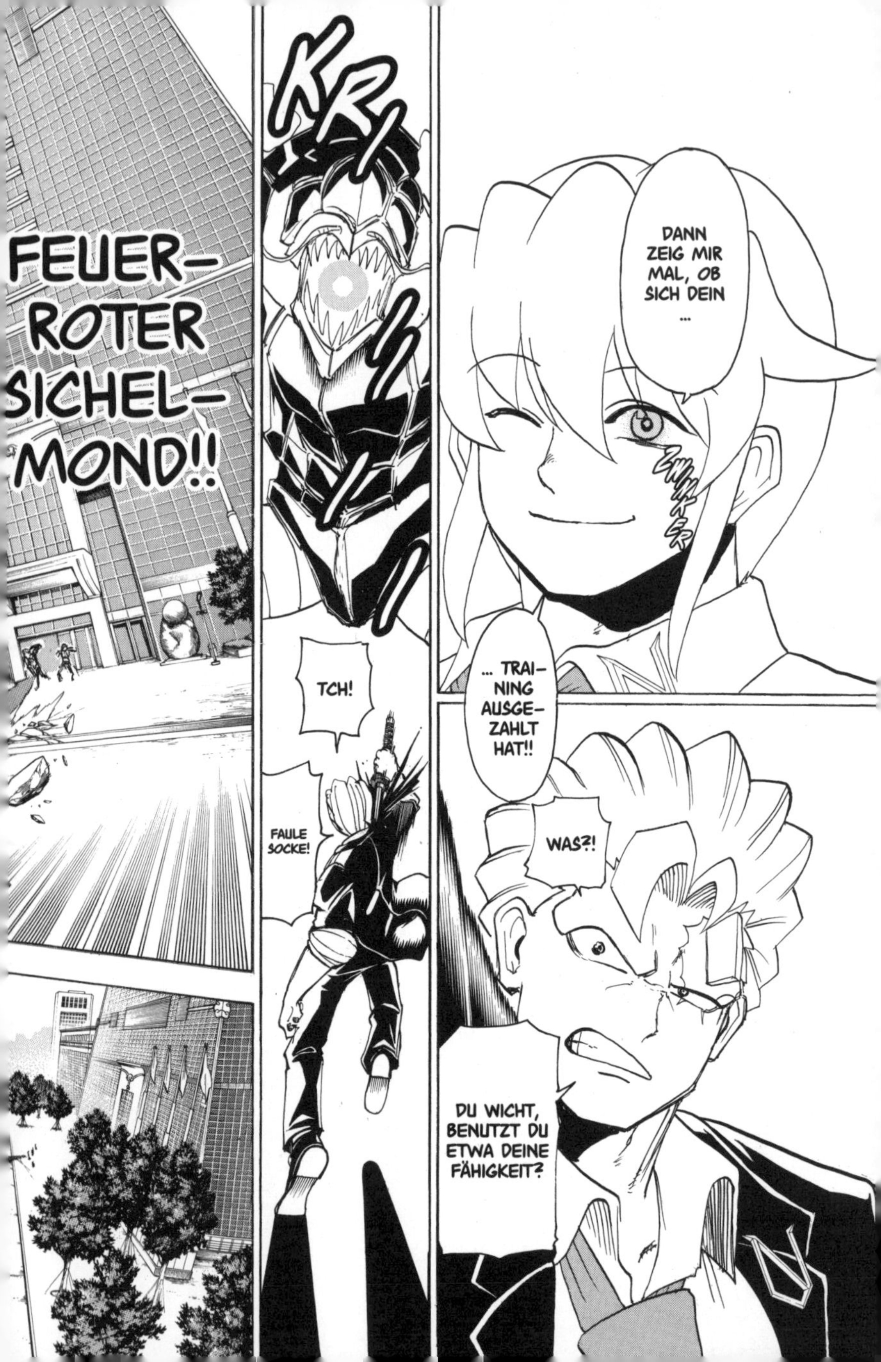

DANN ZEIG MIR MAL, OB SICH DEIN ...
ZWINKER
... TRAINING AUSGEZAHLT HAT!!
WAS?!
DU WICHT, BENUTZT DU ETWA DEINE FÄHIGKEIT?
TCH!
FAULE SOCKE!
FEUERROTER SICHELMOND!!

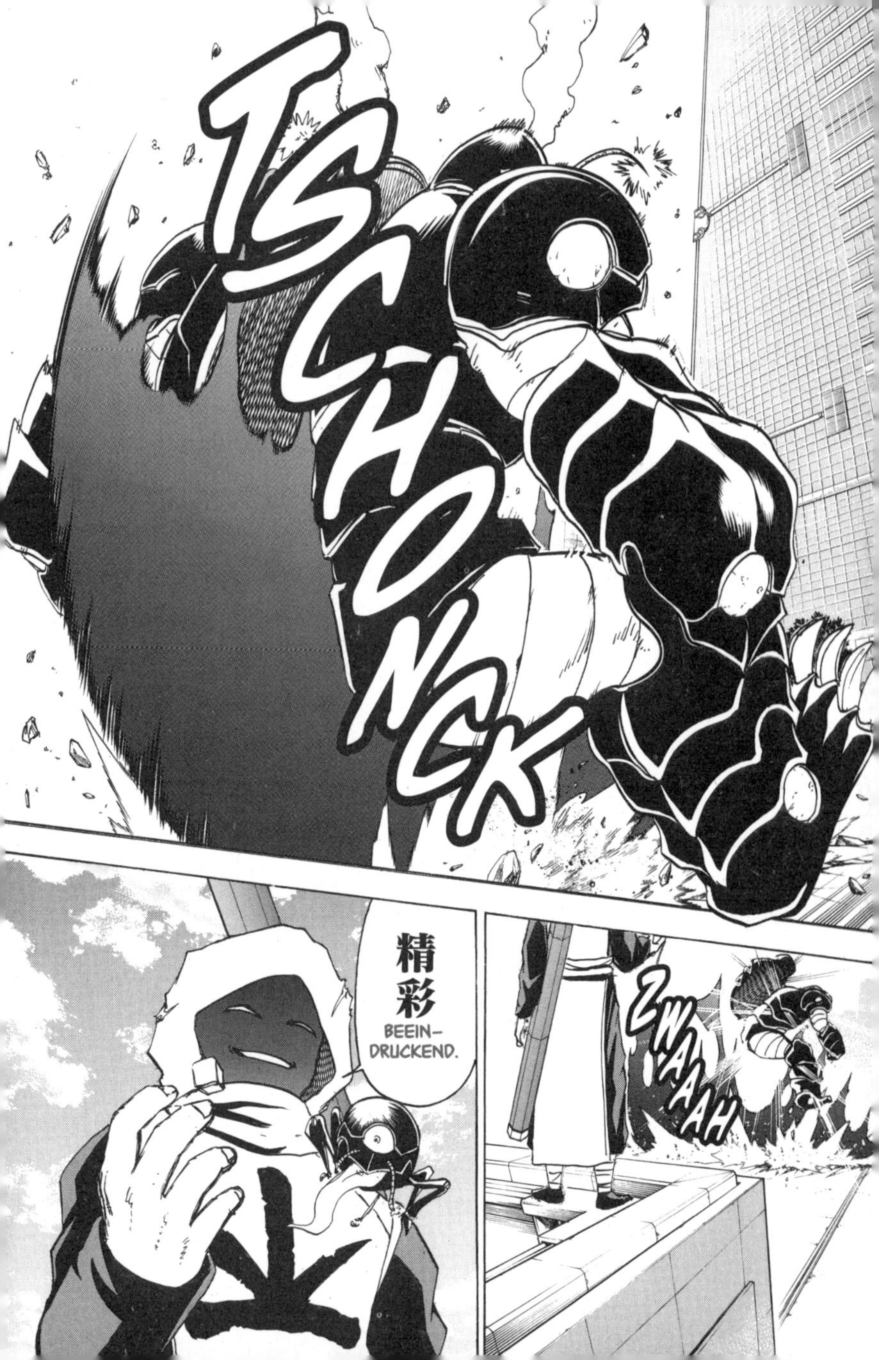
TSCHONCK
精彩
BEEIN-
DRUCKEND.
ZWAAAH

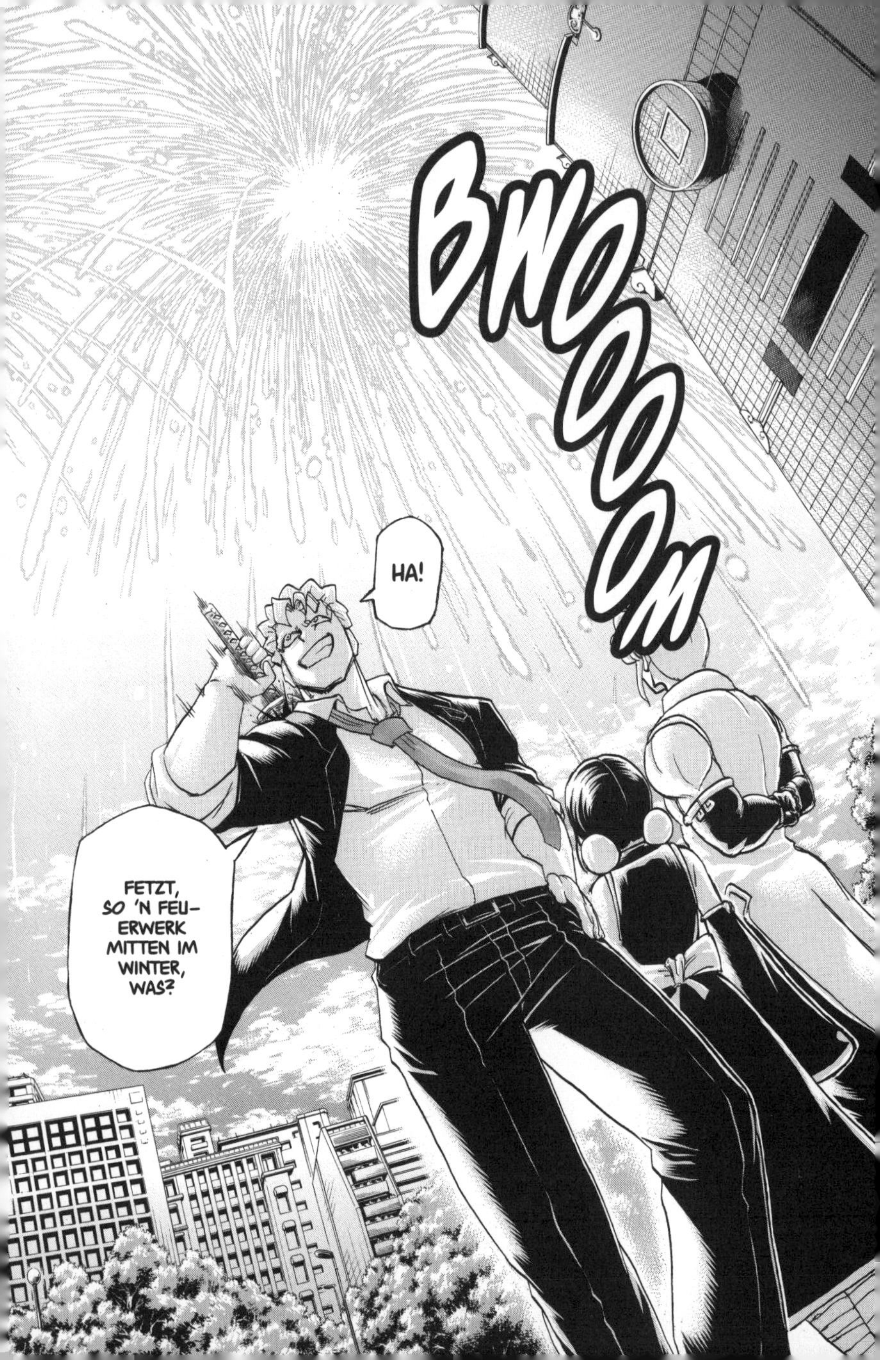
BWOOOOOM
HA!
FETZT, SO 'N FEU-ERWERK MITTEN IM WINTER, WAS?

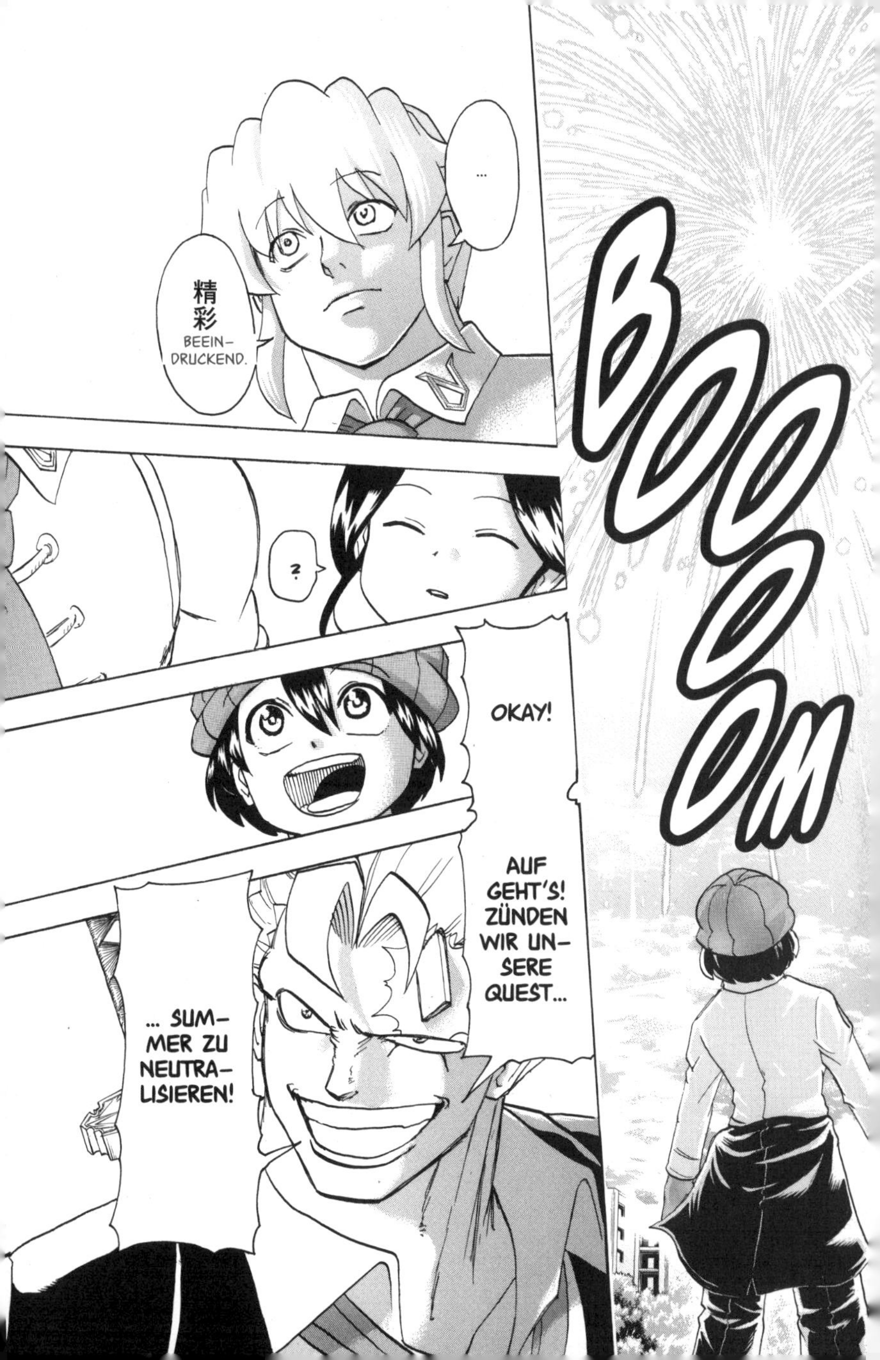
...
精彩
BEEIN-
DRUCKEND.
?
OKAY!
BOOOOOM
AUF GEHT'S! ZÜNDEN WIR UN-SERE QUEST...
... SUM-MER ZU NEUTRA-LISIEREN!

MUIS TAGEBUCH ÜBER IHR SELBSTSTUDIUM CHINESISCH 1

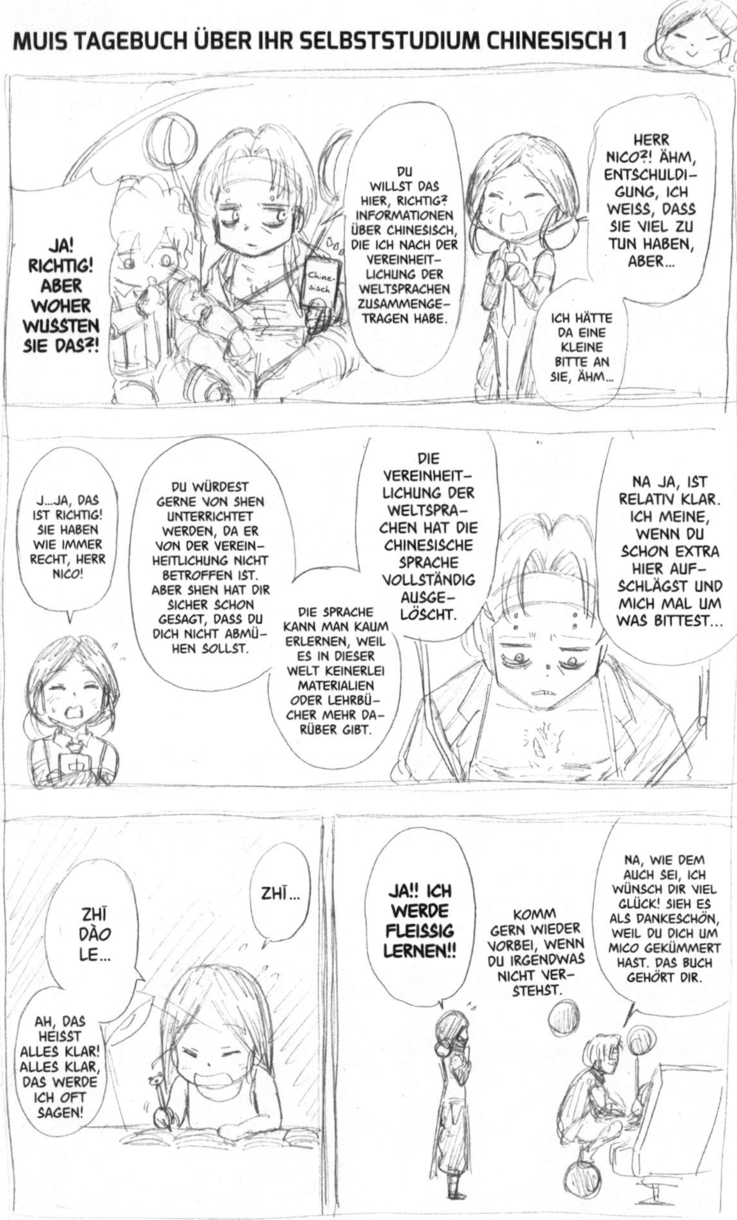

No. 058 Drachenaugen

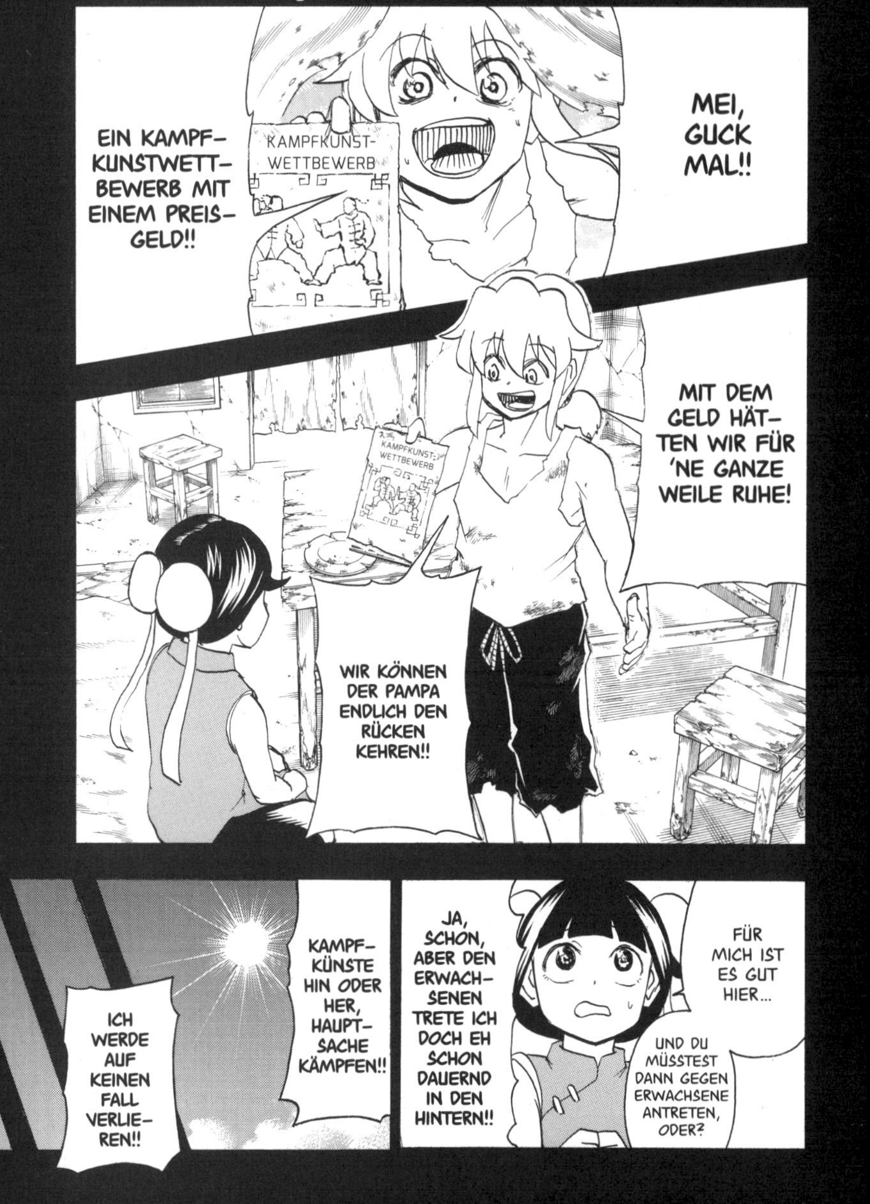

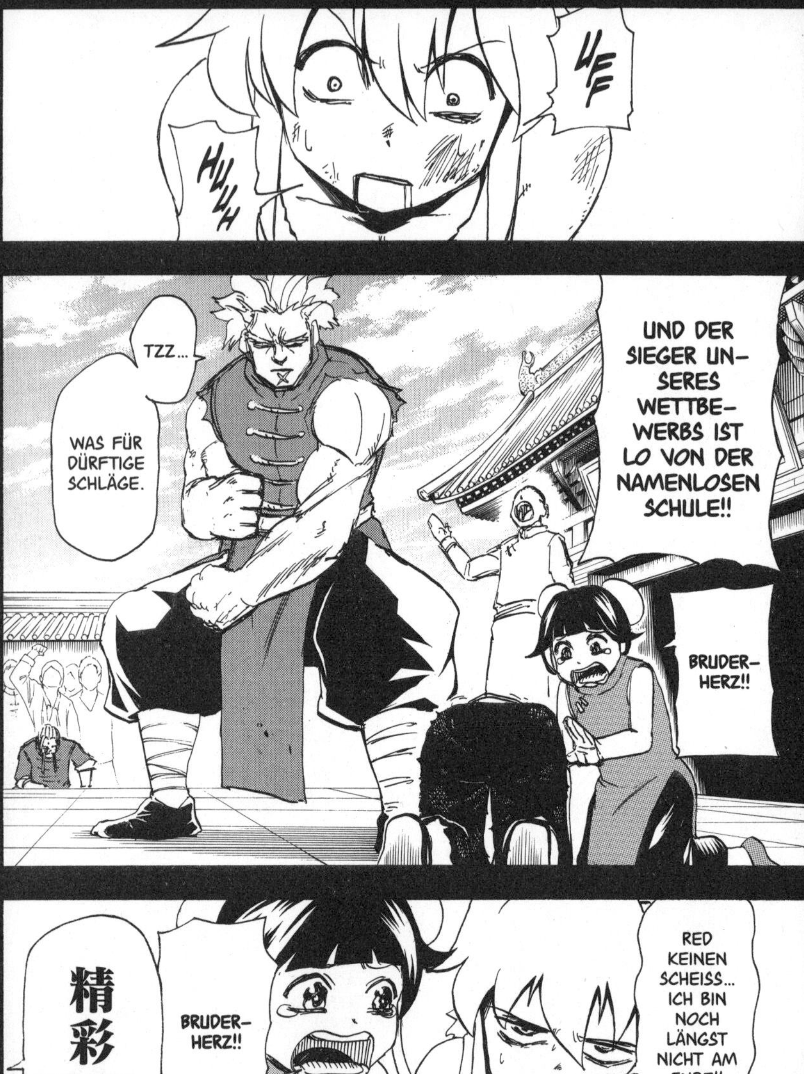
UFF
HUUH
UND DER SIEGER UNSERES WETTBEWERBS IST LO VON DER NAMENLOSEN SCHULE!!
TZZ...
WAS FÜR DÜRFTIGE SCHLÄGE.
BRUDERHERZ!!
RED KEINEN SCHEISS... ICH BIN NOCH LÄNGST NICHT AM ENDE!!
BRUDERHERZ!!
精彩
BEEINDRUCKEND

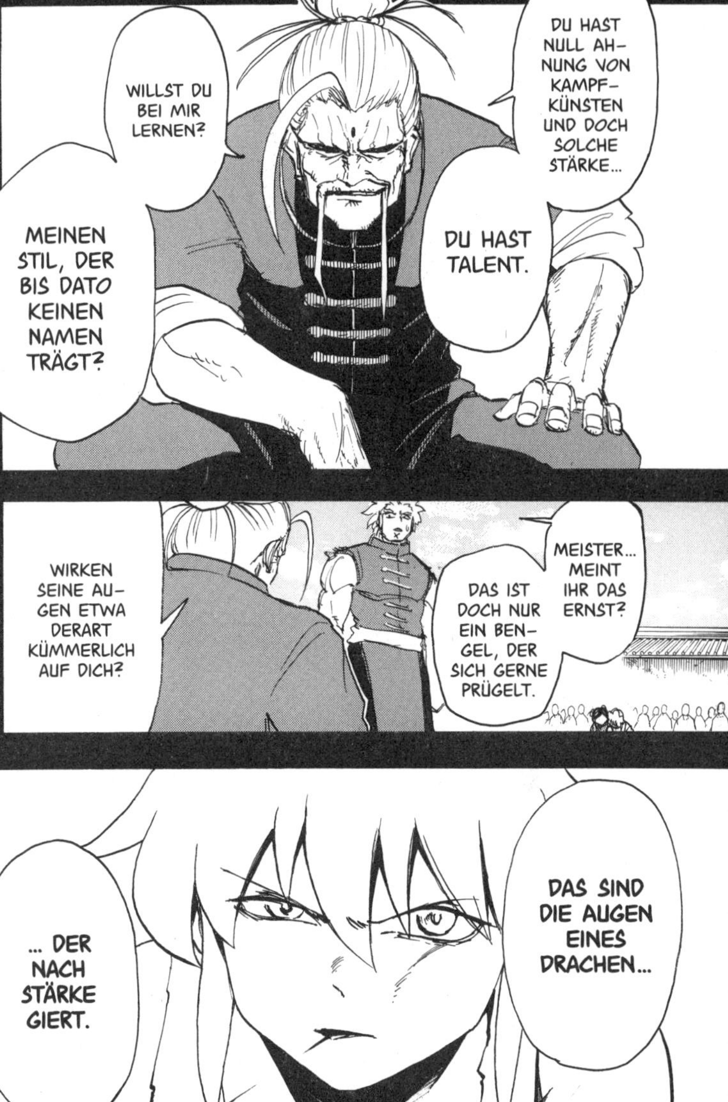
DU HAST NULL AHNUNG VON KAMPFKÜNSTEN UND DOCH SOLCHE STÄRKE...
DU HAST TALENT.
WILLST DU BEI MIR LERNEN?
MEINEN STIL, DER BIS DATO KEINEN NAMEN TRÄGT?
MEISTER... MEINT IHR DAS ERNST?
DAS IST DOCH NUR EIN BENGEL, DER SICH GERNE PRÜGELT.
WIRKEN SEINE AUGEN ETWA DERART KÜMMERLICH AUF DICH?
DAS SIND DIE AUGEN EINES DRACHEN...
... DER NACH STÄRKE GIERT.

No. 058 Drachenaugen

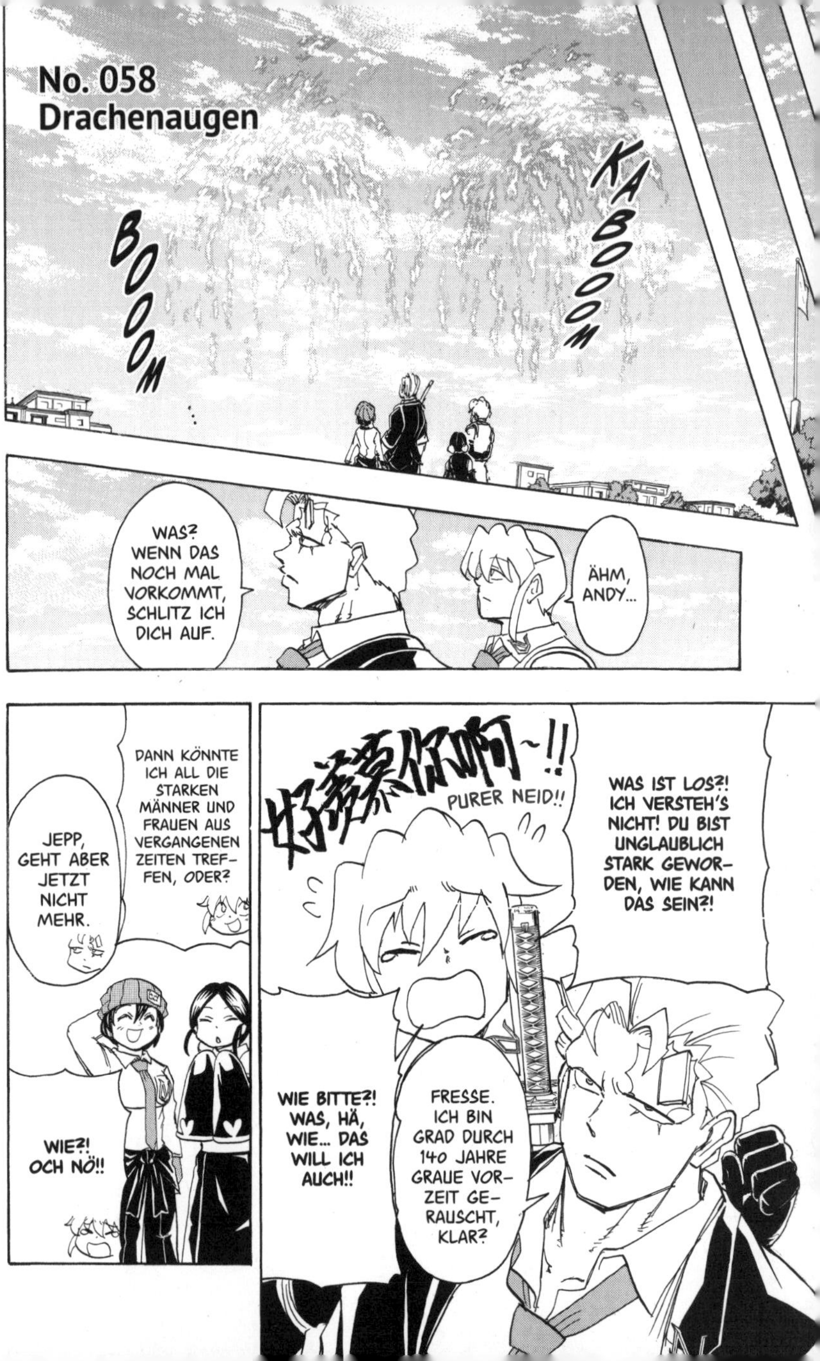

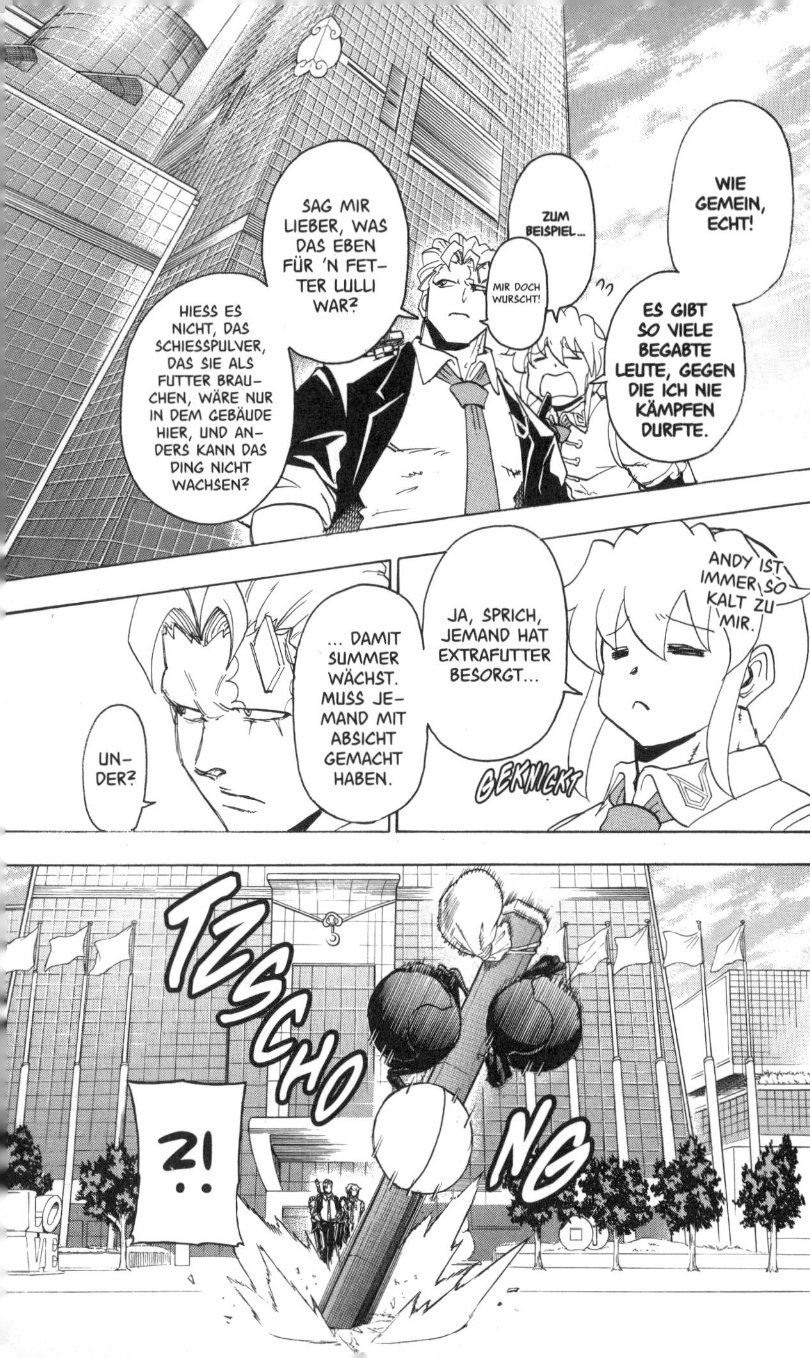
WIE GEMEIN, ECHT!
ES GIBT SO VIELE BEGABTE LEUTE, GEGEN DIE ICH NIE KÄMPFEN DURFTE.
ZUM BEISPIEL...
MIR DOCH WURSCHT!
SAG MIR LIEBER, WAS DAS EBEN FÜR 'N FETTER LULLI WAR?
HIESS ES NICHT, DAS SCHIESSPULVER, DAS SIE ALS FUTTER BRAUCHEN, WÄRE NUR IN DEM GEBÄUDE HIER, UND ANDERS KANN DAS DING NICHT WACHSEN?
ANDY IST IMMER SO KALT ZU MIR.
GEKNICKT
JA, SPRICH, JEMAND HAT EXTRAFUTTER BESORGT...
... DAMIT SUMMER WÄCHST. MUSS JEMAND MIT ABSICHT GEMACHT HABEN.
UNDER?
TZSCHONG
?!

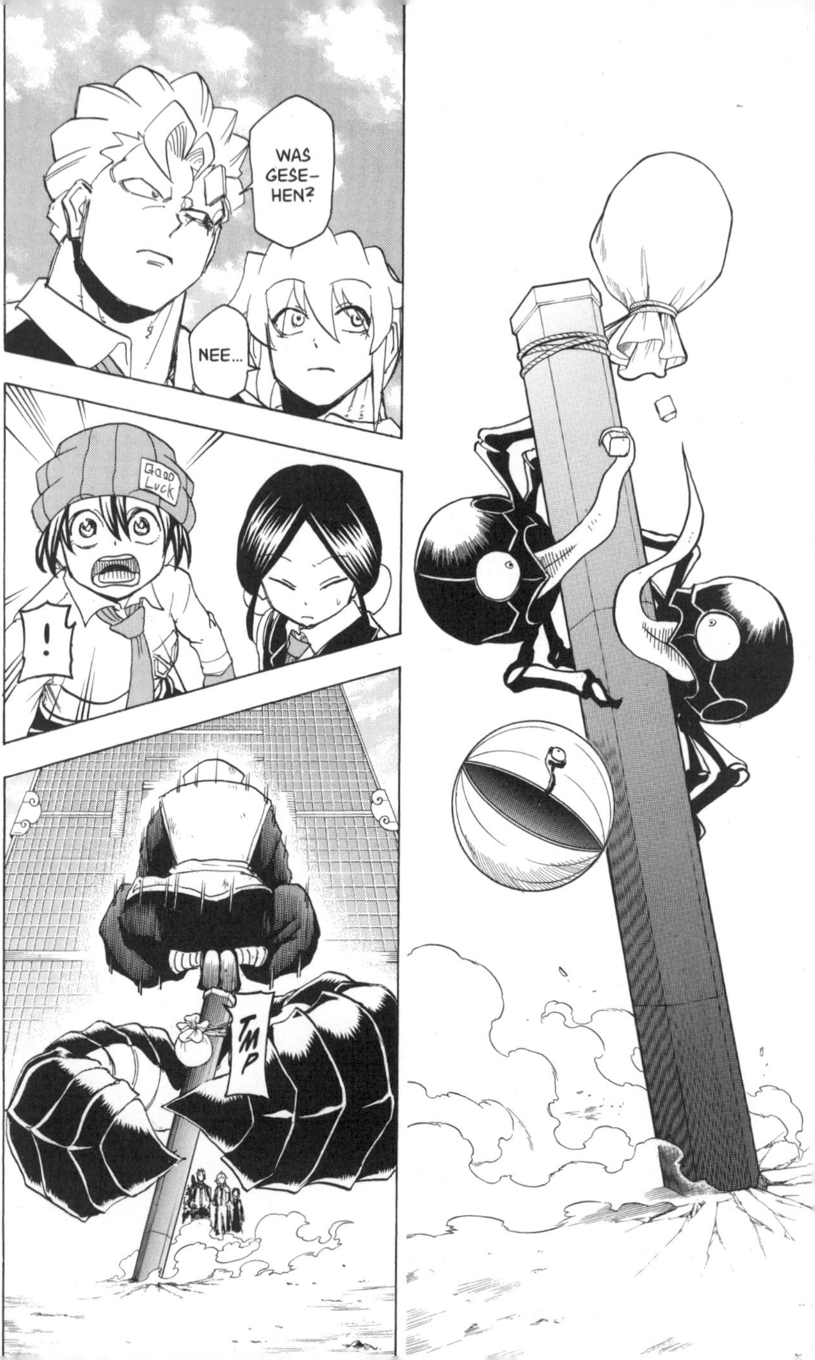
WAS GESE-HEN?
NEE...
!
Good Luck
TMP

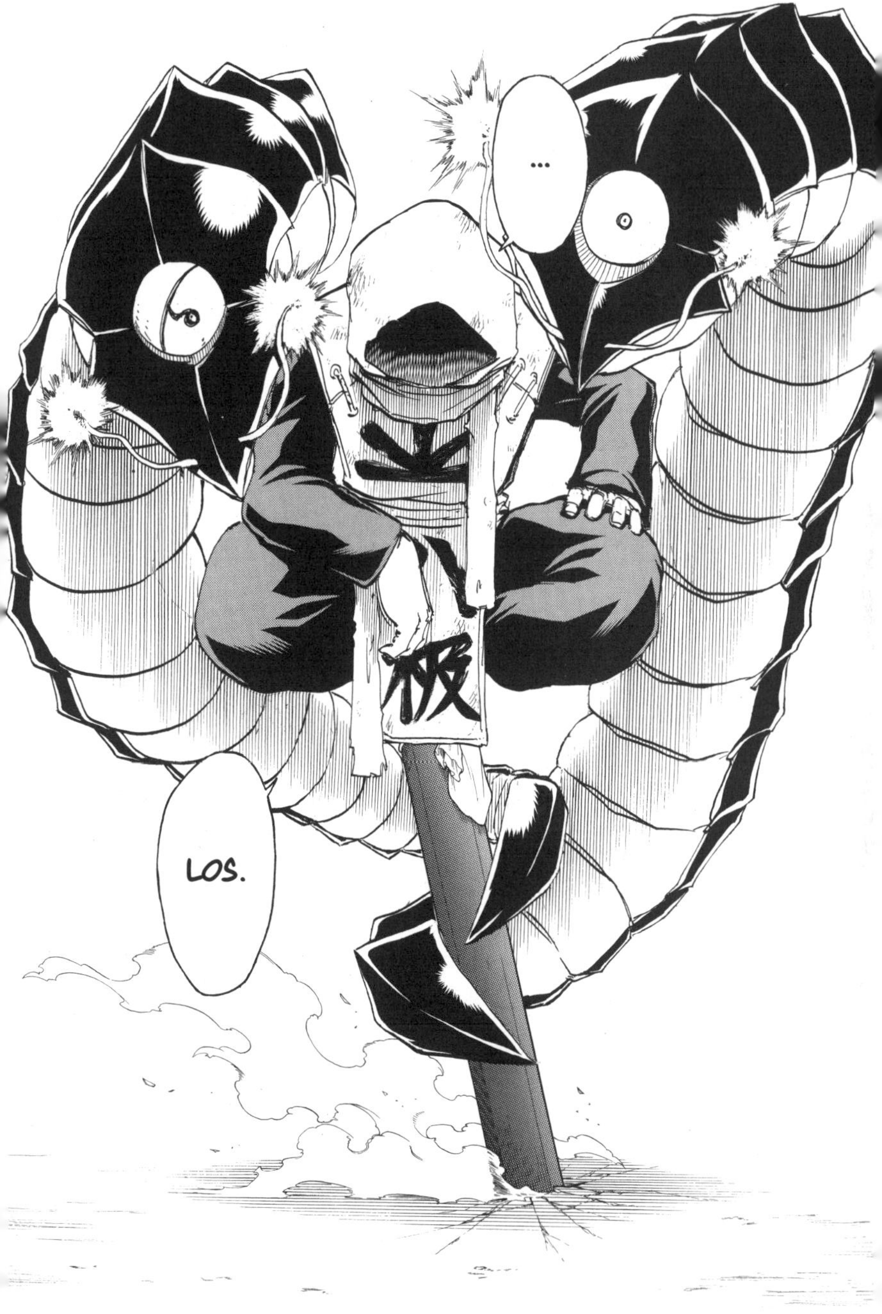
...
LOS.

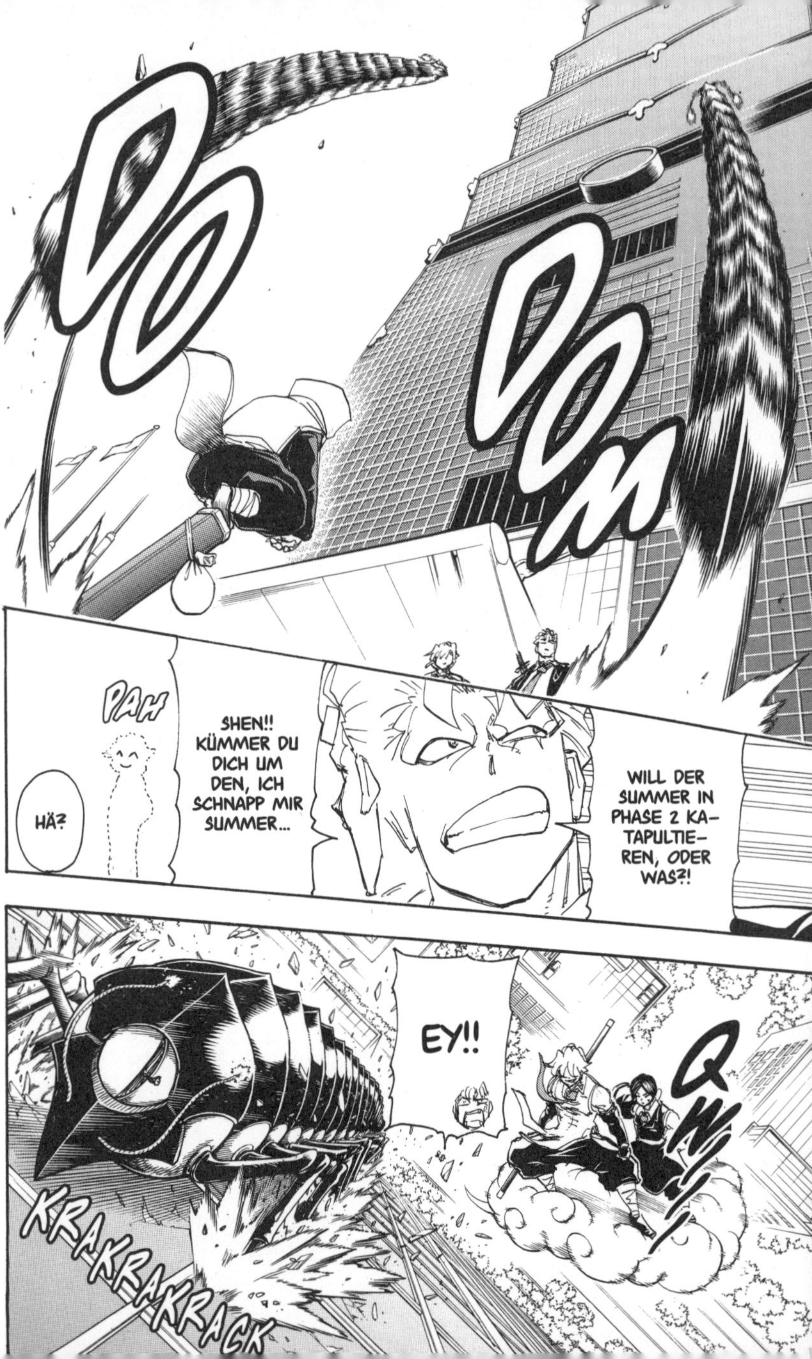

WILL DER SUMMER IN PHASE 2 KA-TAPULTIEREN, ODER WAS?!
SHEN!! KÜMMER DU DICH UM DEN, ICH SCHNAPP MIR SUMMER...
PAH
HÄ?
EY!!
KRAKRAKRAKRACK

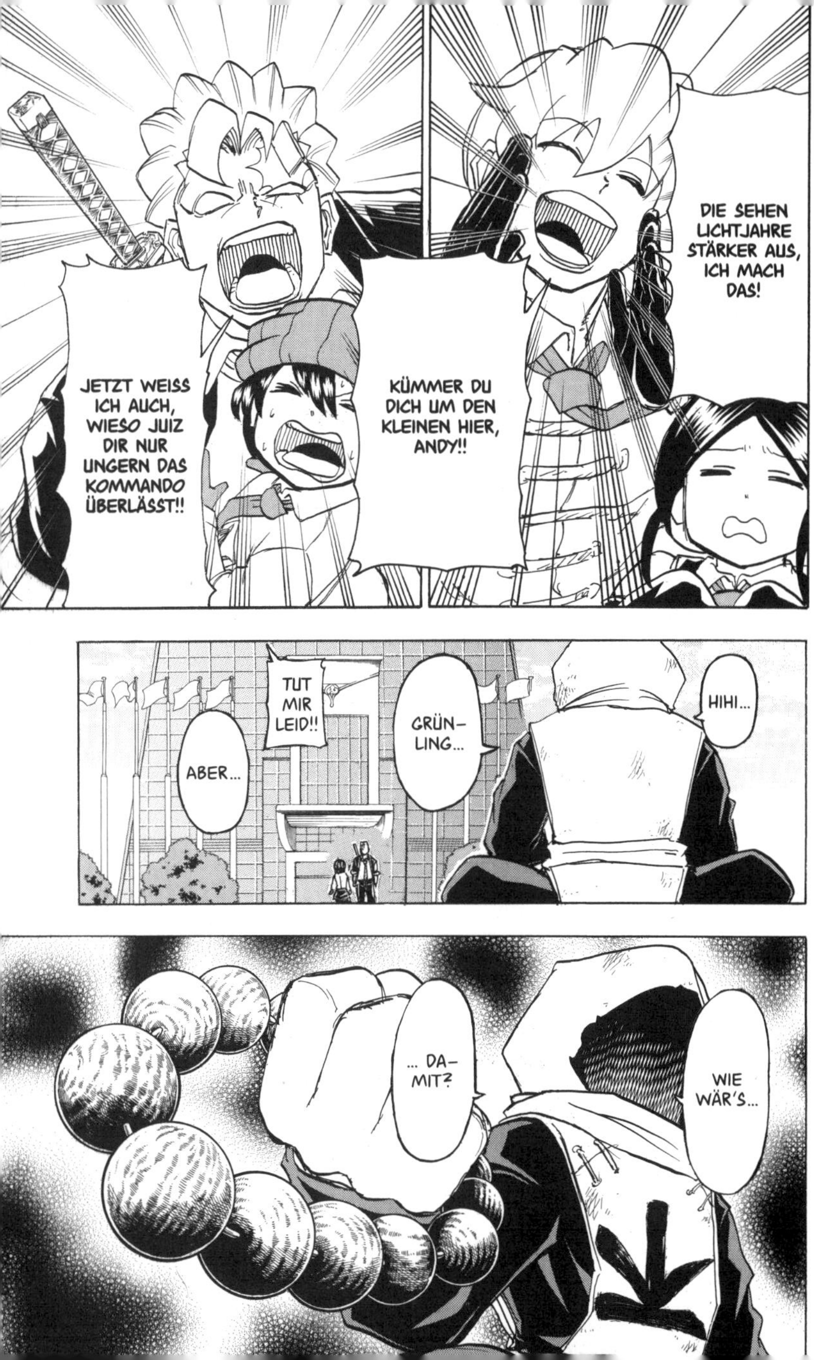
DIE SEHEN LICHTJAHRE STÄRKER AUS, ICH MACH DAS!
KÜMMER DU DICH UM DEN KLEINEN HIER, ANDY!!
JETZT WEISS ICH AUCH, WIESO JUIZ DIR NUR UNGERN DAS KOMMANDO ÜBERLÄSST!!
HIHI...
GRÜNLING...
TUT MIR LEID!!
ABER...
WIE WÄR'S...
... DAMIT?

* JIANG SHI, WORTWÖRTLICH STARRE LEICHNAME = UNTOTE IN DER CHINESISCHEN MYTHOLOGIE. AUF DEN STIRNBANDEROLEN STEHEN MIT ALTEN SCHRIFTZEICHEN DIE NUMMERN, MIT DENEN SIE BEZEICHNET WERDEN.

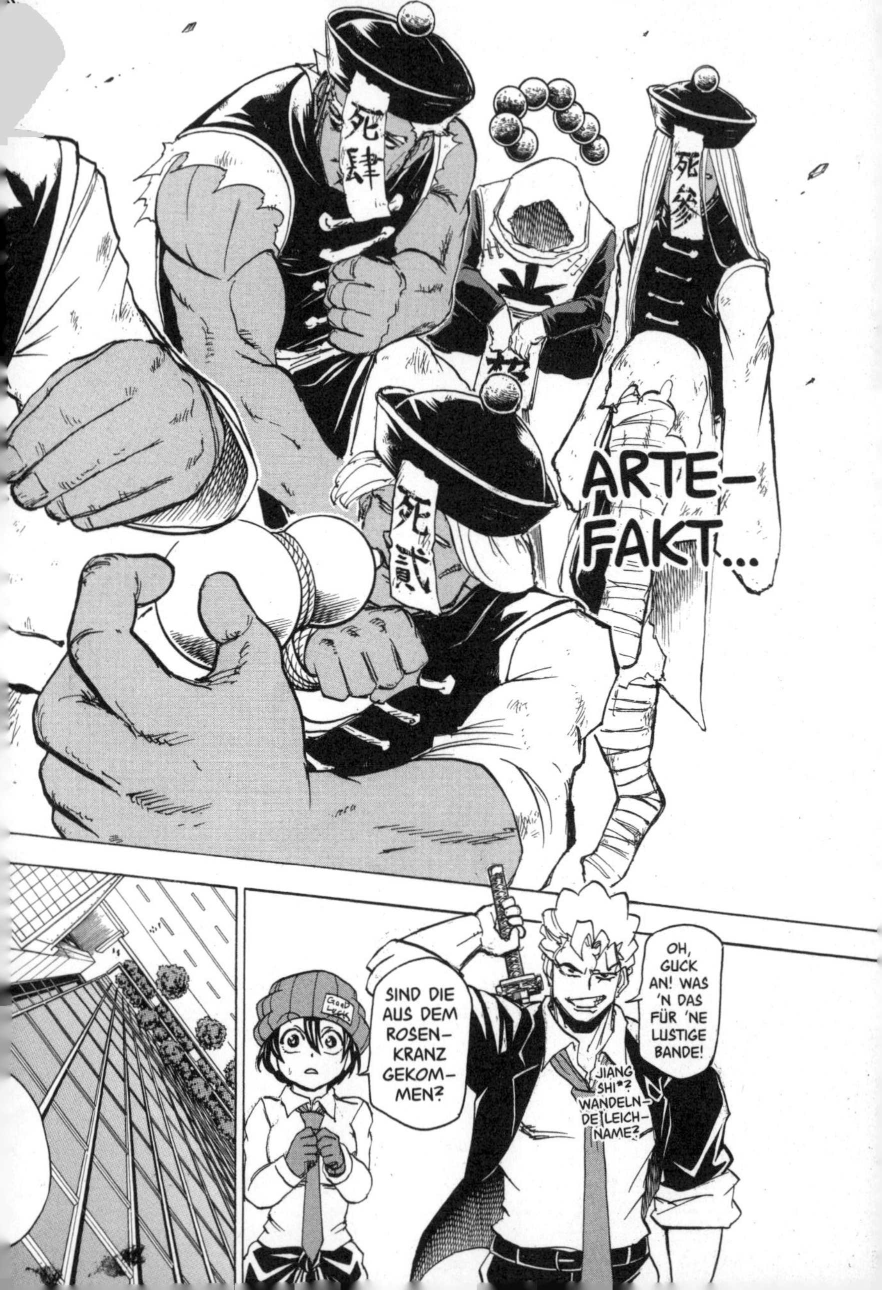

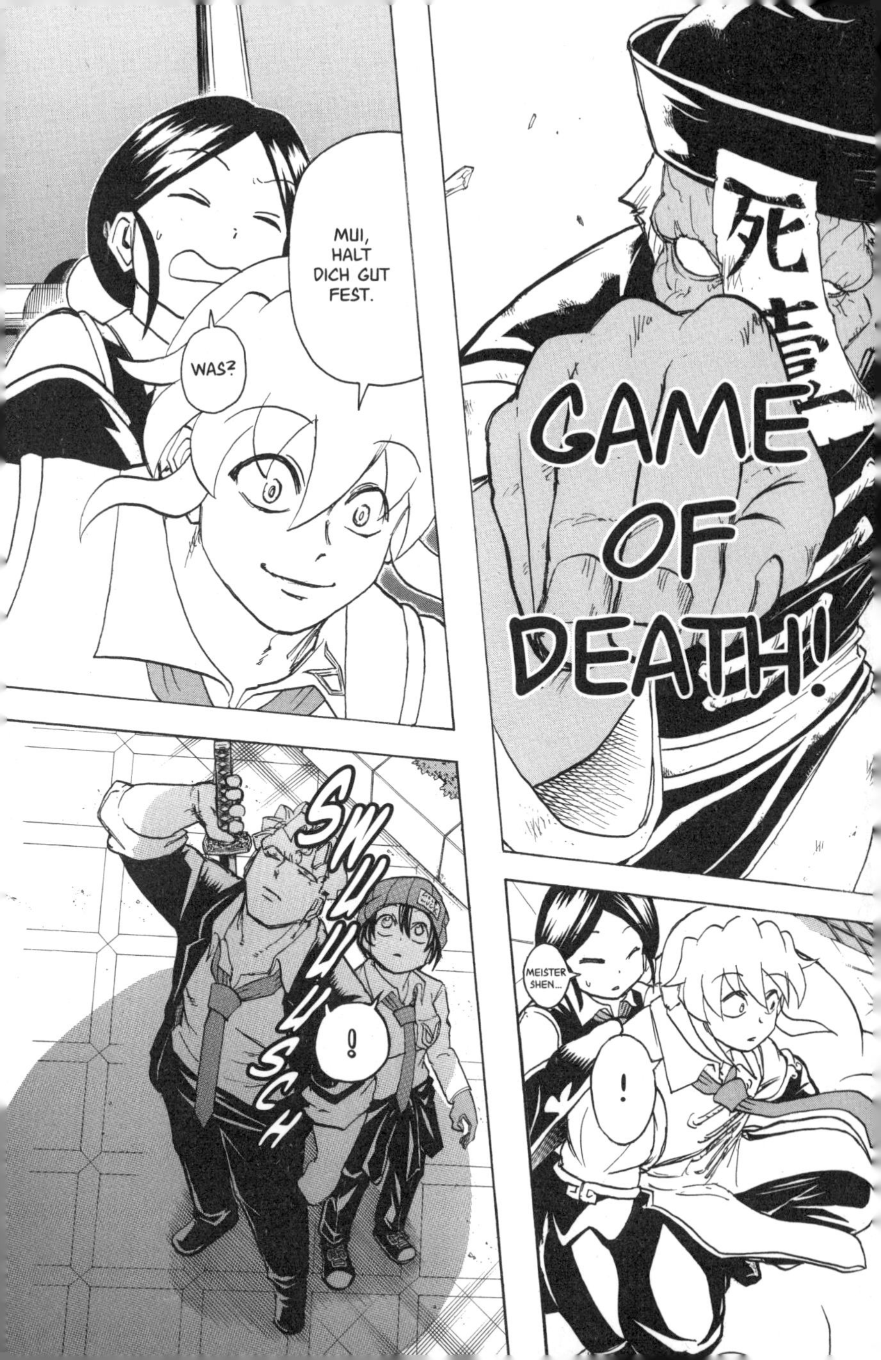
死
GAME OF DEATH!
MUI, HALT DICH GUT FEST.
WAS?
MEISTER SHEN...
!
SWUUUUSCH
!

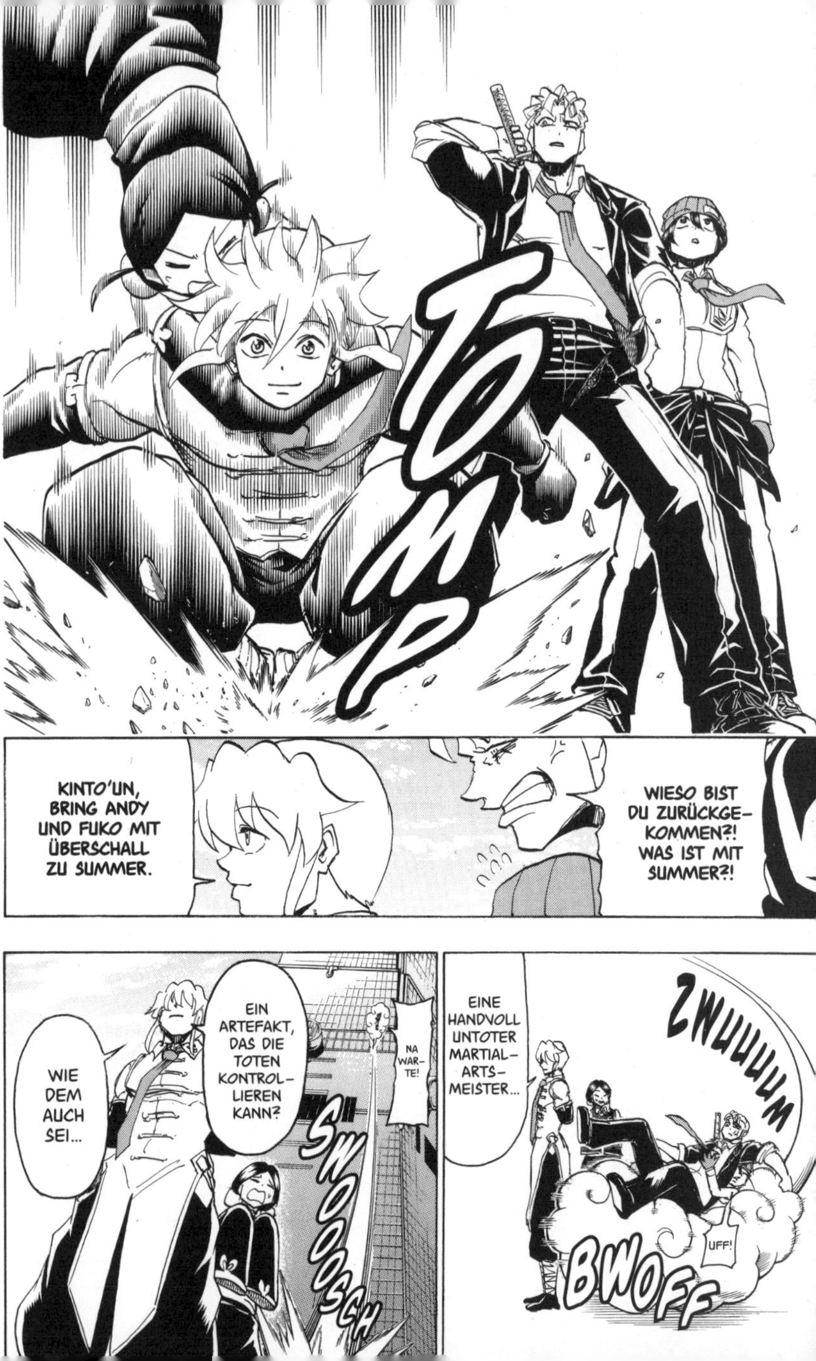
TOMP
WIESO BIST DU ZURÜCKGE-KOMMEN?! WAS IST MIT SUMMER?!
KINTO'UN, BRING ANDY UND FUKO MIT ÜBERSCHALL ZU SUMMER.
ZWUUUUUM
EINE HANDVOLL UNTOTER MARTIAL-ARTS-MEISTER...
BWOFF
UFF!
NA WAR-TE!
EIN ARTEFAKT, DAS DIE TOTEN KONTROL-LIEREN KANN?
WIE DEM AUCH SEI...
SWOOOSCH

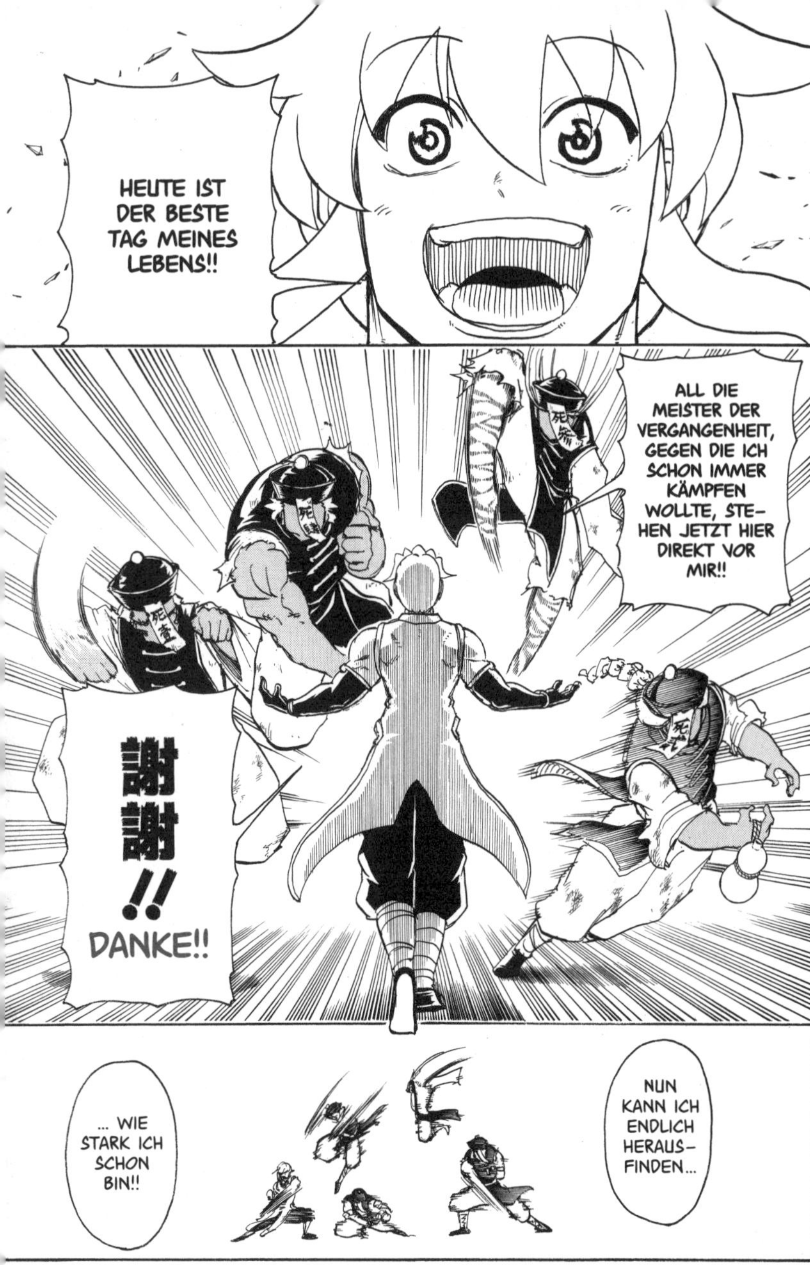
HEUTE IST DER BESTE TAG MEINES LEBENS!!
ALL DIE MEISTER DER VERGANGENHEIT, GEGEN DIE ICH SCHON IMMER KÄMPFEN WOLLTE, STEHEN JETZT HIER DIREKT VOR MIR!!
謝謝!! DANKE!!
NUN KANN ICH ENDLICH HERAUSFINDEN...
... WIE STARK ICH SCHON BIN!!

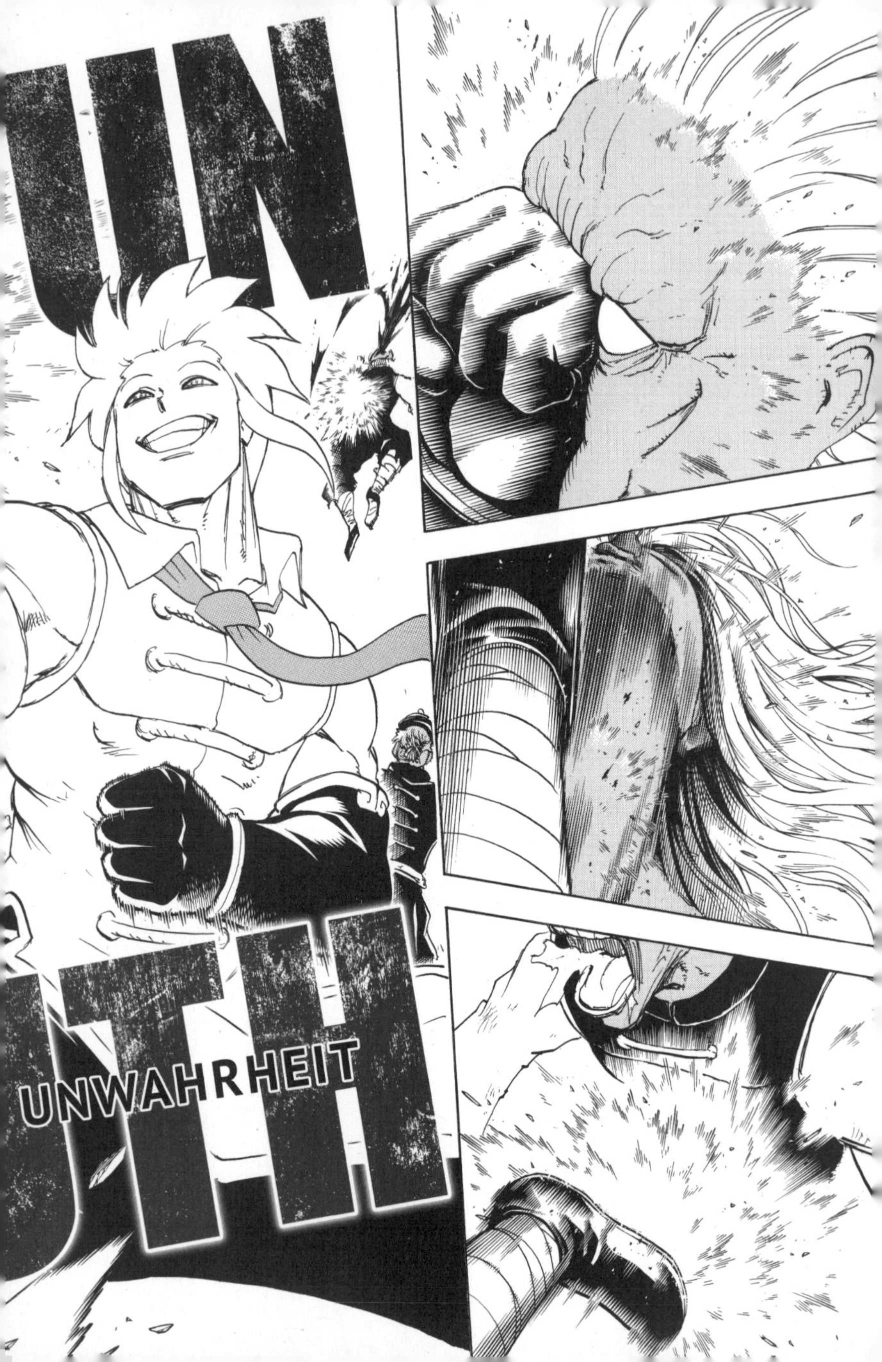
UNWAHRHEIT

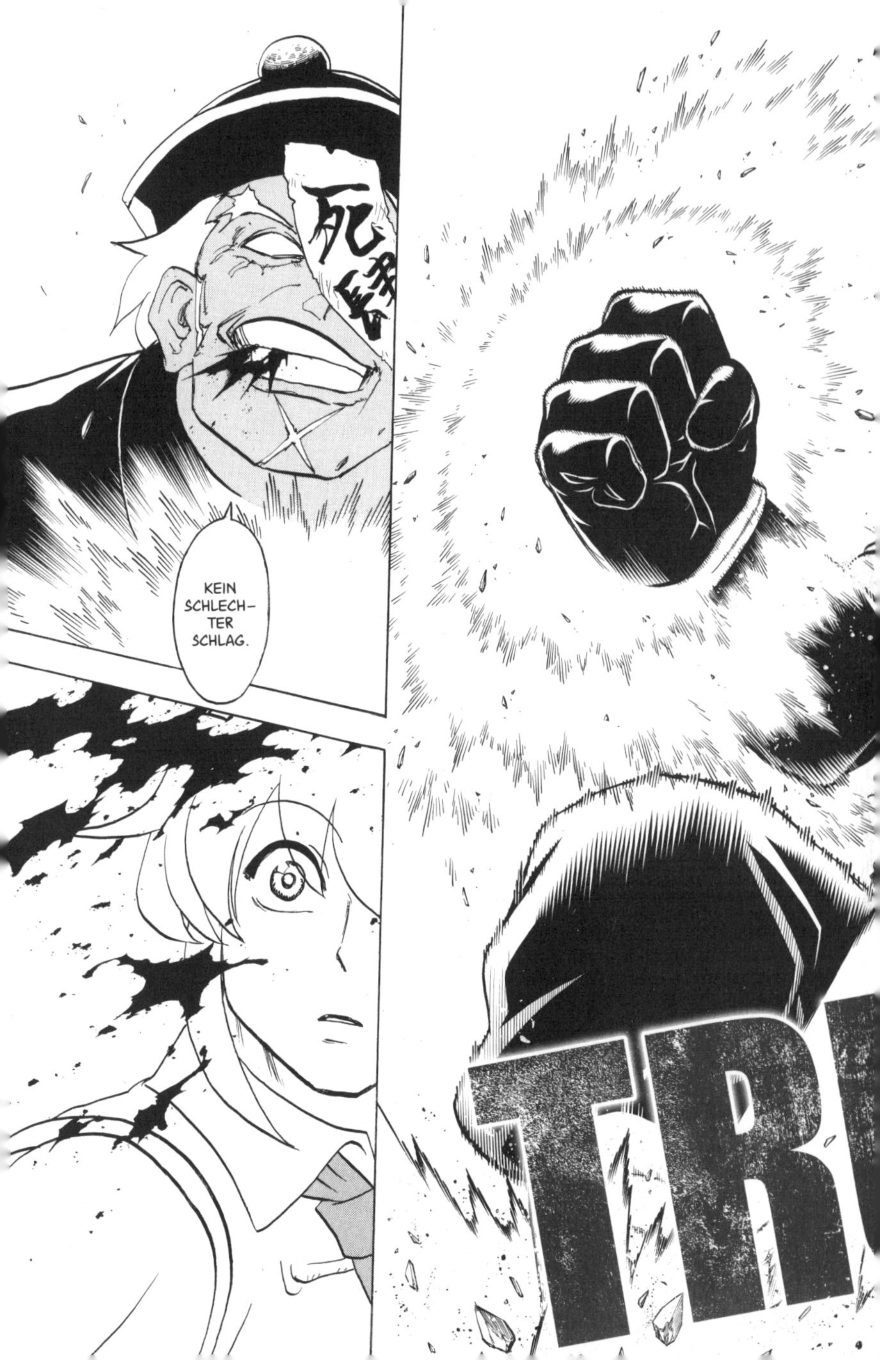
TRU
KEIN SCHLECH-TER SCHLAG.

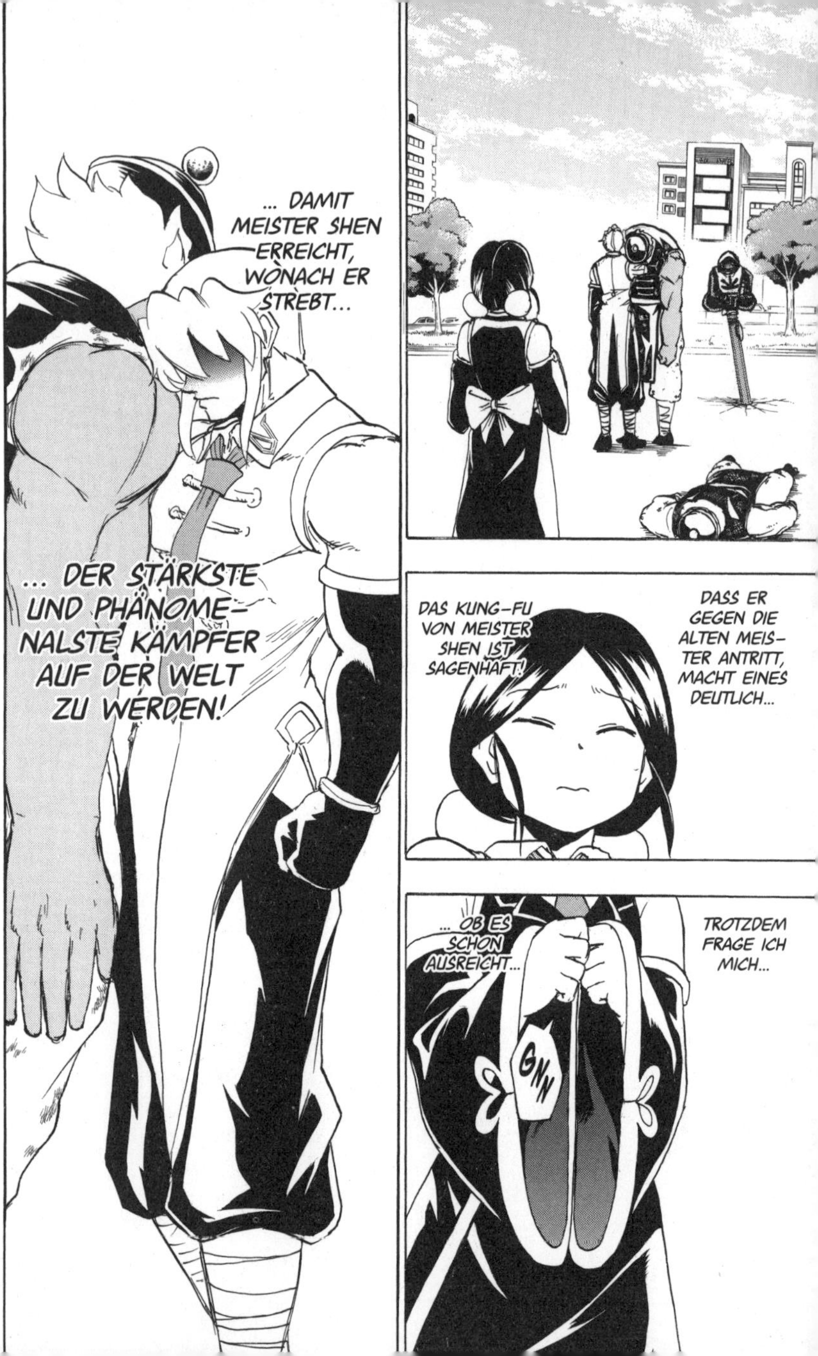
DASS ER GEGEN DIE ALTEN MEISTER ANTRITT, MACHT EINES DEUTLICH...
DAS KUNG-FU VON MEISTER SHEN IST SAGENHAFT!
TROTZDEM FRAGE ICH MICH...
... OB ES SCHON AUSREICHT...
GNN
... DAMIT MEISTER SHEN ERREICHT, WONACH ER STREBT...
... DER STÄRKSTE UND PHÄNOMENALSTE KÄMPFER AUF DER WELT ZU WERDEN!

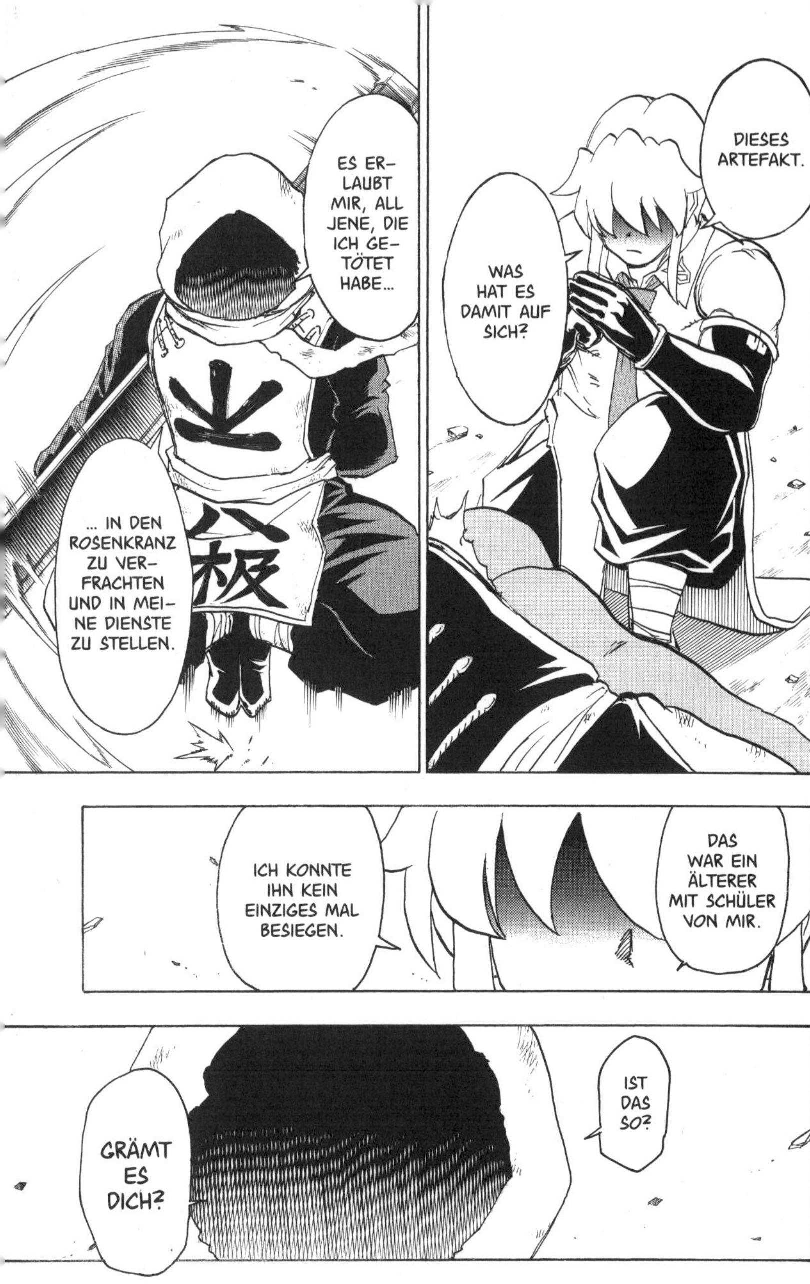

DIESES ARTEFAKT.
WAS HAT ES DAMIT AUF SICH?
ES ER-LAUBT MIR, ALL JENE, DIE ICH GE-TÖTET HABE…
… IN DEN ROSENKRANZ ZU VER-FRACHTEN UND IN MEI-NE DIENSTE ZU STELLEN.
DAS WAR EIN ÄLTERER MIT SCHÜLER VON MIR.
ICH KONNTE IHN KEIN EINZIGES MAL BESIEGEN.
IST DAS SO?
GRÄMT ES DICH?

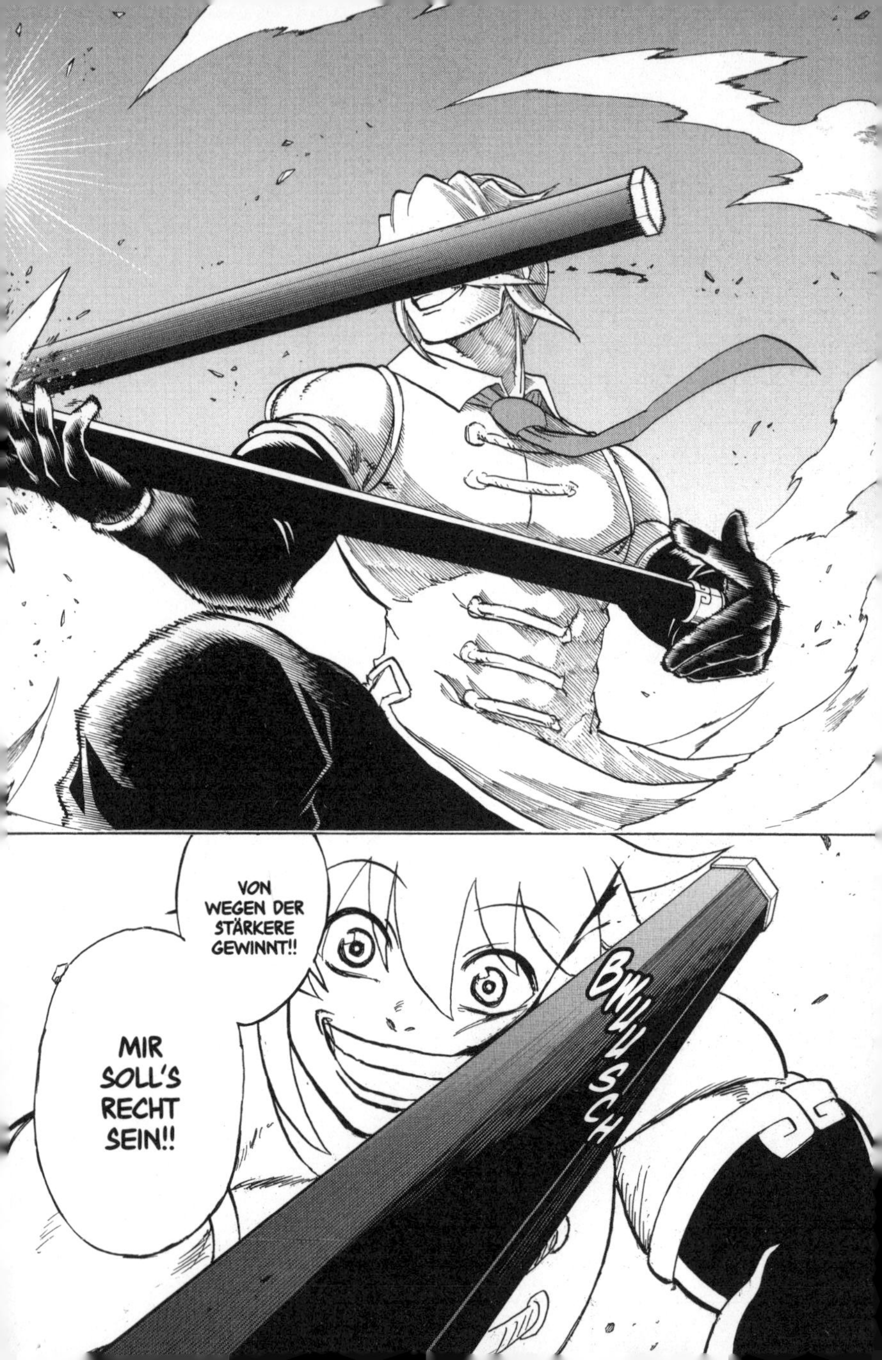
VON WEGEN DER STÄRKERE GEWINNT!!
MIR SOLL'S RECHT SEIN!!
BWUUSCH

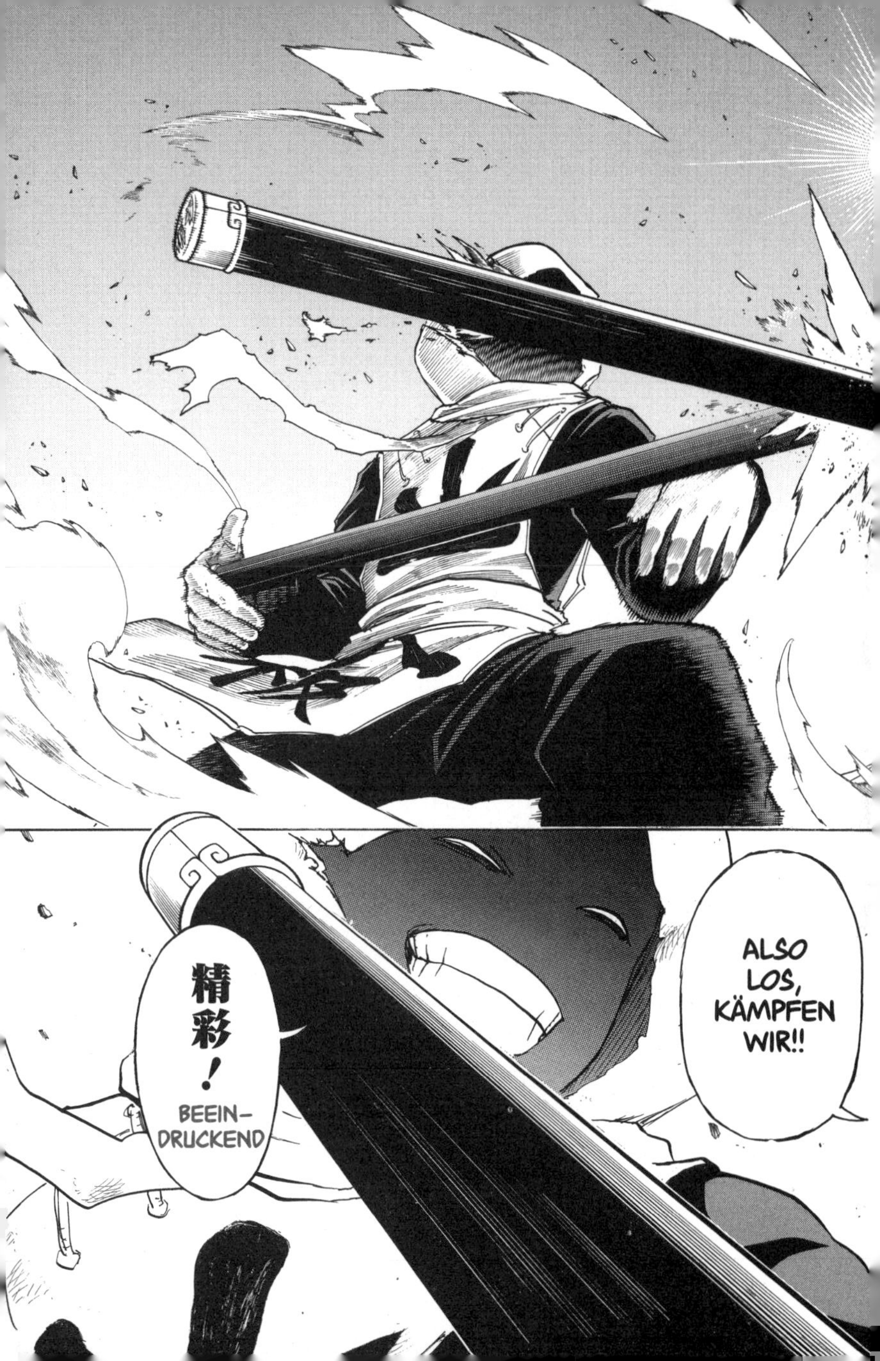
ALSO LOS, KÄMPFEN WIR!!
精彩！
BEEIN-
DRUCKEND

MUIS TAGEBUCH ÜBER IHR SELBSTSTUDIUM CHINESISCH 2

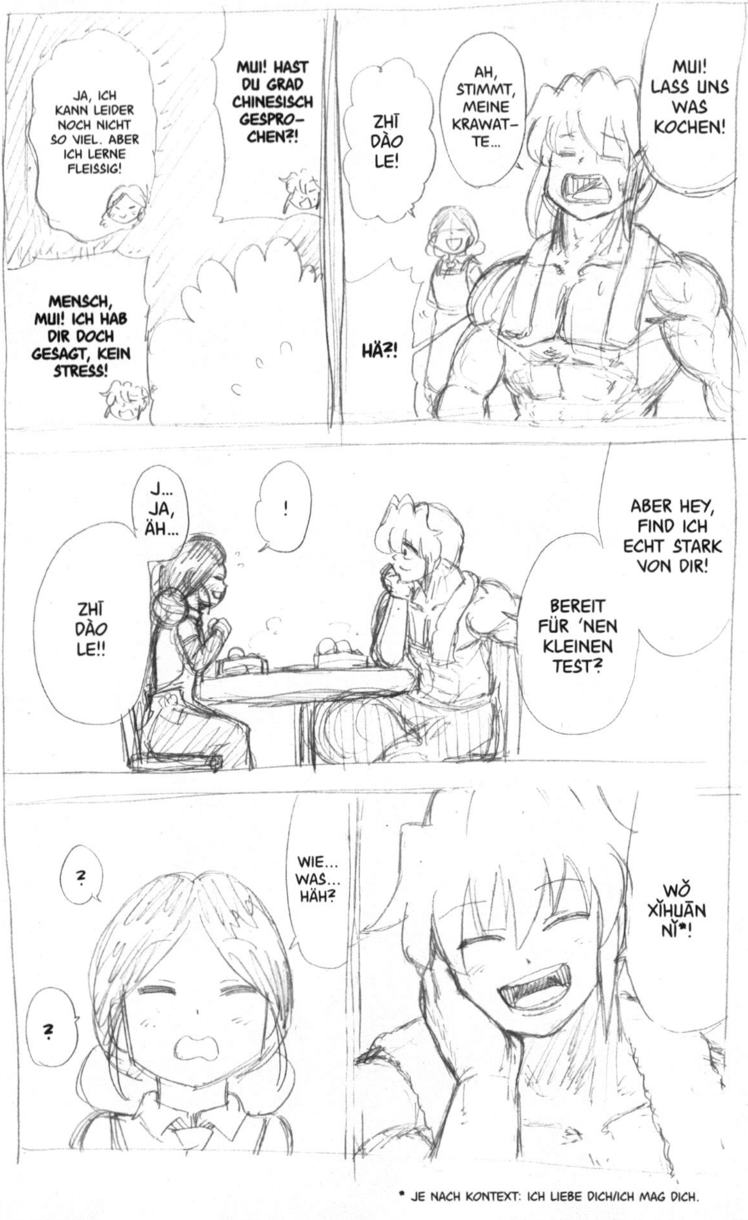

* JE NACH KONTEXT: ICH LIEBE DICH/ICH MAG DICH.

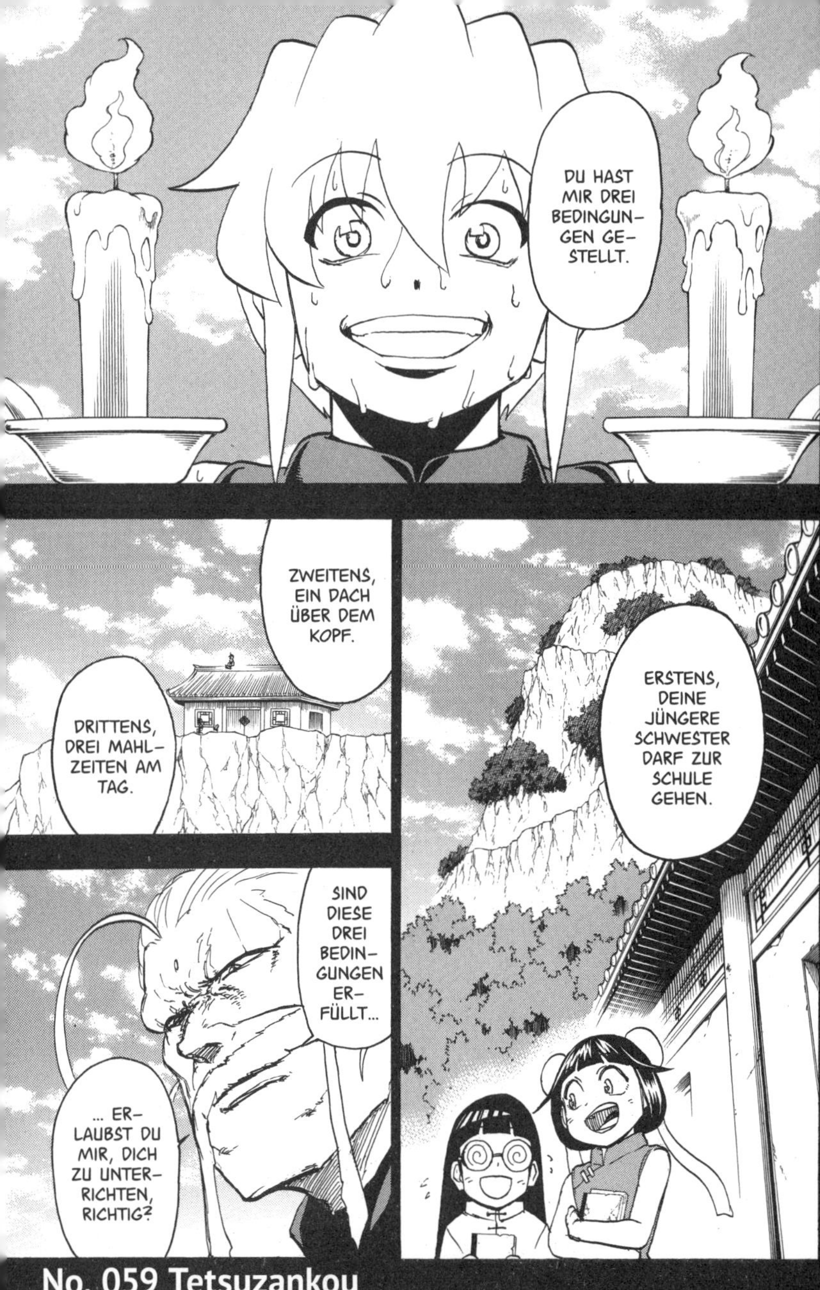

No. 059 Tetsuzankou

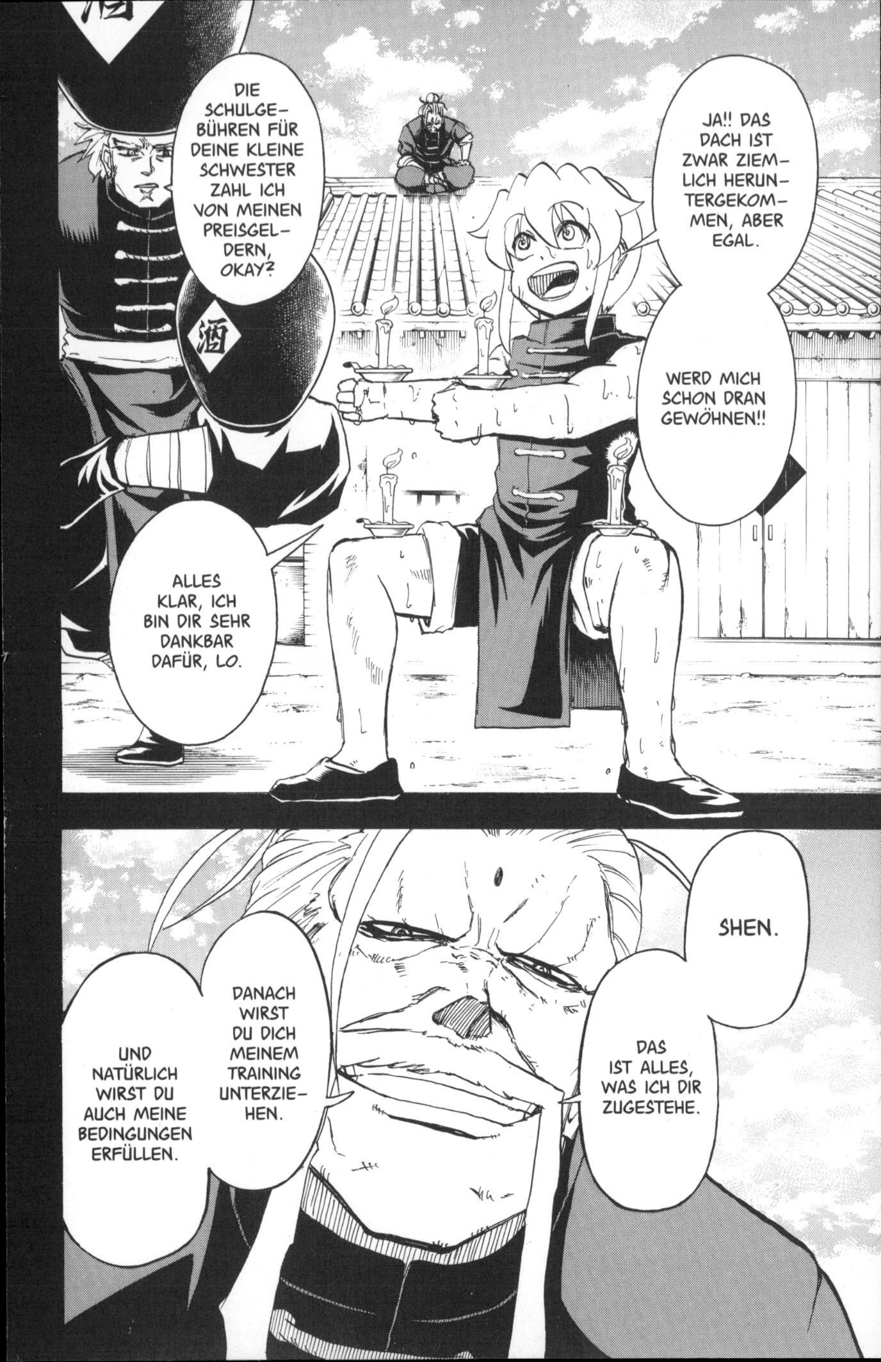
JA!! DAS DACH IST ZWAR ZIEMLICH HERUNTERGEKOMMEN, ABER EGAL.
WERD MICH SCHON DRAN GEWÖHNEN!!
DIE SCHULGEBÜHREN FÜR DEINE KLEINE SCHWESTER ZAHL ICH VON MEINEN PREISGELDERN, OKAY?
ALLES KLAR, ICH BIN DIR SEHR DANKBAR DAFÜR, LO.
SHEN.
DAS IST ALLES, WAS ICH DIR ZUGESTEHE.
DANACH WIRST DU DICH MEINEM TRAINING UNTERZIEHEN.
UND NATÜRLICH WIRST DU AUCH MEINE BEDINGUNGEN ERFÜLLEN.

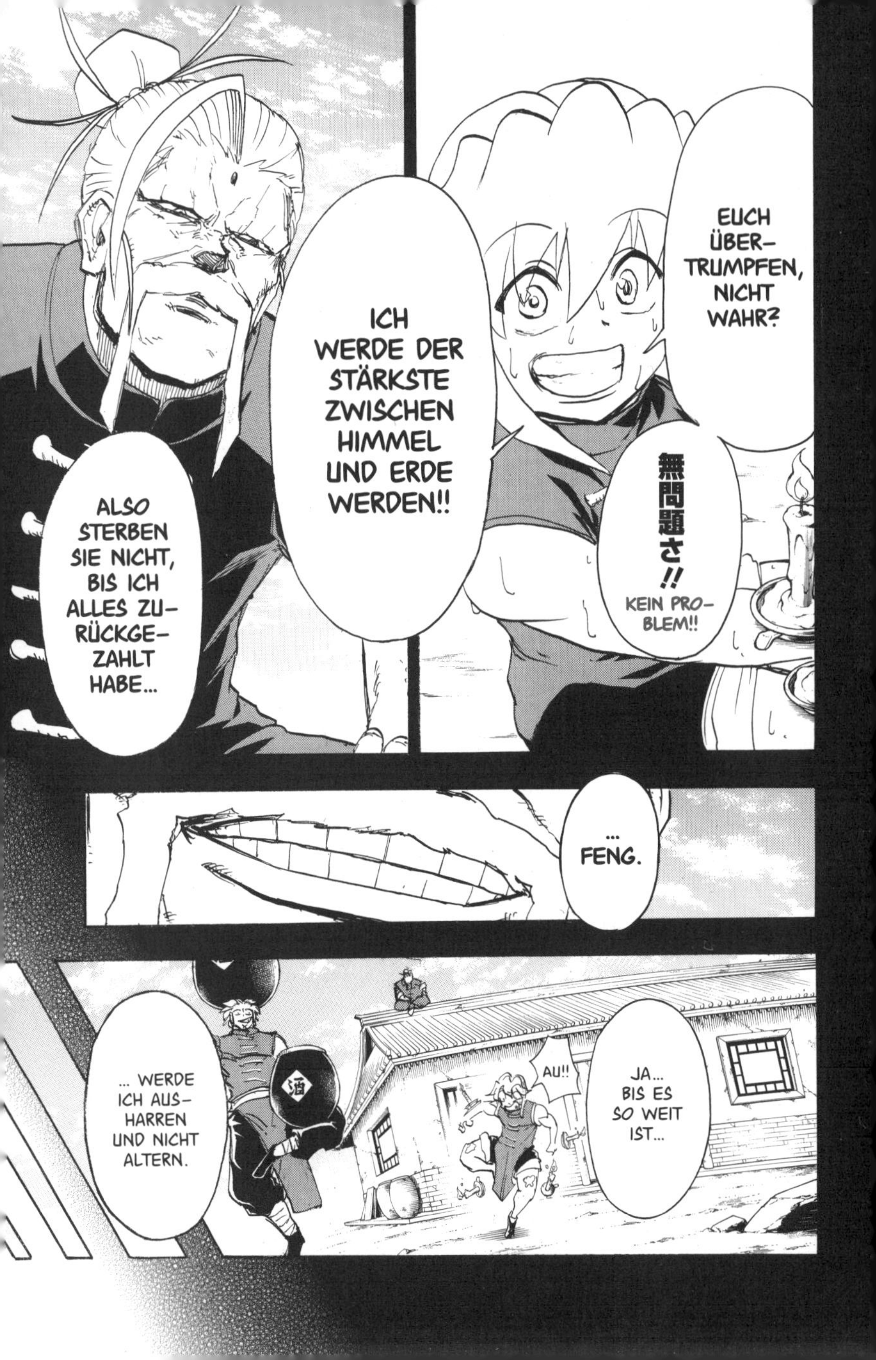

EUCH ÜBER-TRUMPFEN, NICHT WAHR?
無問題さ!!
KEIN PROBLEM!!
ICH WERDE DER STÄRKSTE ZWISCHEN HIMMEL UND ERDE WERDEN!!
ALSO STERBEN SIE NICHT, BIS ICH ALLES ZURÜCKGEZAHLT HABE...
... FENG.
JA... BIS ES SO WEIT IST...
AU!!
... WERDE ICH AUSHARREN UND NICHT ALTERN.

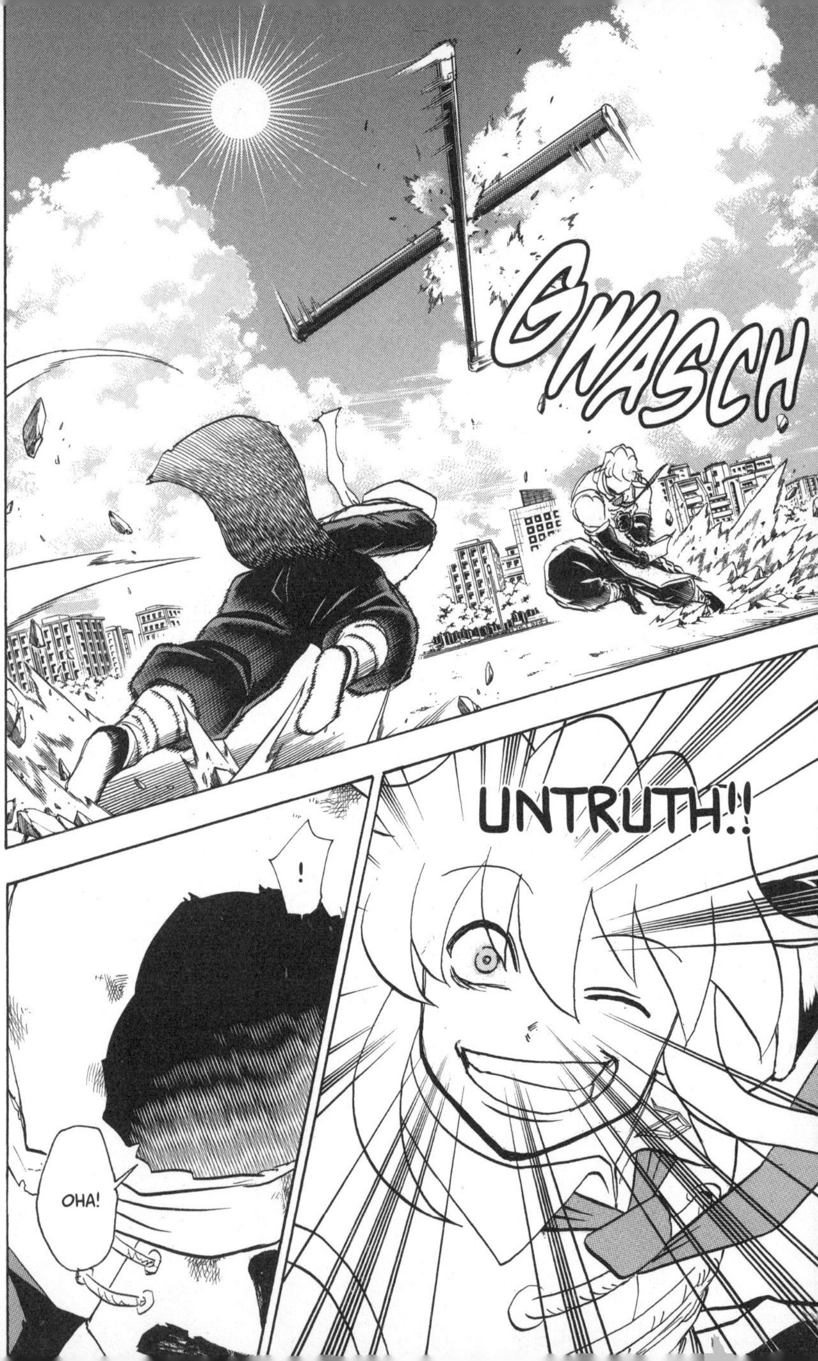
GWASCH
UNTRUTH!!
!
OHA!

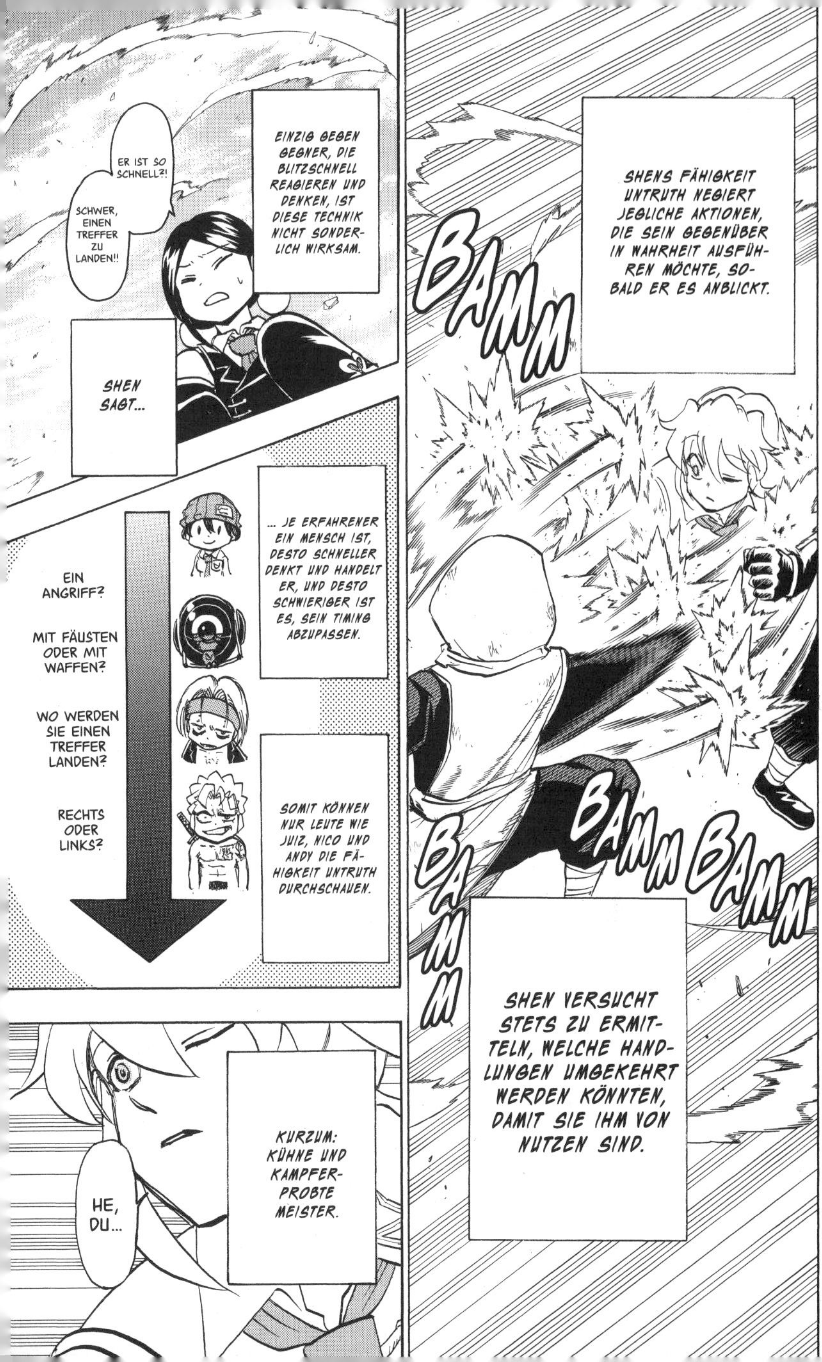

SHENS FÄHIGKEIT UNTRUTH NEGIERT JEGLICHE AKTIONEN, DIE SEIN GEGENÜBER IN WAHRHEIT AUSFÜHREN MÖCHTE, SOBALD ER ES ANBLICKT.
BAMM
BAMM
BAMM
BAMM
BAMM
SHEN VERSUCHT STETS ZU ERMITTELN, WELCHE HANDLUNGEN UMGEKEHRT WERDEN KÖNNTEN, DAMIT SIE IHM VON NUTZEN SIND.
EINZIG GEGEN GEGNER, DIE BLITZSCHNELL REAGIEREN UND DENKEN, IST DIESE TECHNIK NICHT SONDERLICH WIRKSAM.
ER IST SO SCHNELL?!
SCHWER, EINEN TREFFER ZU LANDEN!!
SHEN SAGT...
... JE ERFAHRENER EIN MENSCH IST, DESTO SCHNELLER DENKT UND HANDELT ER, UND DESTO SCHWIERIGER IST ES, SEIN TIMING ABZUPASSEN.
EIN ANGRIFF?
MIT FÄUSTEN ODER MIT WAFFEN?
WO WERDEN SIE EINEN TREFFER LANDEN?
RECHTS ODER LINKS?
SOMIT KÖNNEN NUR LEUTE WIE JUIZ, NICO UND ANDY DIE FÄHIGKEIT UNTRUTH DURCHSCHAUEN.
KURZUM: KÜHNE UND KAMPFERPROBTE MEISTER.
HE, DU...

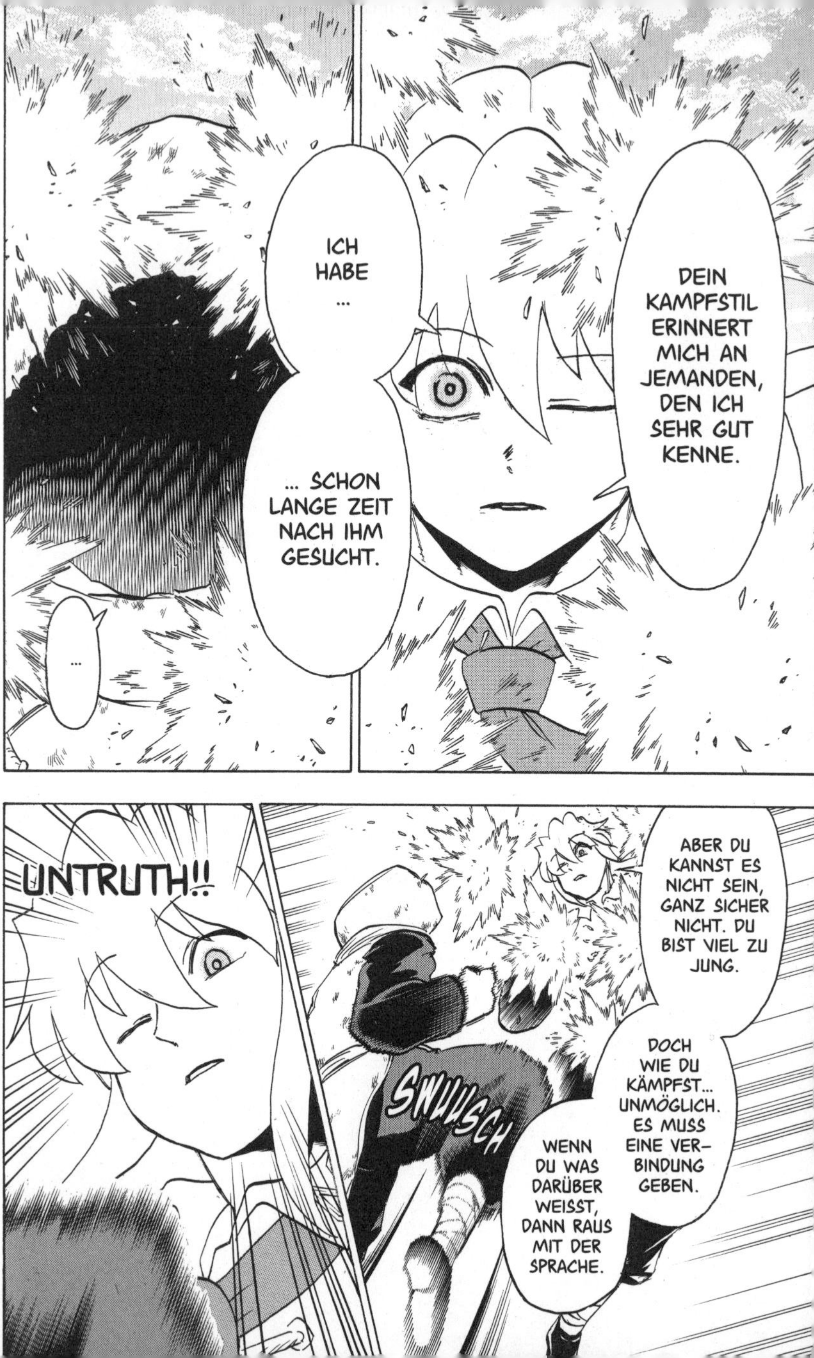
DEIN KAMPFSTIL ERINNERT MICH AN JEMANDEN, DEN ICH SEHR GUT KENNE.
ICH HABE ...
... SCHON LANGE ZEIT NACH IHM GESUCHT.
...
ABER DU KANNST ES NICHT SEIN, GANZ SICHER NICHT. DU BIST VIEL ZU JUNG.
DOCH WIE DU KÄMPFST... UNMÖGLICH. ES MUSS EINE VER-BINDUNG GEBEN.
WENN DU WAS DARÜBER WEISST, DANN RAUS MIT DER SPRACHE.
SWUUSCH
UNTRUTH!!

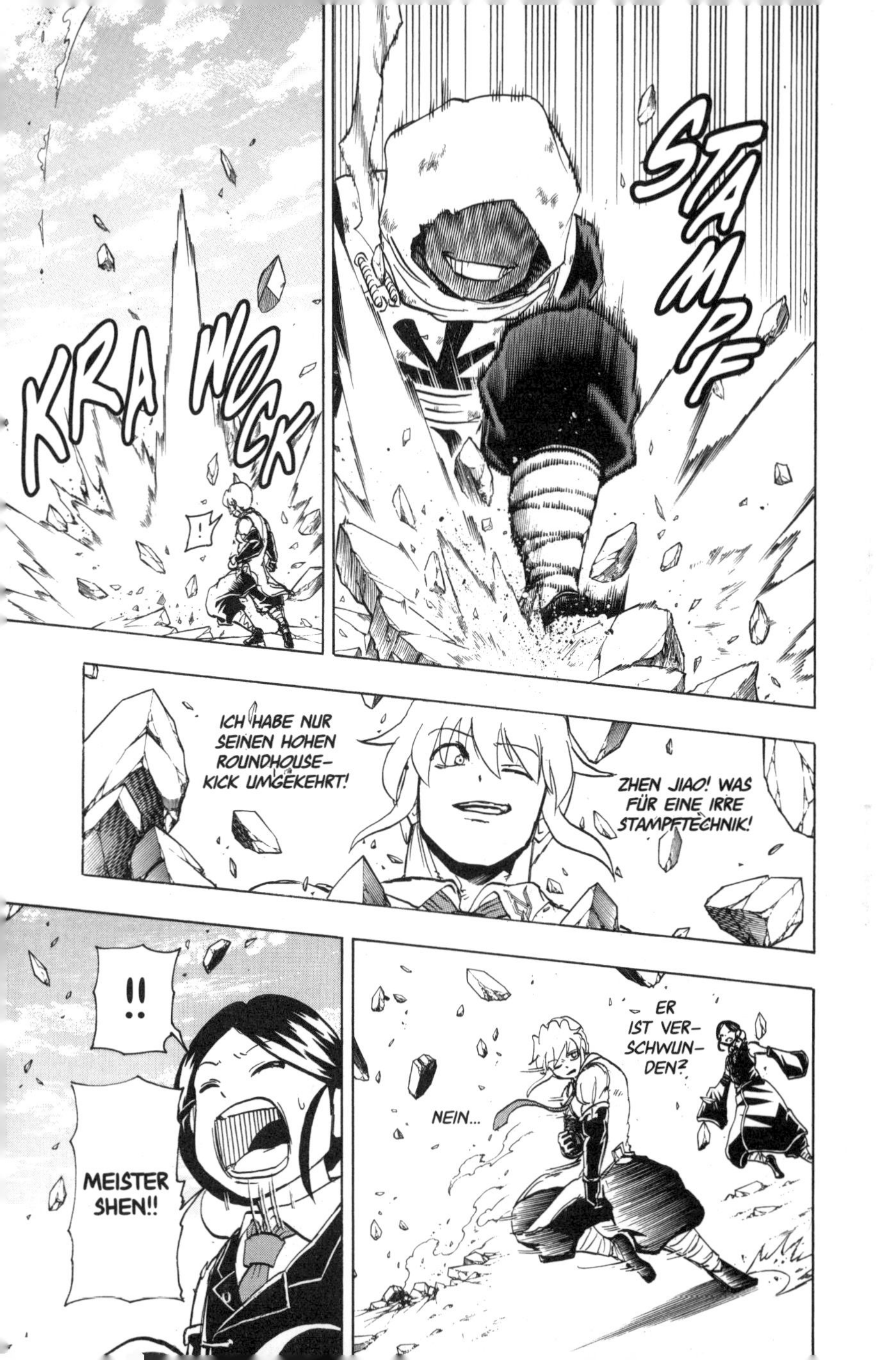
STAMPF
KRAWOCK
!
ZHEN JIAO! WAS FÜR EINE IRRE STAMPFTECHNIK!
ICH HABE NUR SEINEN HOHEN ROUNDHOUSE-KICK UMGEKEHRT!
ER IST VERSCHWUNDEN?
NEIN...
!!
MEISTER SHEN!!

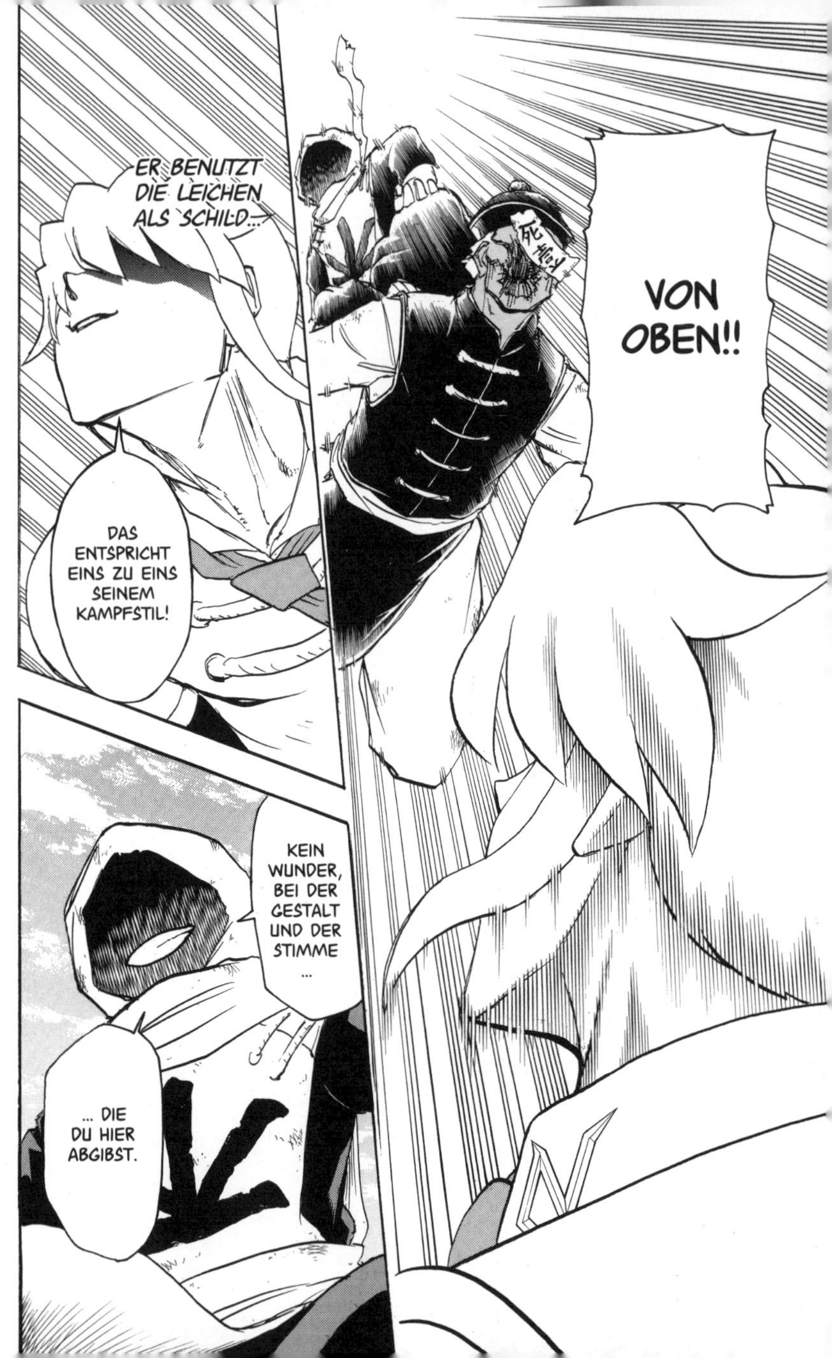
VON OBEN!!
ER BENUTZT DIE LEICHEN ALS SCHILD...
DAS ENTSPRICHT EINS ZU EINS SEINEM KAMPFSTIL!
KEIN WUNDER, BEI DER GESTALT UND DER STIMME ...
... DIE DU HIER ABGIBST.

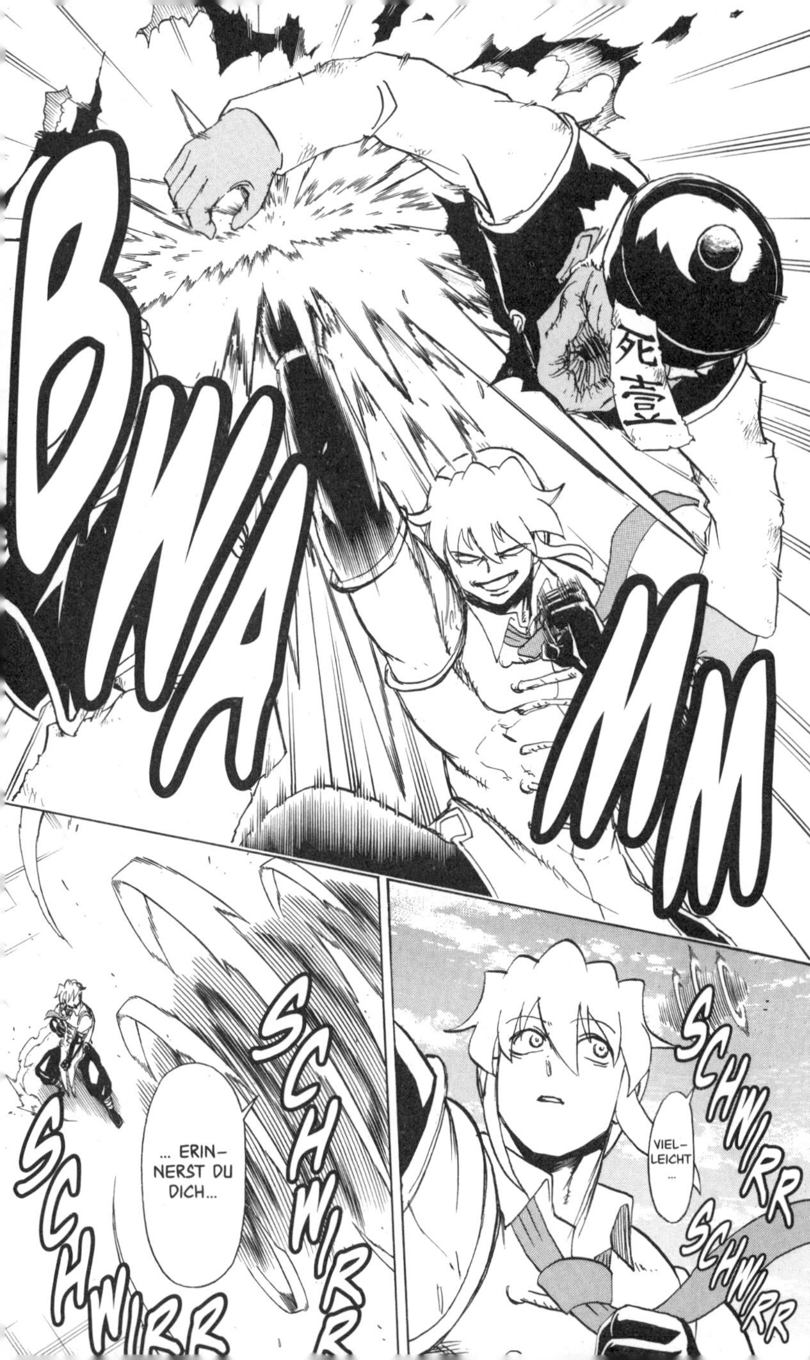
BWAMM
死壹
SCHWIRR
SCHWIRR
VIEL-
LEICHT
...
SCHWIRR
... ERIN-
NERST DU
DICH...
SCHWIRR

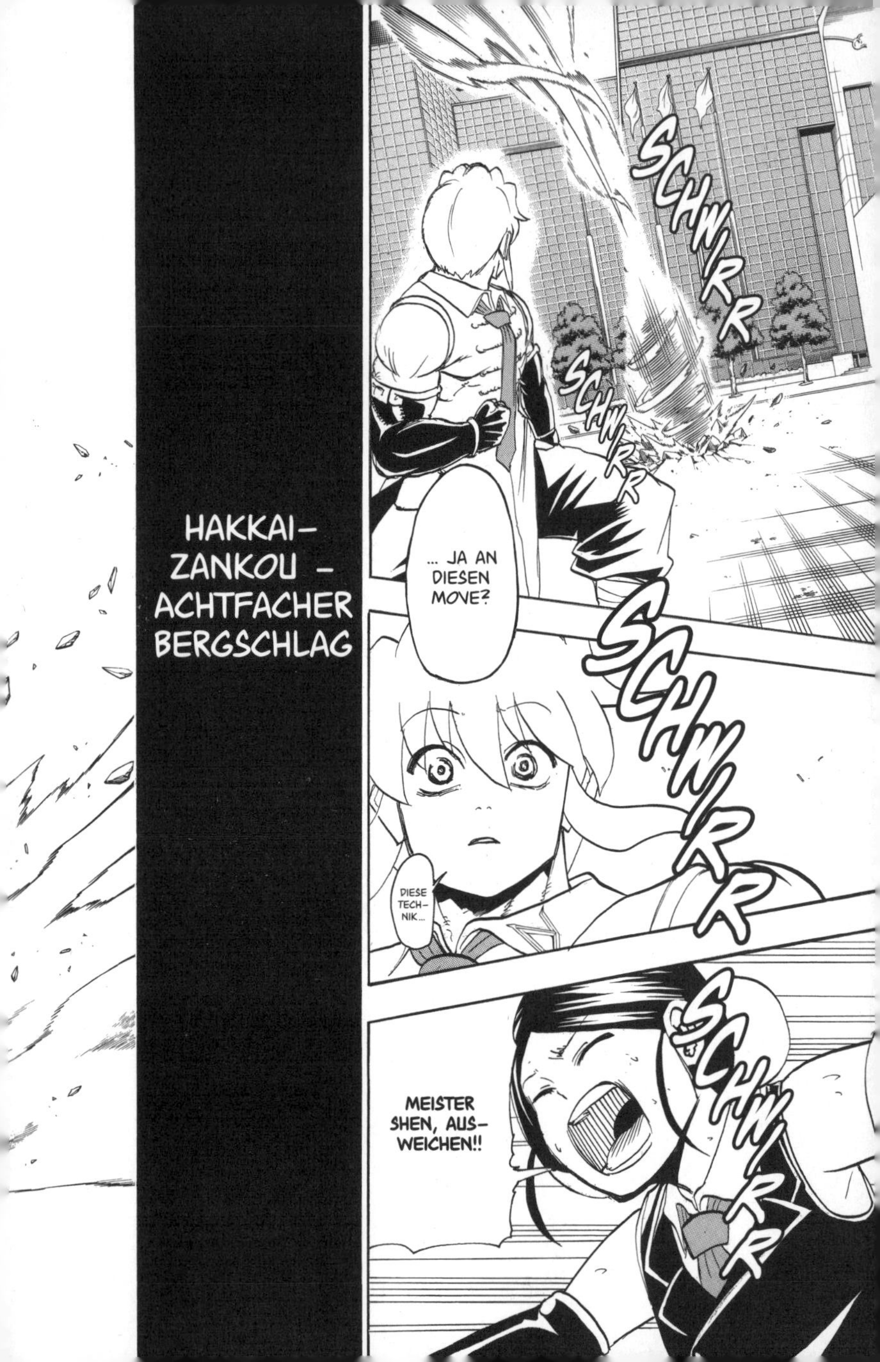
SCHWIRR
SCHWIRR
... JA AN DIESEN MOVE?
HAKKAI-ZANKOU - ACHTFACHER BERGSCHLAG
SCHWIRR
DIESE TECHNIK...
SCHWIRR
MEISTER SHEN, AUSWEICHEN!!

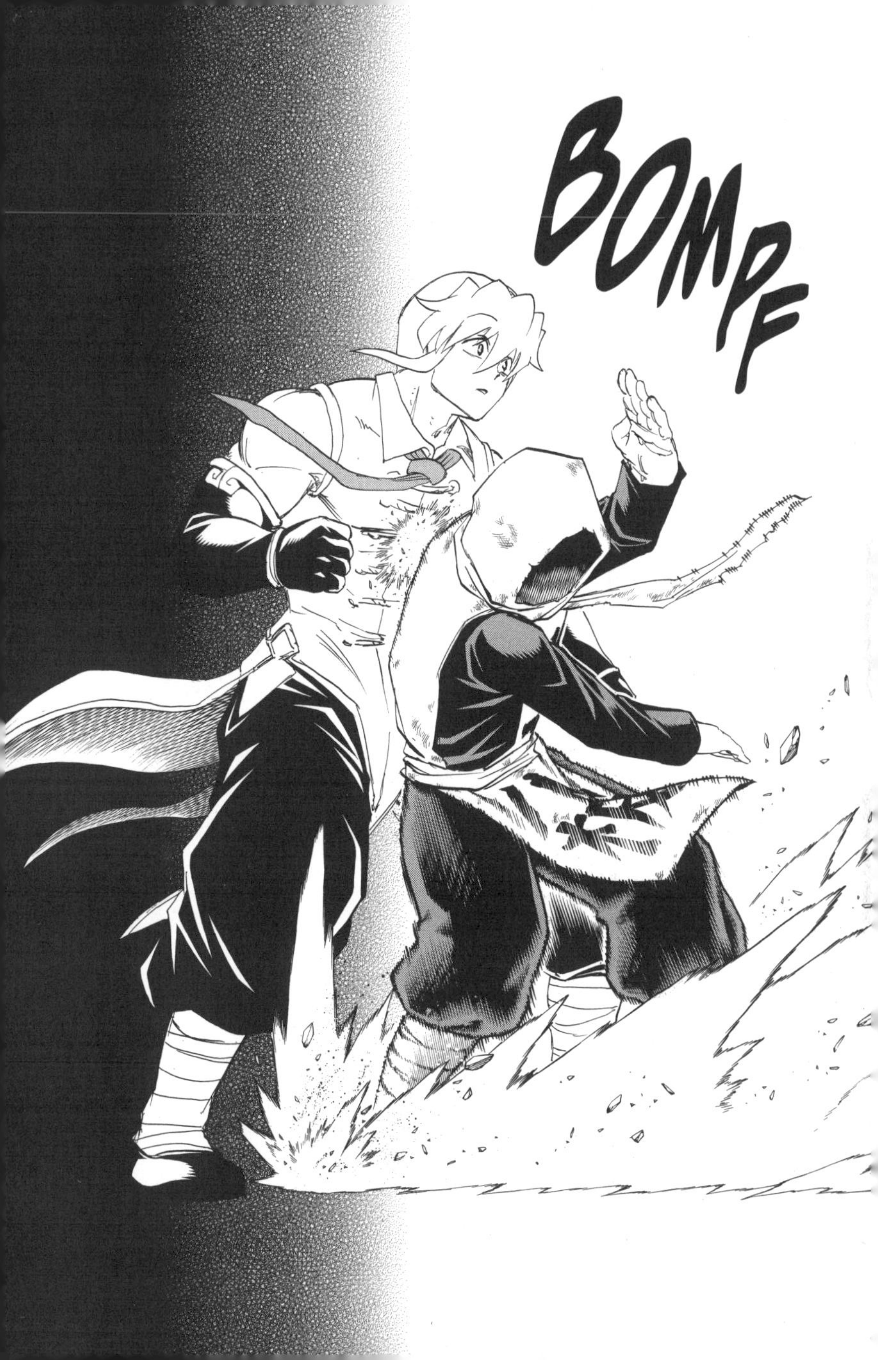
BOMPF

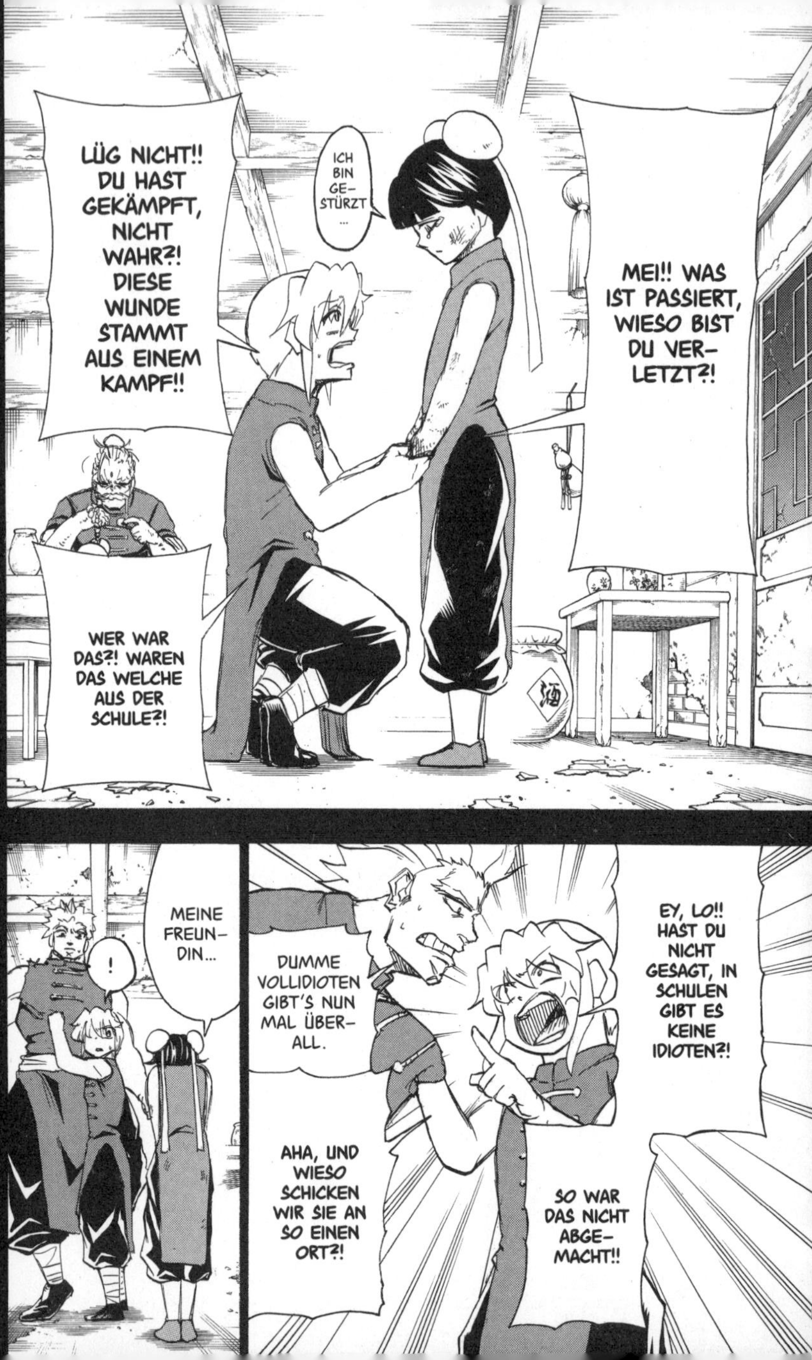
MEI!! WAS IST PASSIERT, WIESO BIST DU VERLETZT?!
ICH BIN GESTÜRZT ...
LÜG NICHT!! DU HAST GEKÄMPFT, NICHT WAHR?! DIESE WUNDE STAMMT AUS EINEM KAMPF!!
WER WAR DAS?! WAREN DAS WELCHE AUS DER SCHULE?!
EY, LO!! HAST DU NICHT GESAGT, IN SCHULEN GIBT ES KEINE IDIOTEN?!
SO WAR DAS NICHT ABGEMACHT!!
DUMME VOLLIDIOTEN GIBT'S NUN MAL ÜBERALL.
AHA, UND WIESO SCHICKEN WIR SIE AN SO EINEN ORT?!
MEINE FREUNDIN...
!

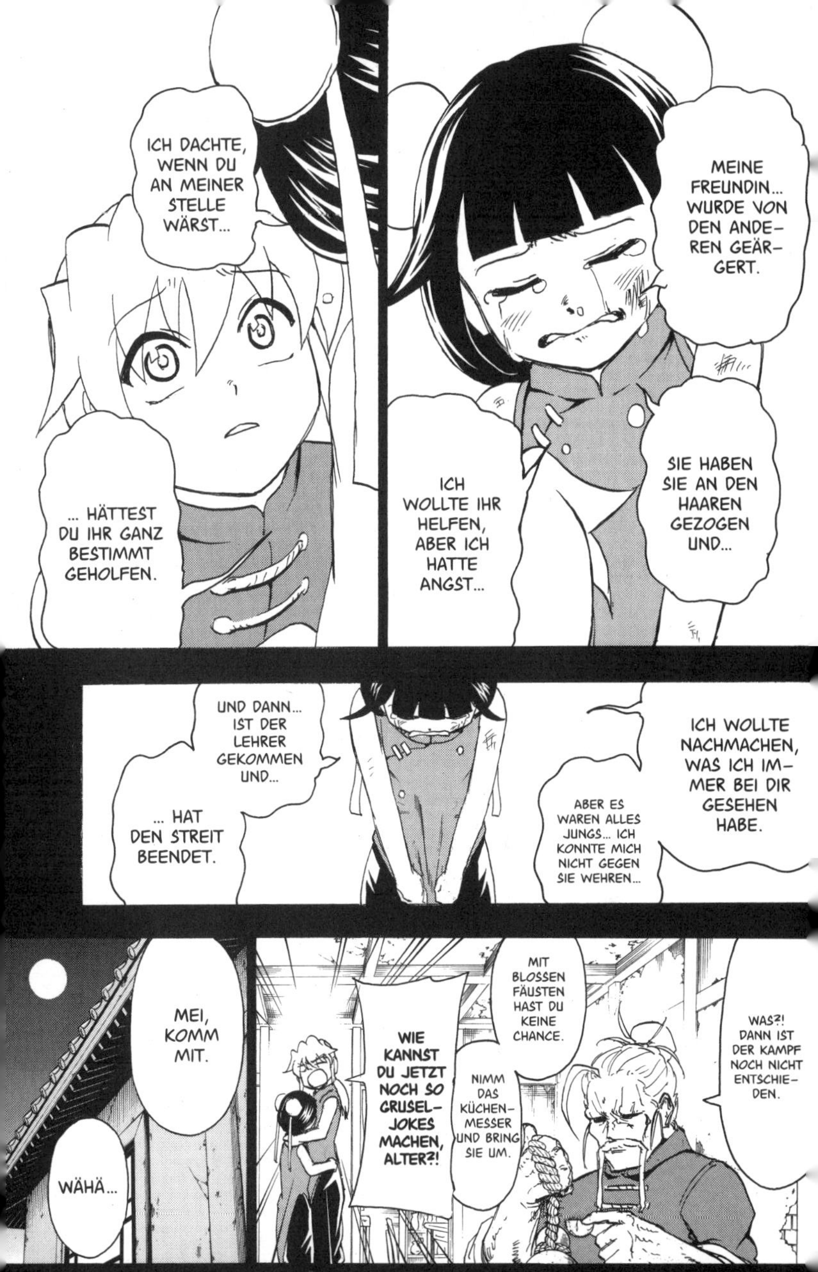
MEINE FREUNDIN... WURDE VON DEN ANDEREN GEÄRGERT.
SIE HABEN SIE AN DEN HAAREN GEZOGEN UND...
ICH WOLLTE IHR HELFEN, ABER ICH HATTE ANGST...
ICH DACHTE, WENN DU AN MEINER STELLE WÄRST...
... HÄTTEST DU IHR GANZ BESTIMMT GEHOLFEN.
ICH WOLLTE NACHMACHEN, WAS ICH IMMER BEI DIR GESEHEN HABE.
ABER ES WAREN ALLES JUNGS... ICH KONNTE MICH NICHT GEGEN SIE WEHREN...
UND DANN... IST DER LEHRER GEKOMMEN UND...
... HAT DEN STREIT BEENDET.
WAS?! DANN IST DER KAMPF NOCH NICHT ENTSCHIEDEN.
MIT BLOSSEN FÄUSTEN HAST DU KEINE CHANCE.
NIMM DAS KÜCHENMESSER UND BRING SIE UM.
WIE KANNST DU JETZT NOCH SO GRUSEL-JOKES MACHEN, ALTER?!
MEI, KOMM MIT.
WÄHÄ...

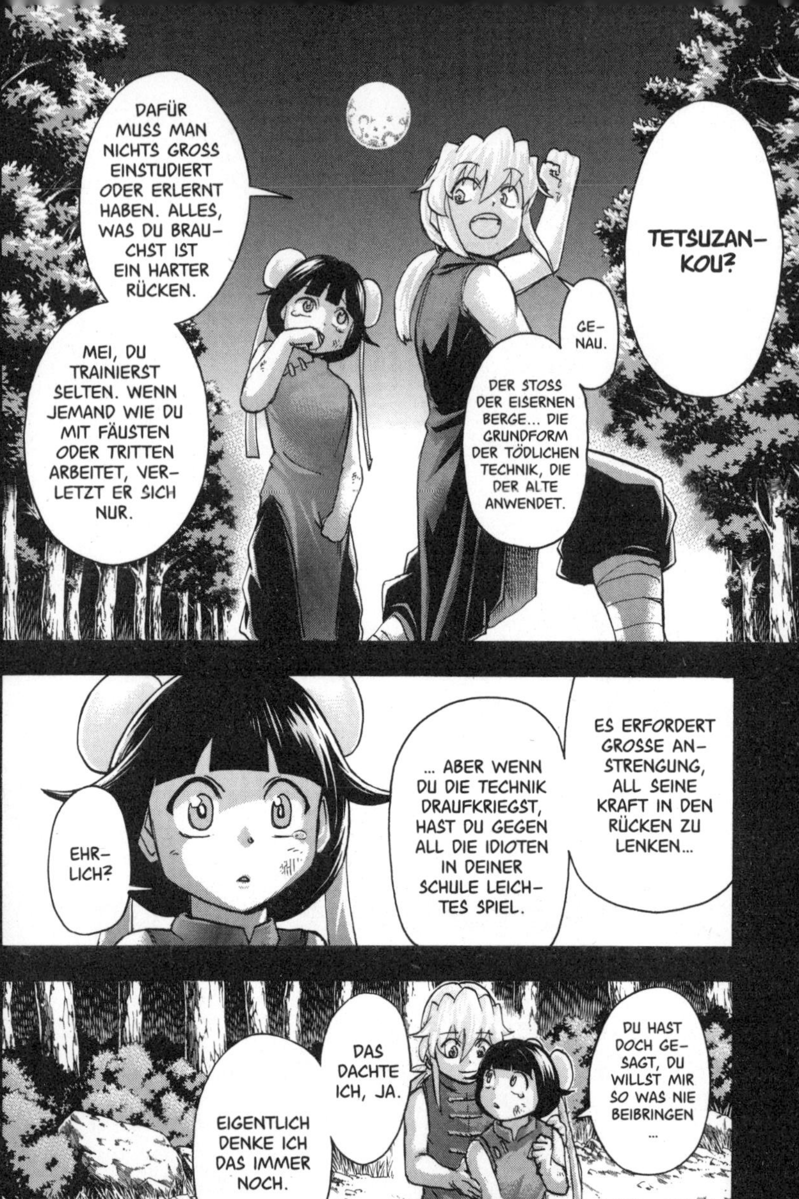
TETSUZAN-KOU?
GE-NAU.
DER STOSS DER EISERNEN BERGE... DIE GRUNDFORM DER TÖDLICHEN TECHNIK, DIE DER ALTE ANWENDET.
DAFÜR MUSS MAN NICHTS GROSS EINSTUDIERT ODER ERLERNT HABEN. ALLES, WAS DU BRAU-CHST IST EIN HARTER RÜCKEN.
MEI, DU TRAINIERST SELTEN. WENN JEMAND WIE DU MIT FÄUSTEN ODER TRITTEN ARBEITET, VER-LETZT ER SICH NUR.
ES ERFORDERT GROSSE AN-STRENGUNG, ALL SEINE KRAFT IN DEN RÜCKEN ZU LENKEN...
... ABER WENN DU DIE TECHNIK DRAUFKRIEGST, HAST DU GEGEN ALL DIE IDIOTEN IN DEINER SCHULE LEICH-TES SPIEL.
EHR-LICH?
DU HAST DOCH GE-SAGT, DU WILLST MIR SO WAS NIE BEIBRINGEN ...
DAS DACHTE ICH, JA.
EIGENTLICH DENKE ICH DAS IMMER NOCH.

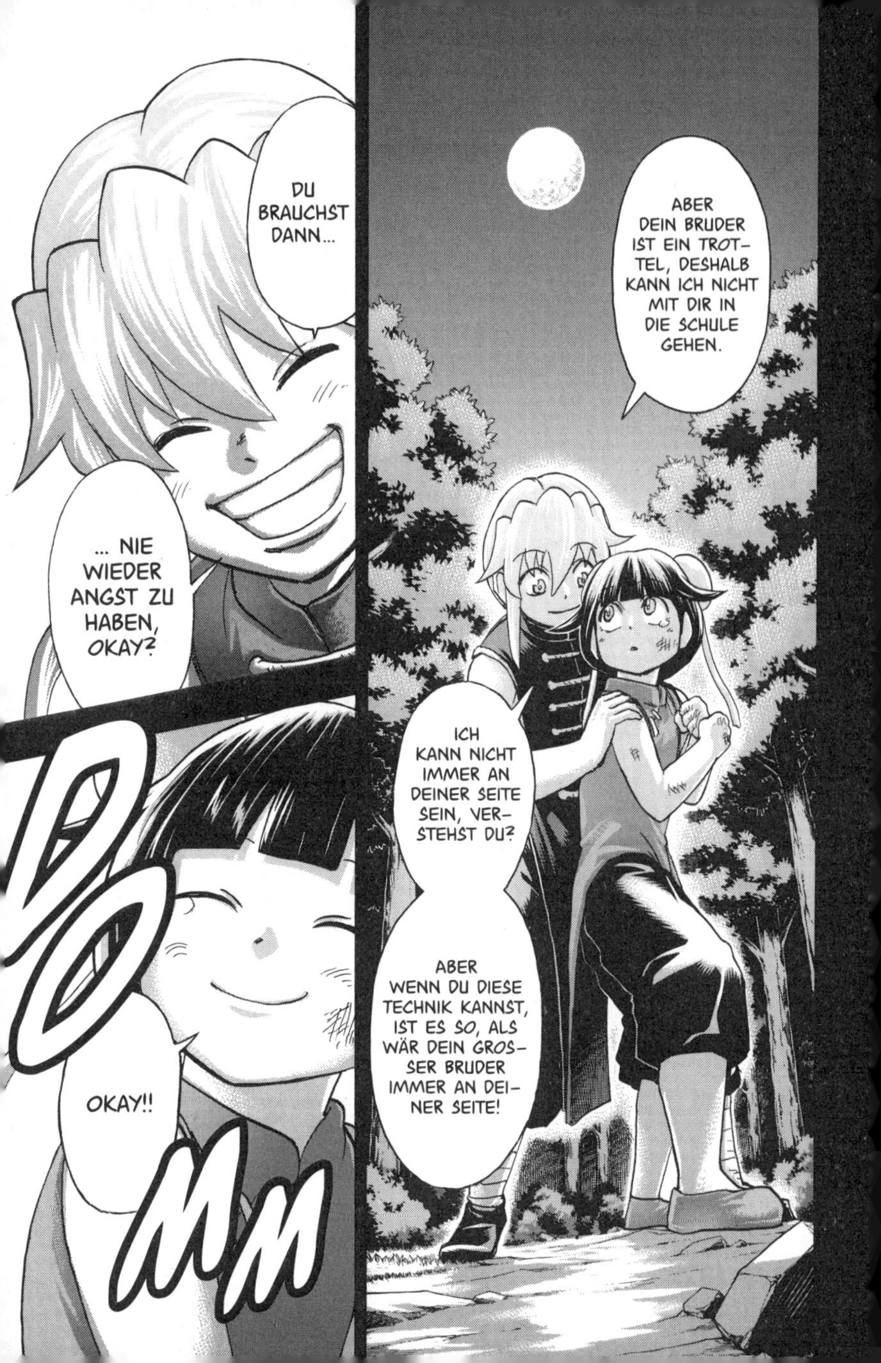
ABER DEIN BRUDER IST EIN TROTTEL, DESHALB KANN ICH NICHT MIT DIR IN DIE SCHULE GEHEN.
ICH KANN NICHT IMMER AN DEINER SEITE SEIN, VERSTEHST DU?
ABER WENN DU DIESE TECHNIK KANNST, IST ES SO, ALS WÄR DEIN GROSSER BRUDER IMMER AN DEINER SEITE!
DU BRAUCHST DANN...
... NIE WIEDER ANGST ZU HABEN, OKAY?
OKAY!!

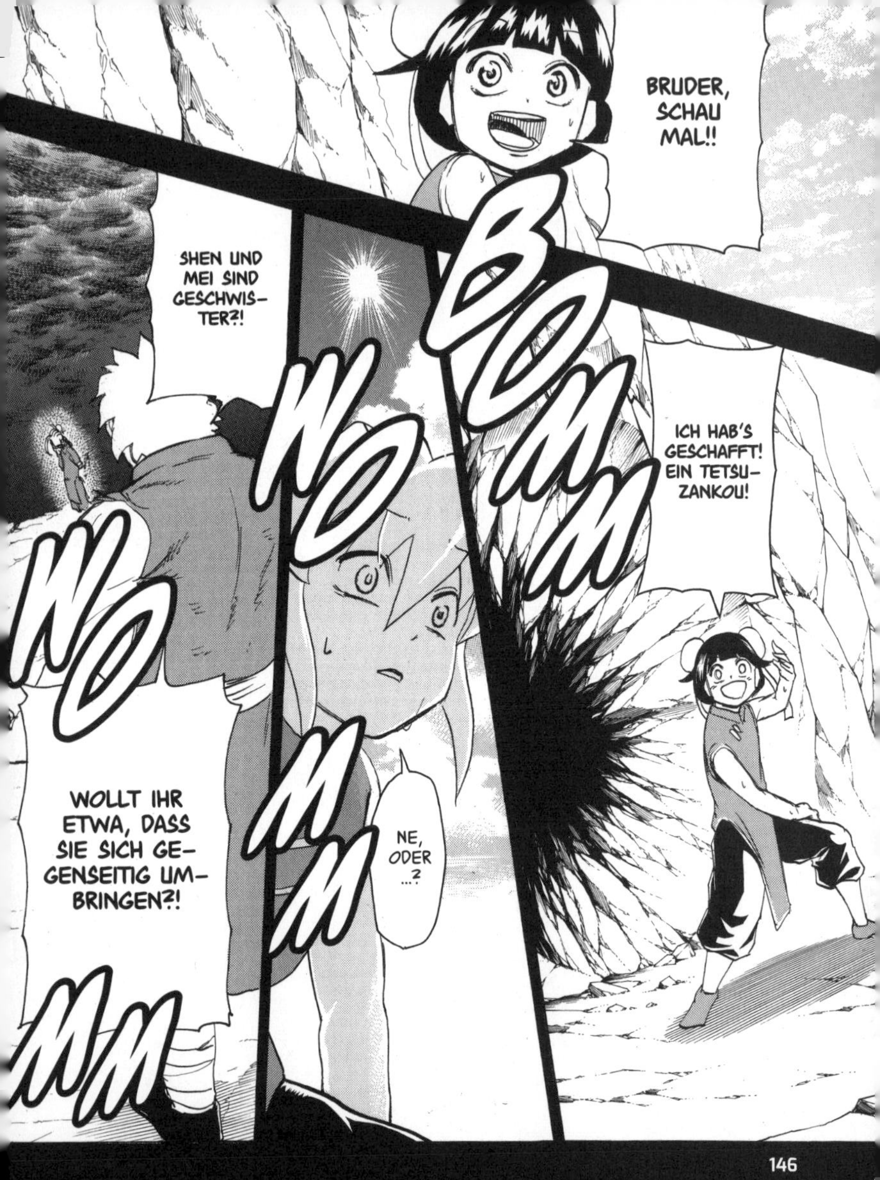
BRUDER, SCHAU MAL!!
ICH HAB'S GESCHAFFT! EIN TETSU-ZANKOU!
SHEN UND MEI SIND GESCHWISTER?!
NE, ODER ...?
WOLLT IHR ETWA, DASS SIE SICH GEGENSEITIG UMBRINGEN?!

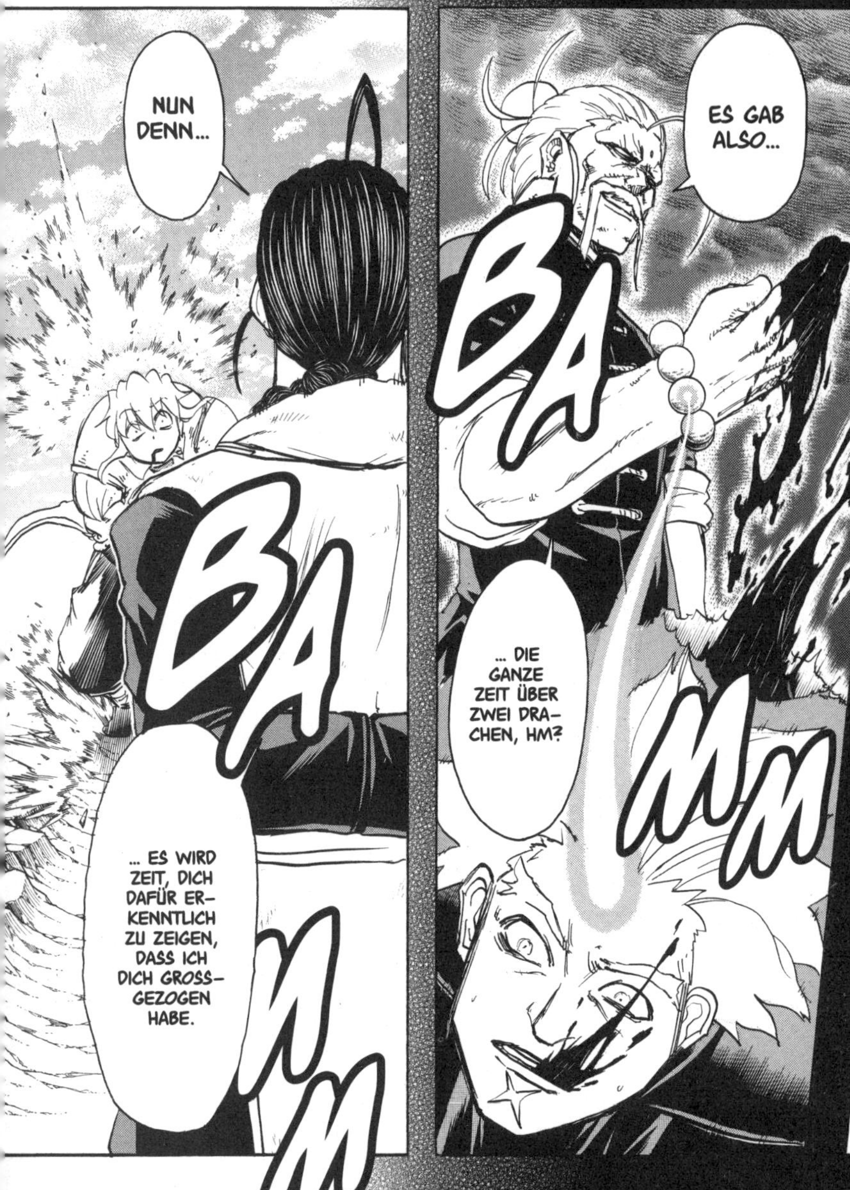
ES GAB ALSO...
BAMM
... DIE GANZE ZEIT ÜBER ZWEI DRACHEN, HM?
NUN DENN...
BAMM
... ES WIRD ZEIT, DICH DAFÜR ERKENNTLICH ZU ZEIGEN, DASS ICH DICH GROSSGEZOGEN HABE.

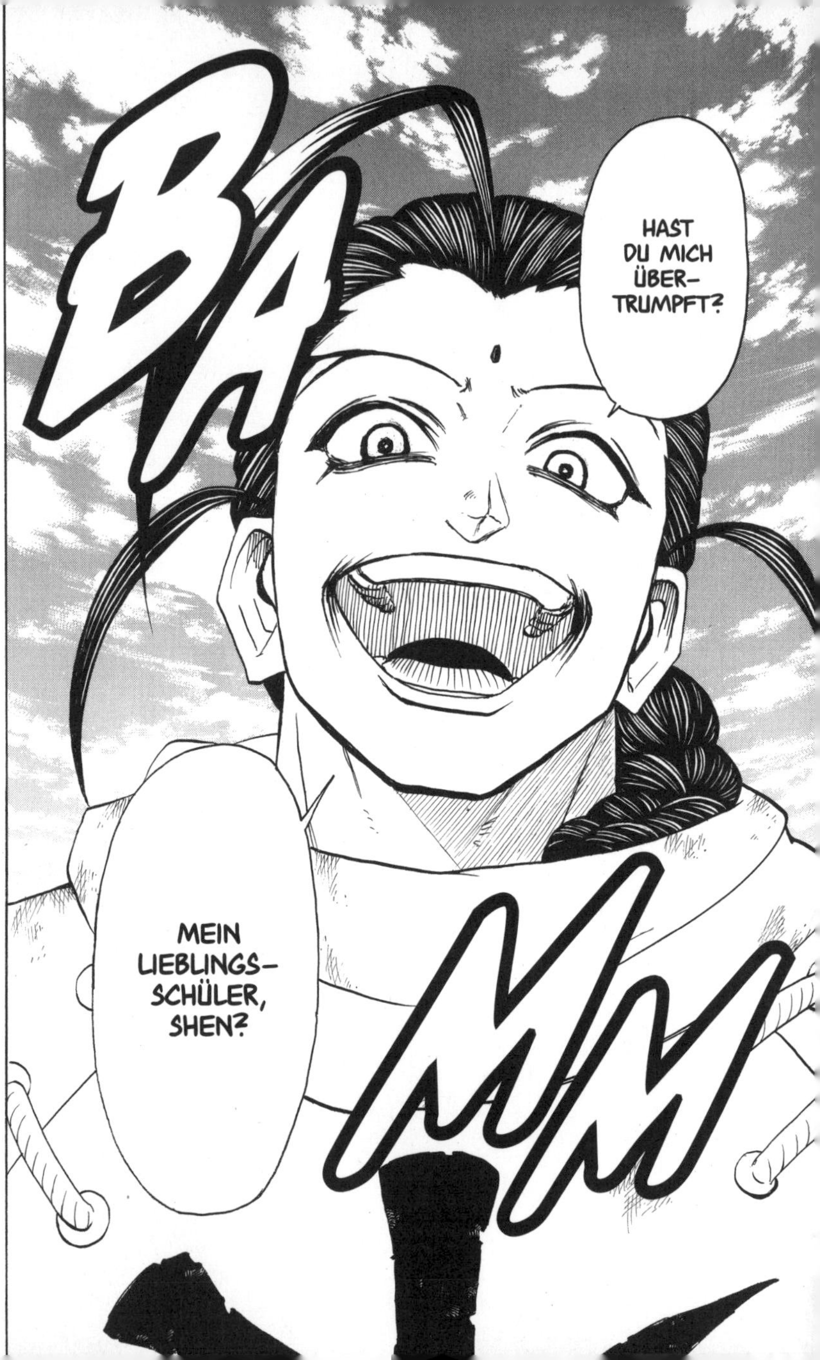
HAST DU MICH ÜBER-TRUMPFT?
MEIN LIEBLINGS-SCHÜLER, SHEN?
BA
MM

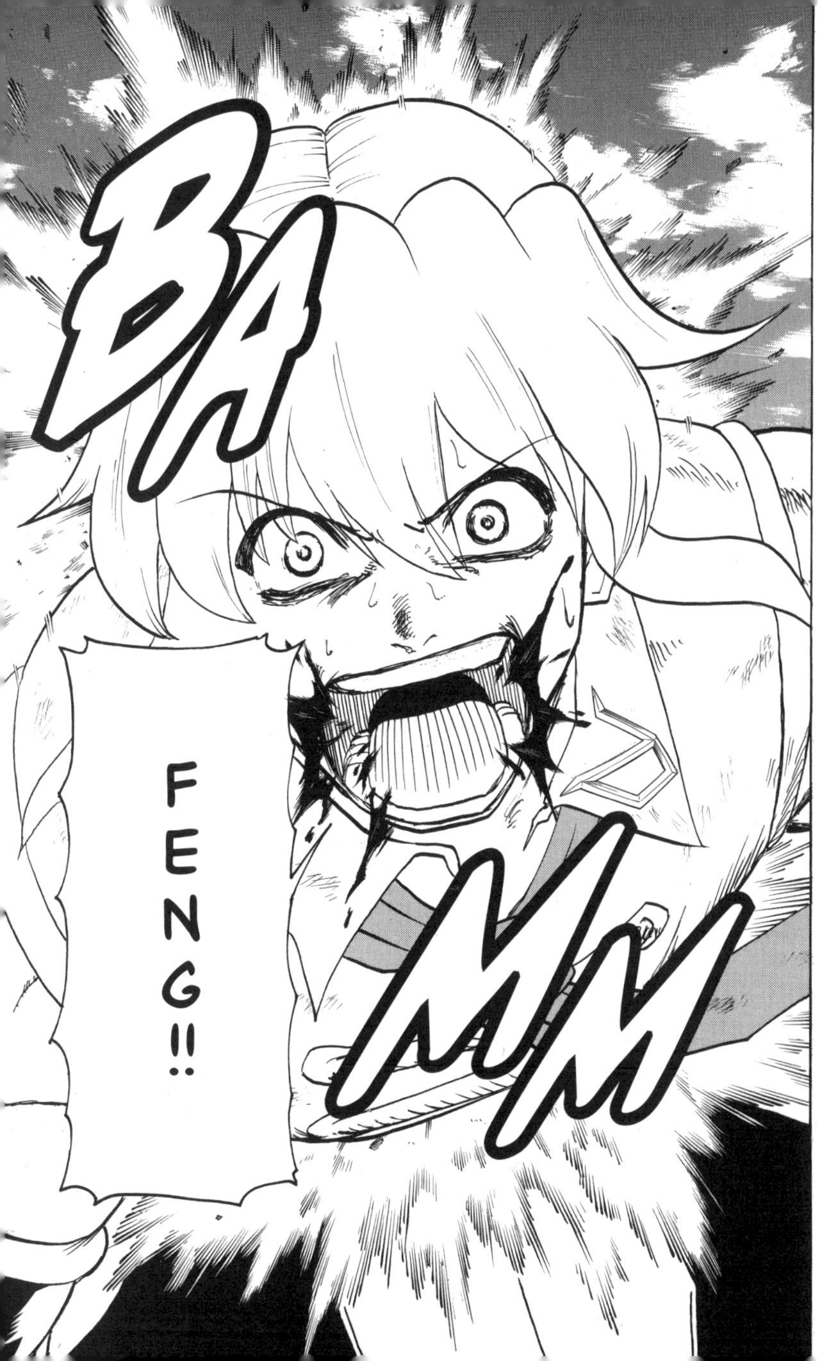
BAMM
FENG!!

ARTEFAKT GAME OF DEATH

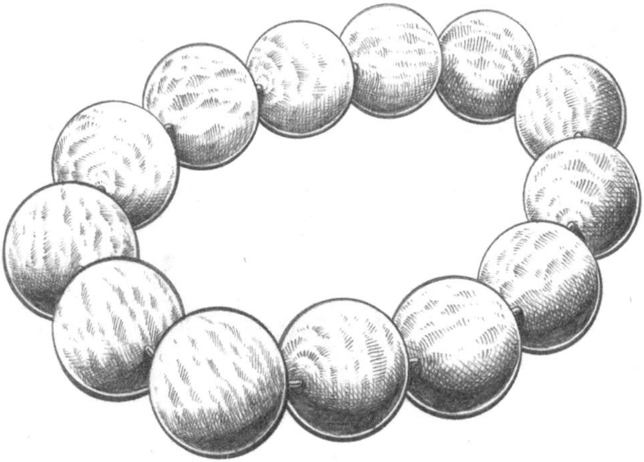

DER BESITZER KANN ALL JENE, DIE ER GETÖTET HAT, IN EINE DER GEBETSKUGELN VERFRACHTEN UND SIE DADURCH ALS UNTOTE JIANG SHI KONTROLLIEREN. DIE ZU JIANG SHI VERWANDELTEN UNTERLIEGEN ZWEI GESETZEN:
1. DEN EIGENTÜMER BESCHÜTZEN, 2. DEN ANWEISUNGEN DES EIGENTÜMERS STETS FOLGE LEISTEN.
WENN DER BESITZER STIRBT ODER AUSGETAUSCHT WIRD, VERSCHWINDEN AUCH DIE JIANG SHI UND ES BLEIBEN NUR LEERE GEBETSKUGELN ZURÜCK.

No. 060 Wahrheit

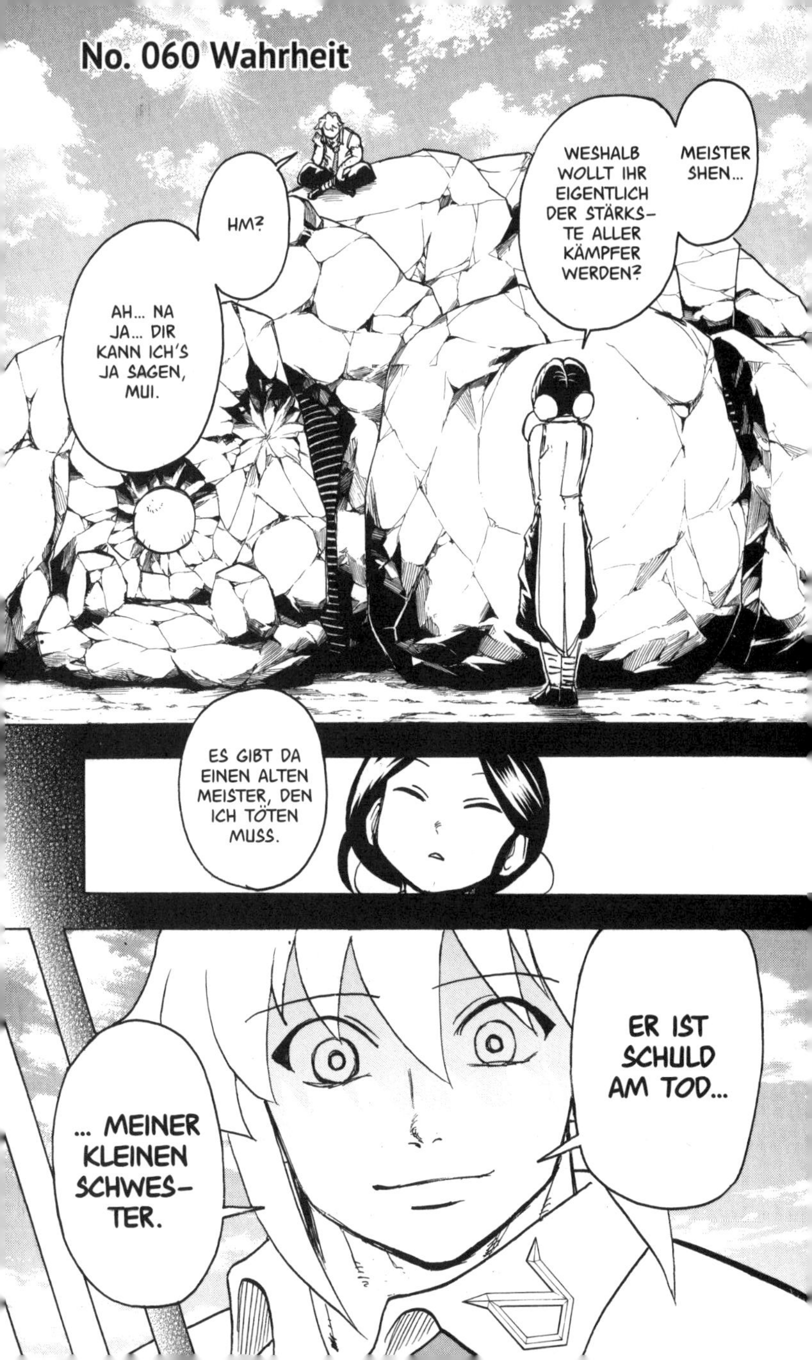

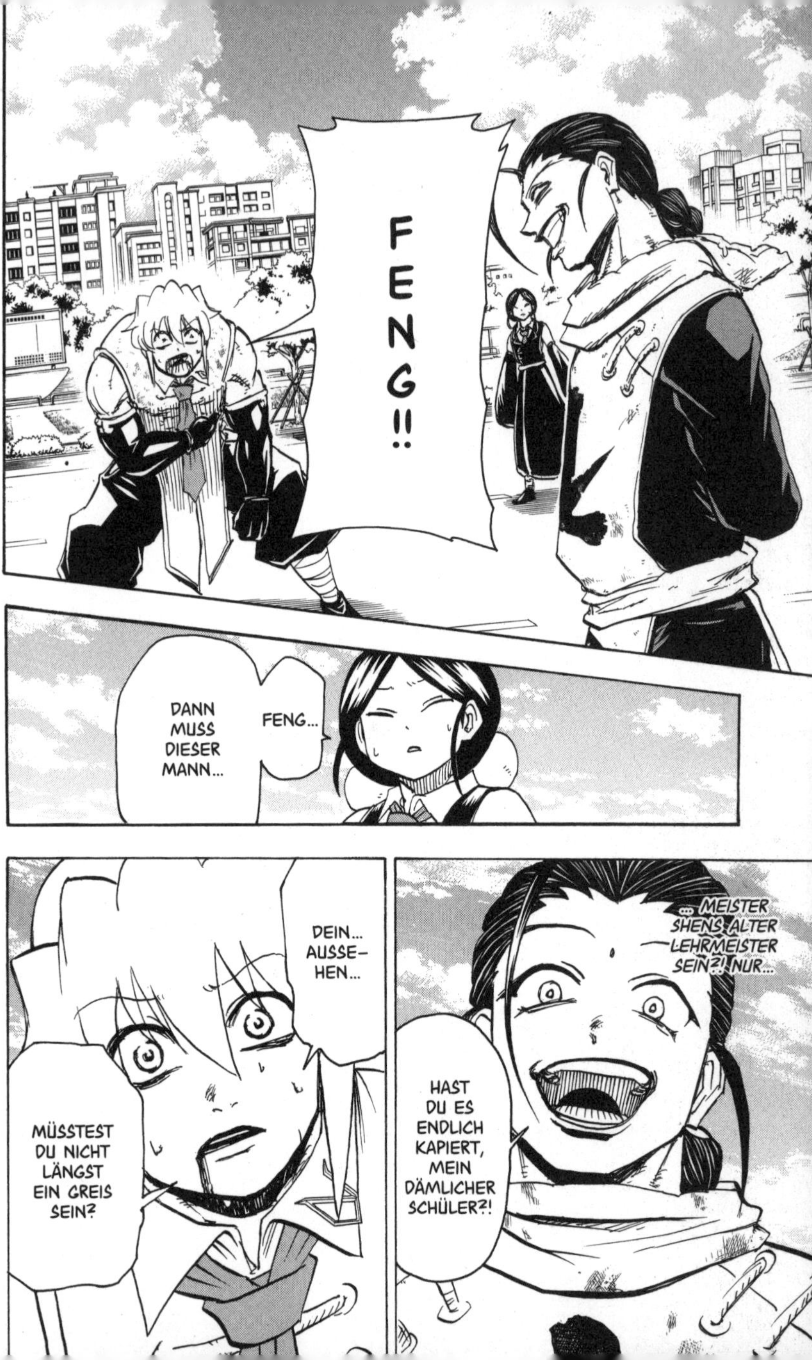
FENG!!
FENG...
DANN MUSS DIESER MANN...
... MEISTER SHENS ALTER LEHRMEISTER SEIN?! NUR...
DEIN... AUSSE-HEN...
HAST DU ES ENDLICH KAPIERT, MEIN DÄMLICHER SCHÜLER?!
MÜSSTEST DU NICHT LÄNGST EIN GREIS SEIN?

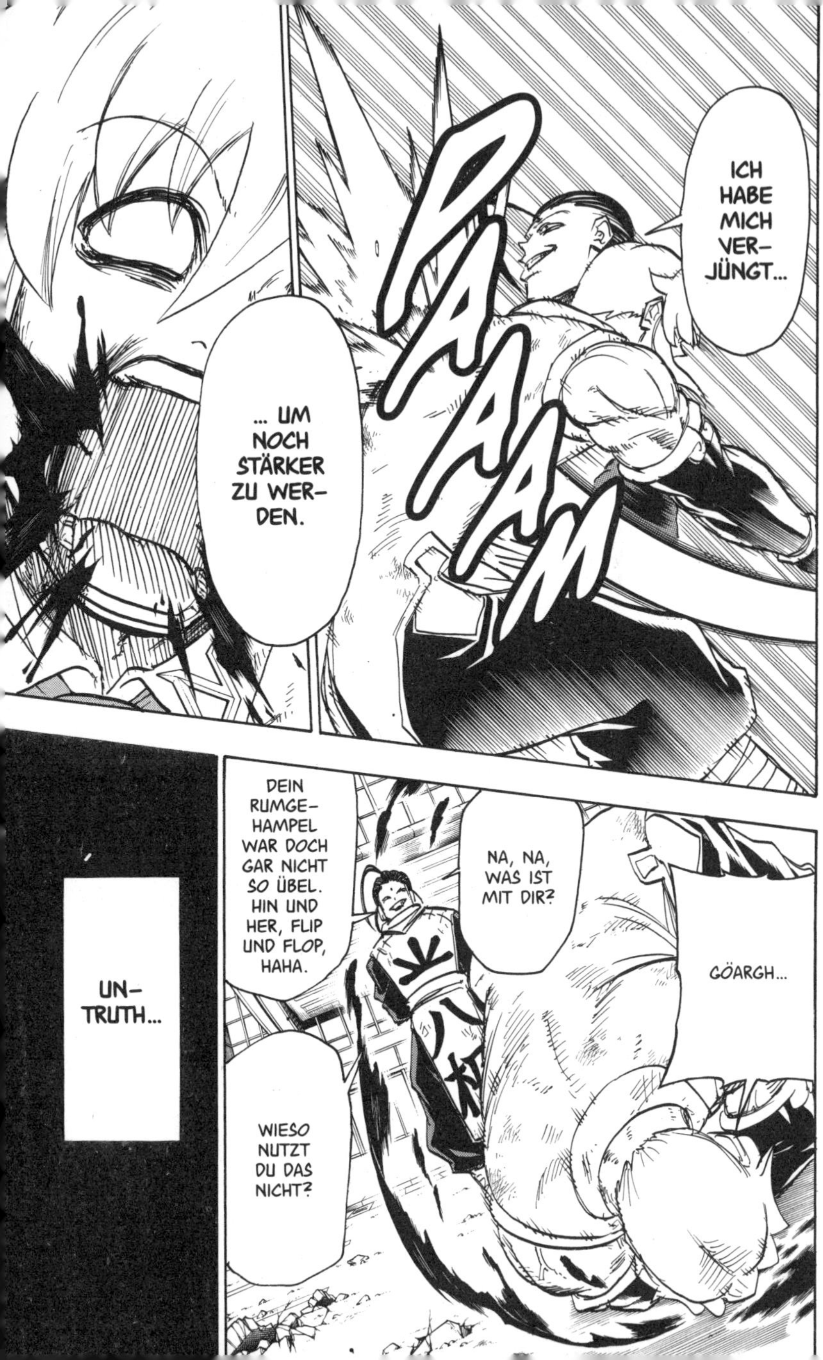
ICH HABE MICH VERJÜNGT...
DAAAM
... UM NOCH STÄRKER ZU WERDEN.
GÖARGH...
NA, NA, WAS IST MIT DIR?
DEIN RUMGEHAMPEL WAR DOCH GAR NICHT SO ÜBEL. HIN UND HER, FLIP UND FLOP, HAHA.
WIESO NUTZT DU DAS NICHT?
UNTRUTH...

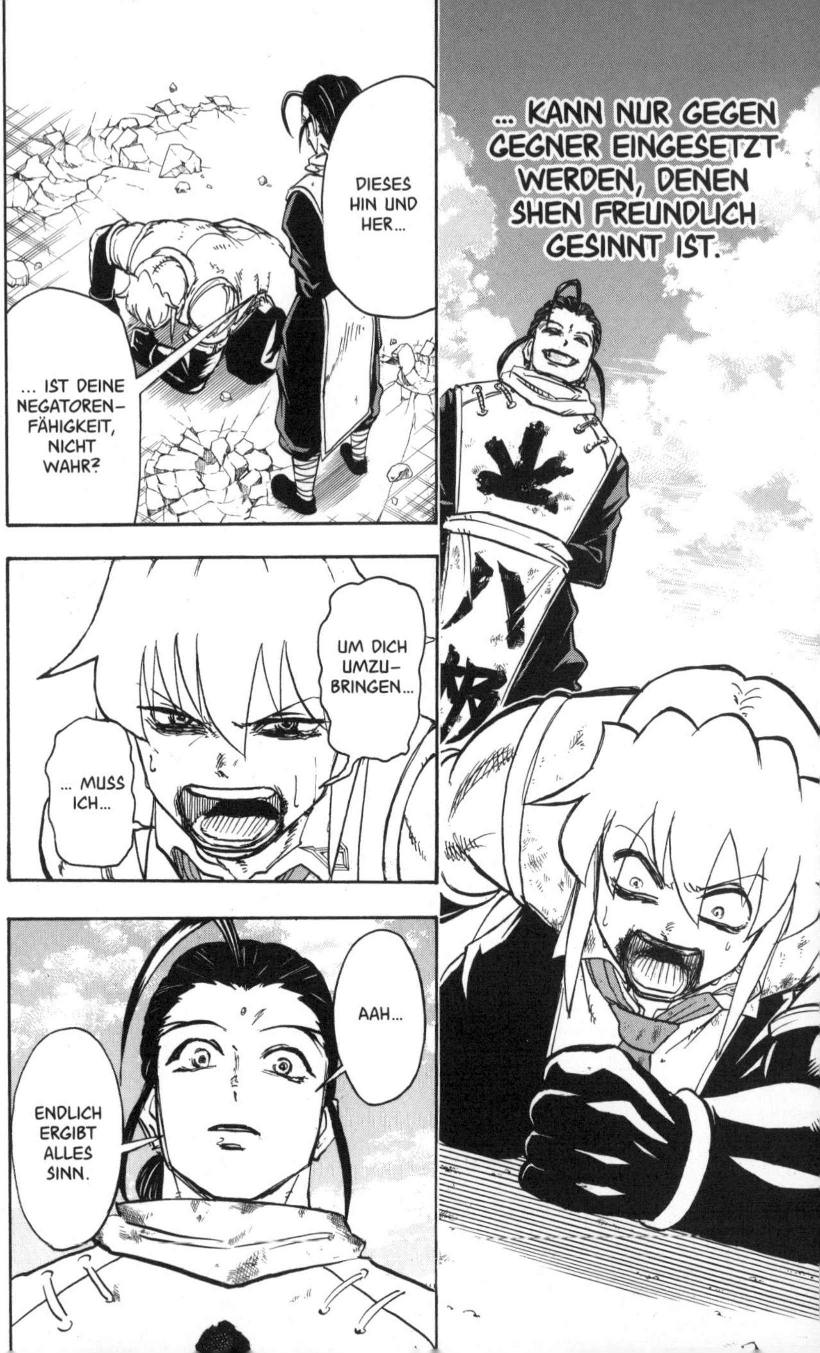

... KANN NUR GEGEN GEGNER EINGESETZT WERDEN, DENEN SHEN FREUNDLICH GESINNT IST.
DIESES HIN UND HER...
... IST DEINE NEGATOREN-FÄHIGKEIT, NICHT WAHR?
UM DICH UMZU-BRINGEN...
... MUSS ICH...
AAH...
ENDLICH ERGIBT ALLES SINN.

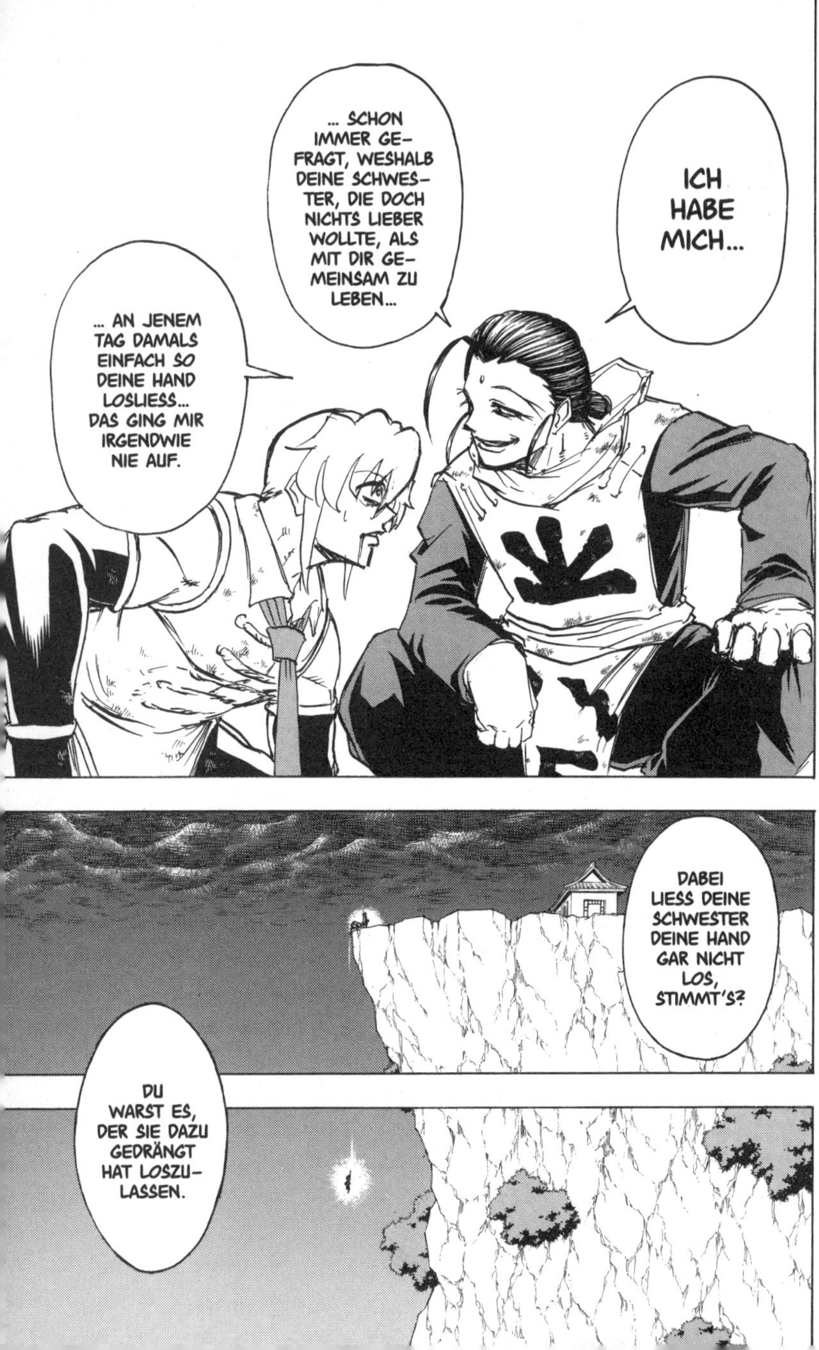
ICH HABE MICH...
... SCHON IMMER GE-FRAGT, WESHALB DEINE SCHWES-TER, DIE DOCH NICHTS LIEBER WOLLTE, ALS MIT DIR GE-MEINSAM ZU LEBEN...
... AN JENEM TAG DAMALS EINFACH SO DEINE HAND LOSLIESS... DAS GING MIR IRGENDWIE NIE AUF.
DABEI LIESS DEINE SCHWESTER DEINE HAND GAR NICHT LOS, STIMMT'S?
DU WARST ES, DER SIE DAZU GEDRÄNGT HAT LOSZU-LASSEN.

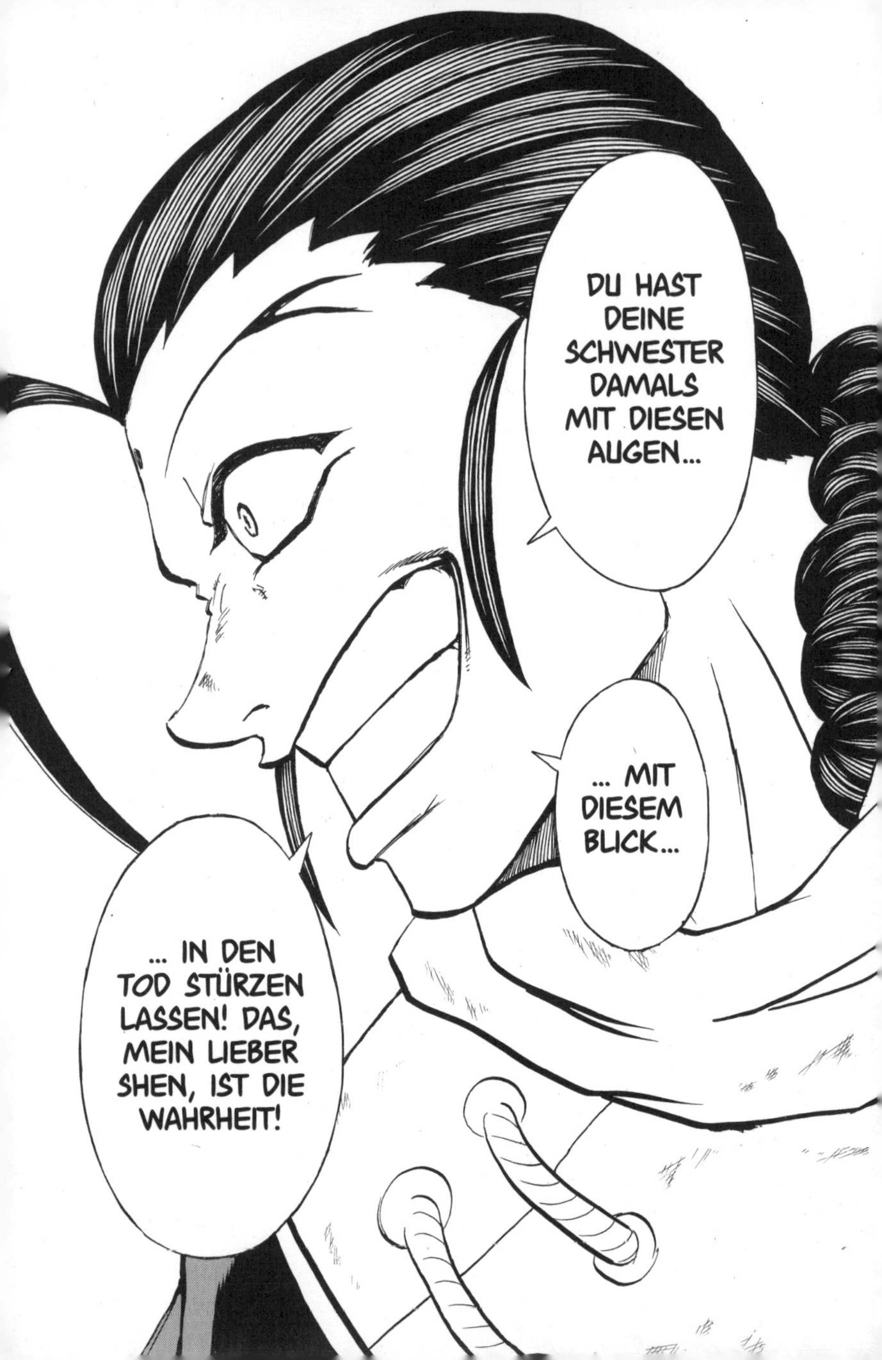
DU HAST DEINE SCHWESTER DAMALS MIT DIESEN AUGEN...
... MIT DIESEM BLICK...
... IN DEN TOD STÜRZEN LASSEN! DAS, MEIN LIEBER SHEN, IST DIE WAHRHEIT!

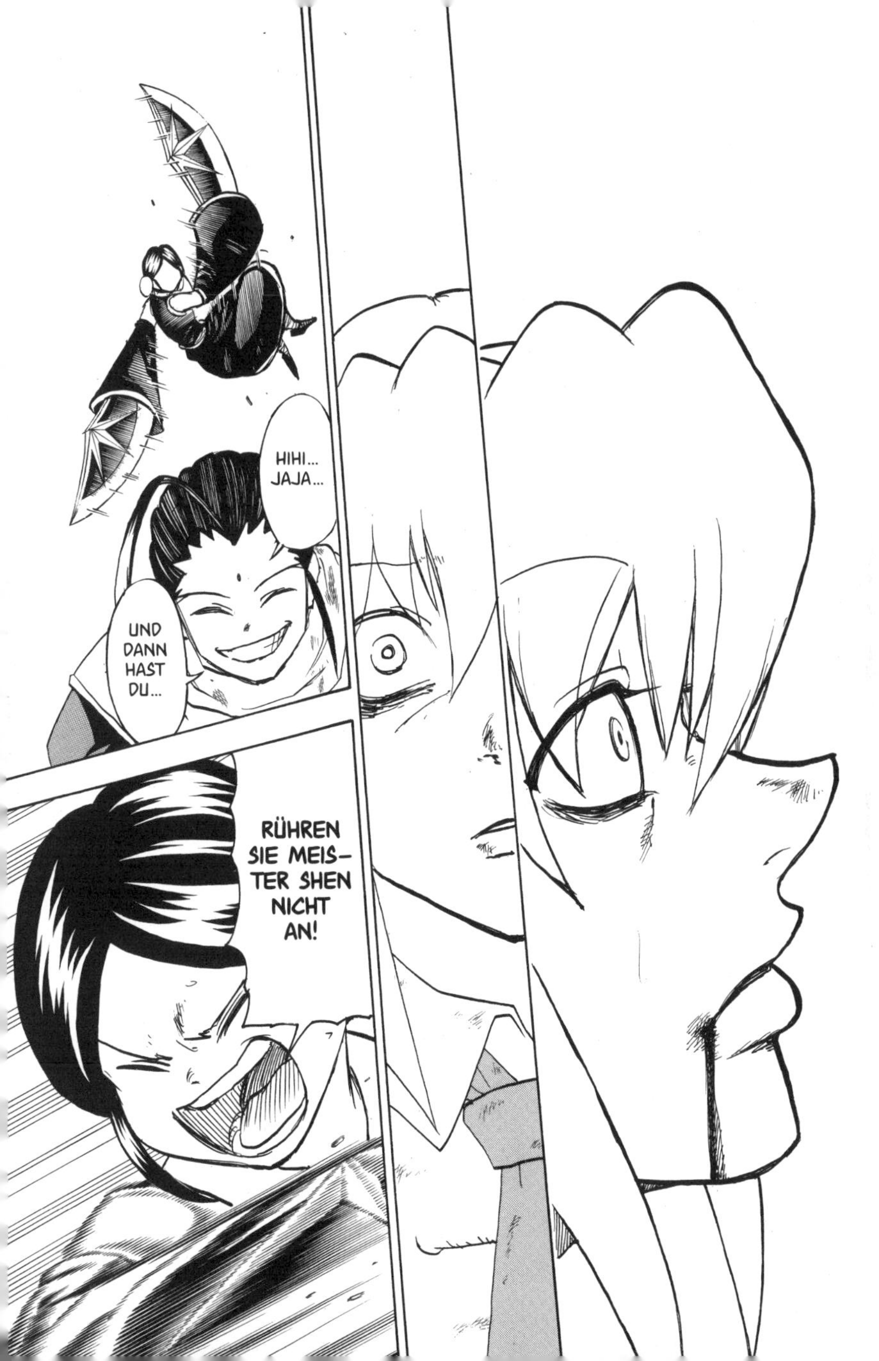
HIHI... JAJA...
UND DANN HAST DU...
RÜHREN SIE MEISTER SHEN NICHT AN!

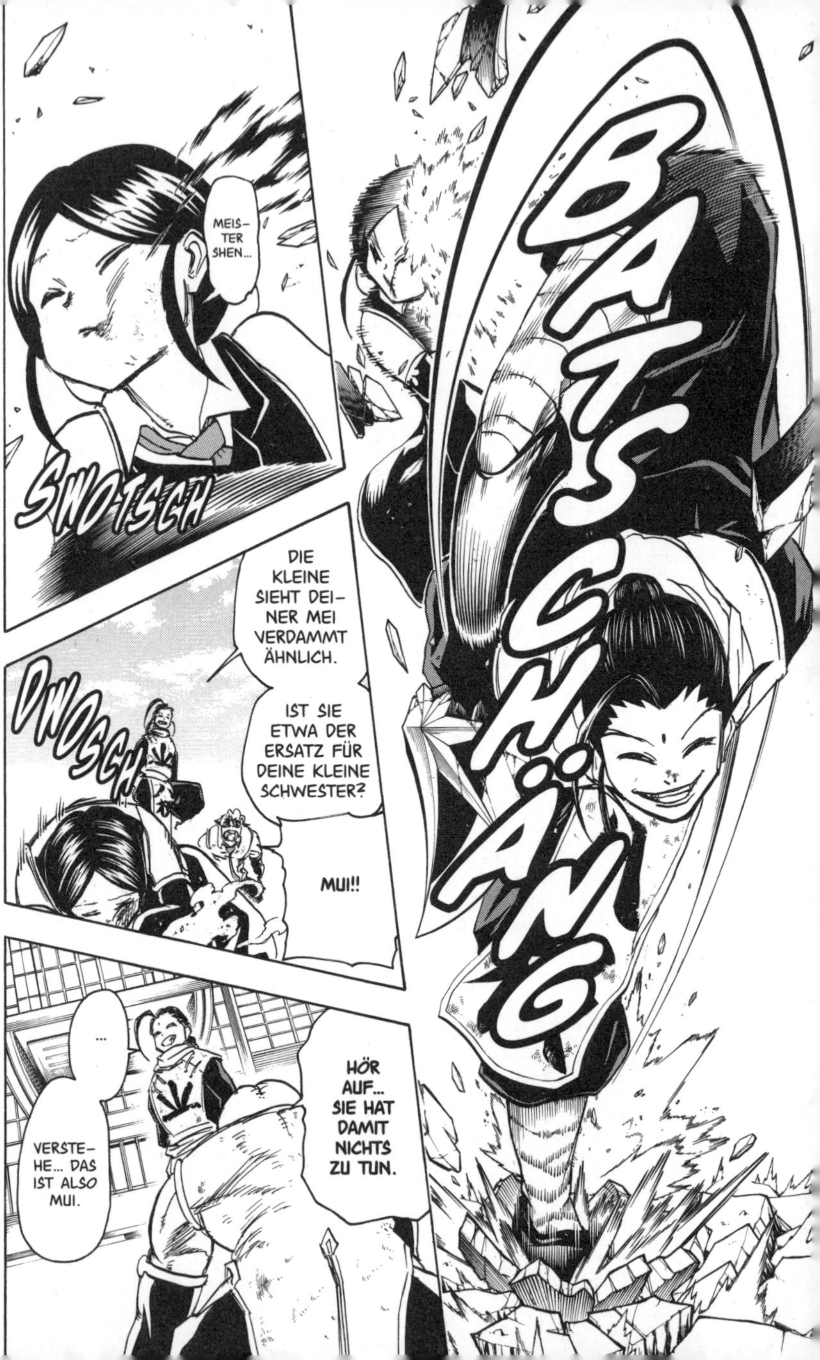

BASCHHÄNG
MEIS-TER SHEN...
SWOTSCH
DIE KLEINE SIEHT DEI-NER MEI VERDAMMT ÄHNLICH.
IST SIE ETWA DER ERSATZ FÜR DEINE KLEINE SCHWESTER?
DWOSCH
MUI!!
HÖR AUF... SIE HAT DAMIT NICHTS ZU TUN.
...
VERSTE-HE... DAS IST ALSO MUI.

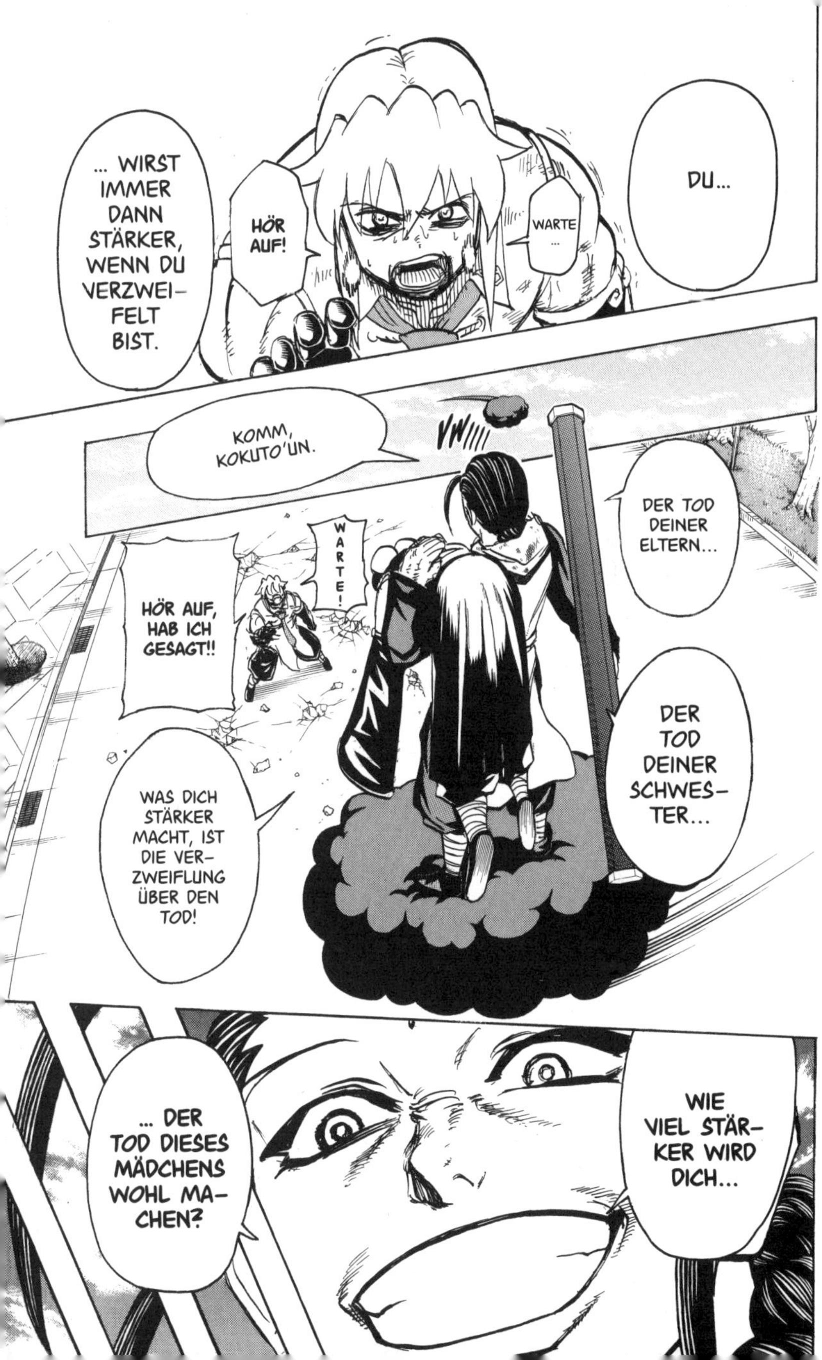
DU...
WARTE ...
HÖR AUF!
... WIRST IMMER DANN STÄRKER, WENN DU VERZWEIFELT BIST.
VW
KOMM, KOKUTO'UN.
DER TOD DEINER ELTERN...
WARTE!
HÖR AUF, HAB ICH GESAGT!!
DER TOD DEINER SCHWESTER...
WAS DICH STÄRKER MACHT, IST DIE VERZWEIFLUNG ÜBER DEN TOD!
WIE VIEL STÄRKER WIRD DICH...
... DER TOD DIESES MÄDCHENS WOHL MACHEN?

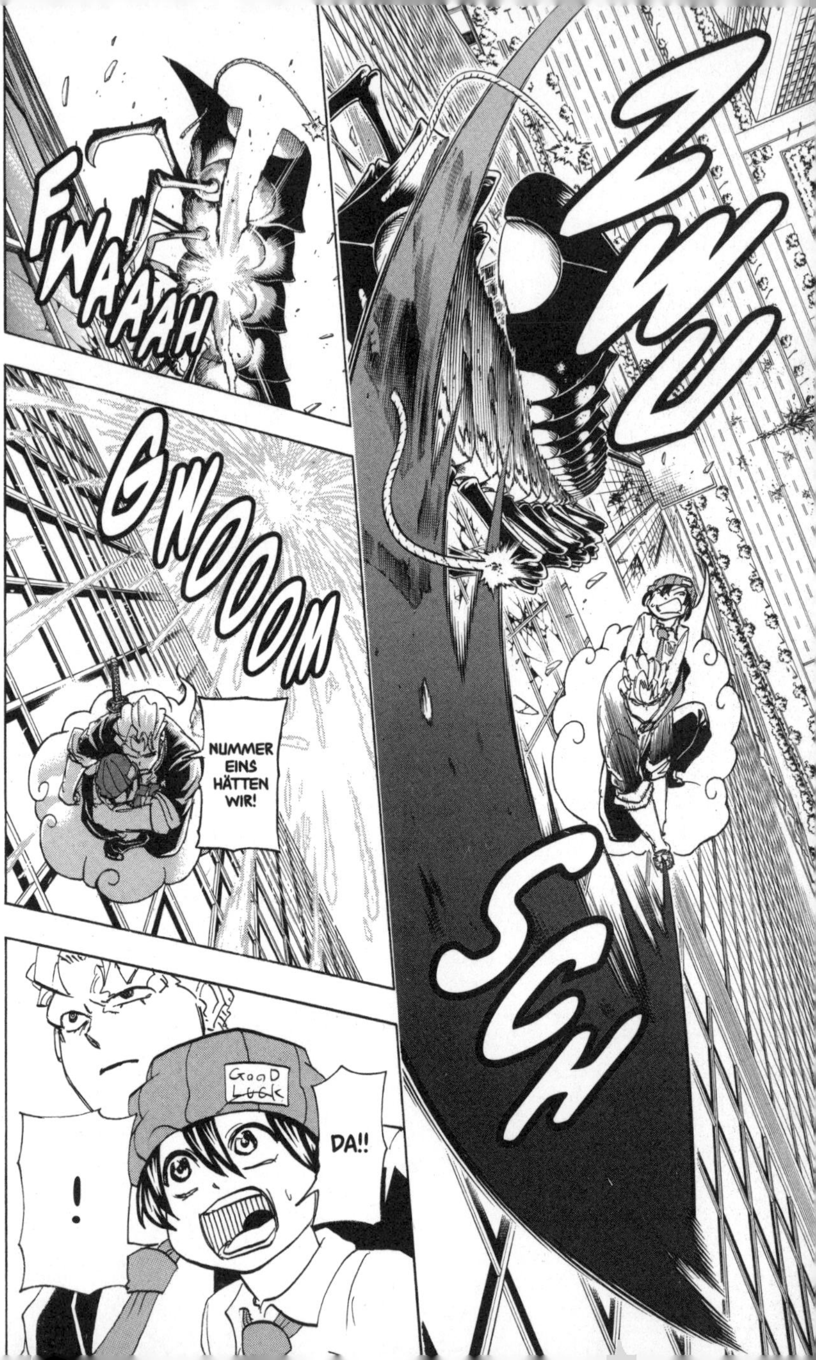

ZWUMM
FWAAAH
SSCH
GWOOOOM
NUMMER EINS HÄTTEN WIR!
DA!!
!
GOOD LUCK

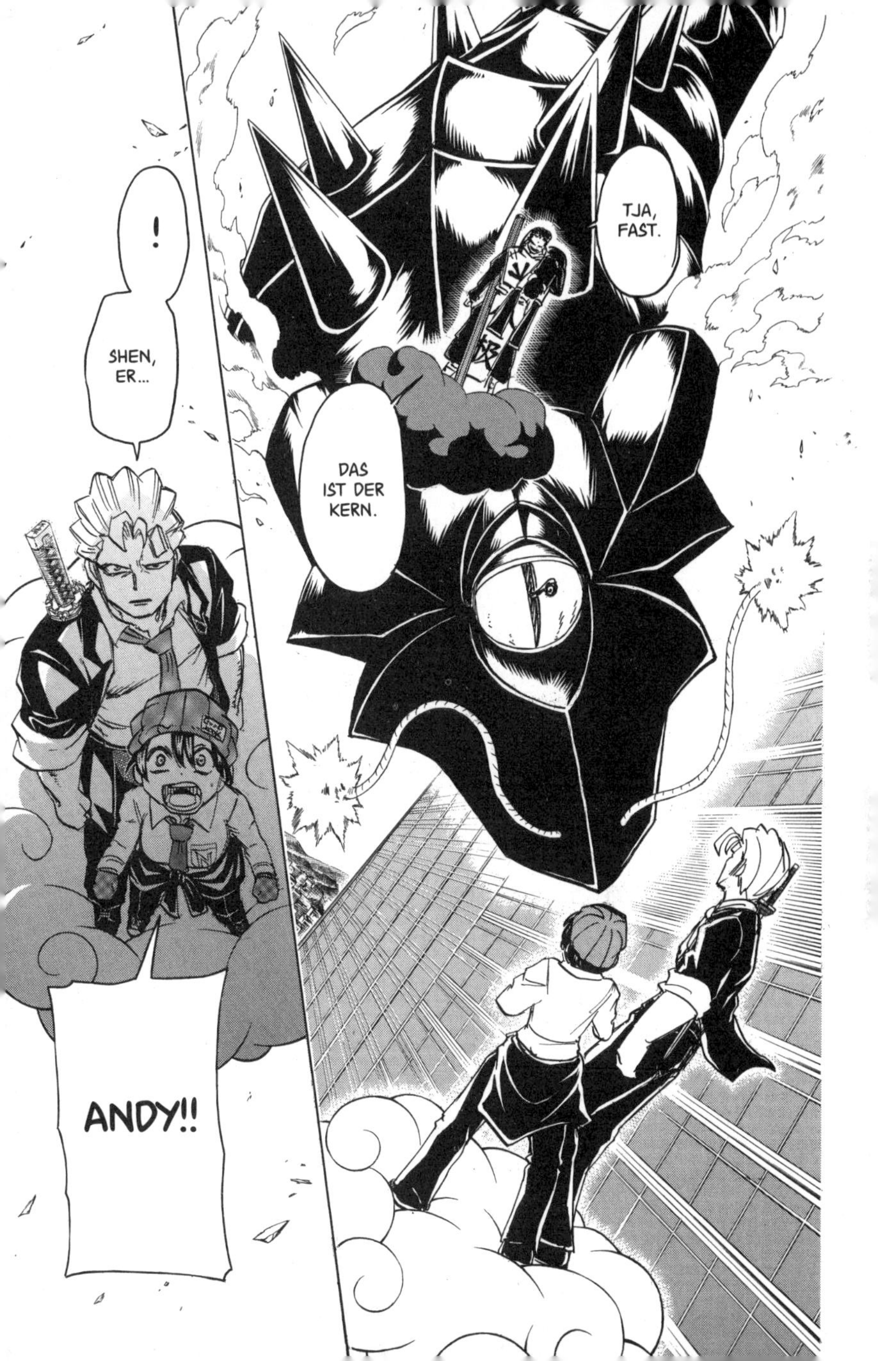
TJA, FAST.
DAS IST DER KERN.
!
SHEN, ER...
ANDY!!

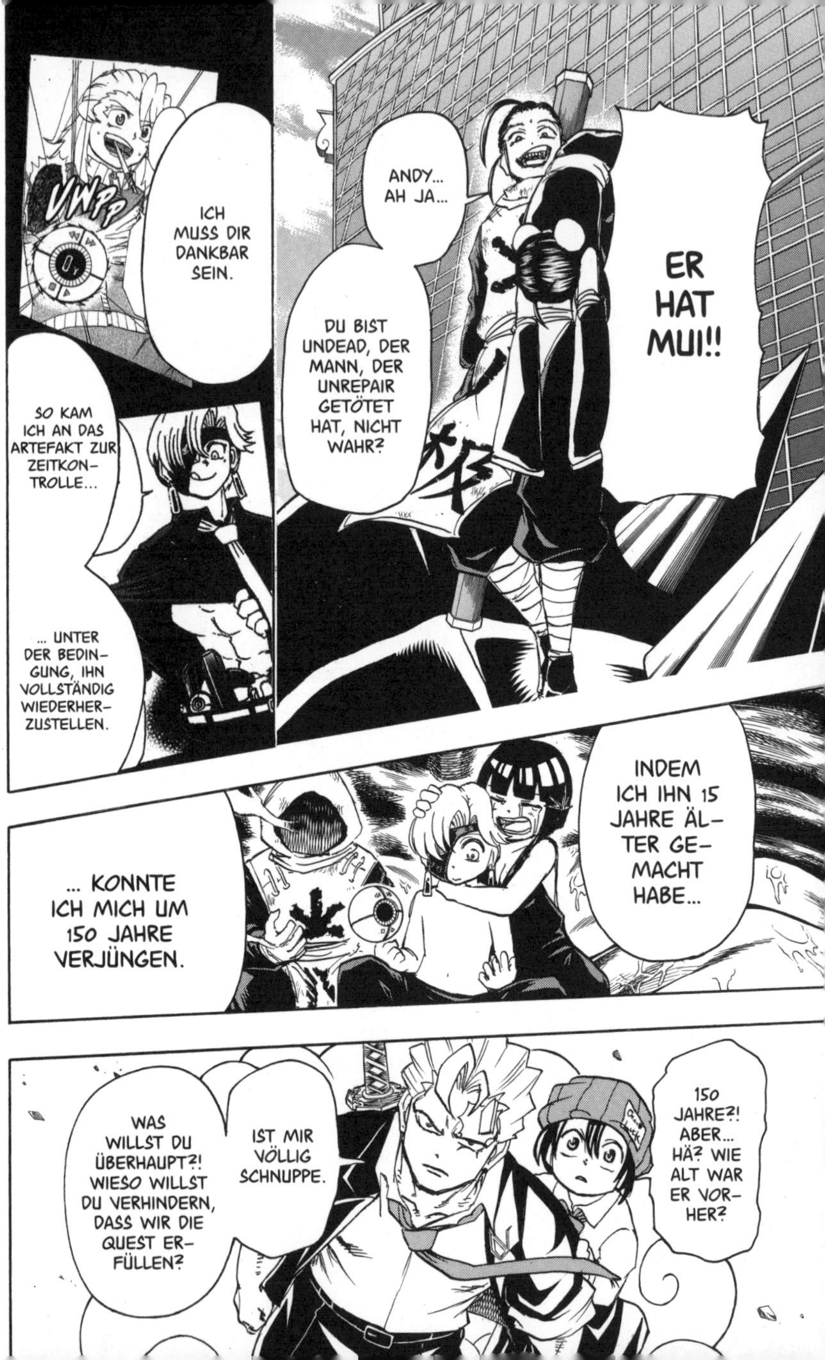
ER HAT MUI!!
ANDY... AH JA...
DU BIST UNDEAD, DER MANN, DER UNREPAIR GETÖTET HAT, NICHT WAHR?
ICH MUSS DIR DANKBAR SEIN.
VWPP
SO KAM ICH AN DAS ARTEFAKT ZUR ZEITKONTROLLE...
... UNTER DER BEDINGUNG, IHN VOLLSTÄNDIG WIEDERHERZUSTELLEN.
INDEM ICH IHN 15 JAHRE ÄLTER GEMACHT HABE...
... KONNTE ICH MICH UM 150 JAHRE VERJÜNGEN.
150 JAHRE?! ABER... HÄ? WIE ALT WAR ER VORHER?
IST MIR VÖLLIG SCHNUPPE.
WAS WILLST DU ÜBERHAUPT?! WIESO WILLST DU VERHINDERN, DASS WIR DIE QUEST ERFÜLLEN?

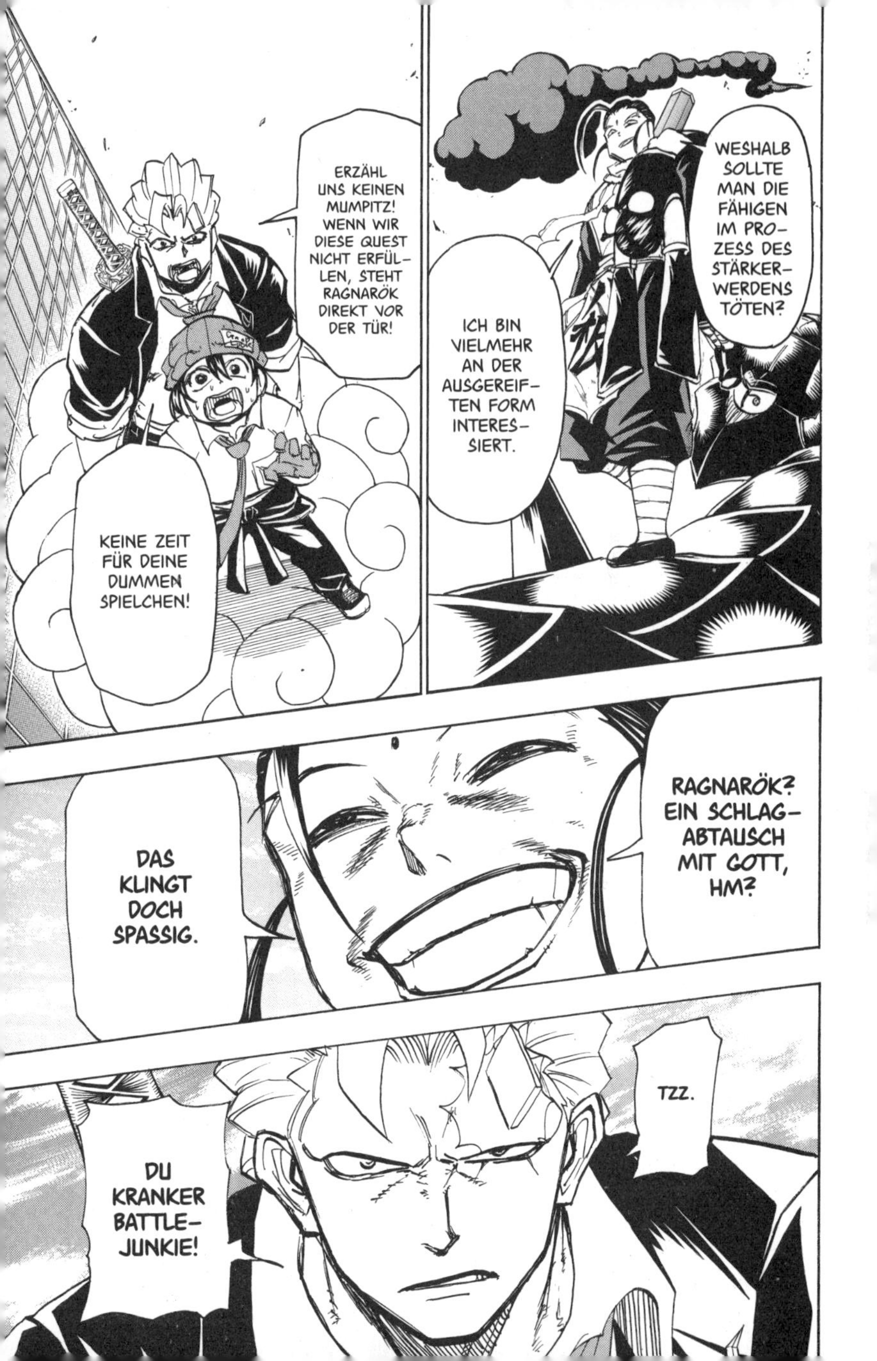
WESHALB SOLLTE MAN DIE FÄHIGEN IM PROZESS DES STÄRKER-WERDENS TÖTEN?
ICH BIN VIELMEHR AN DER AUSGEREIFTEN FORM INTERESSIERT.
ERZÄHL UNS KEINEN MUMPITZ! WENN WIR DIESE QUEST NICHT ERFÜLLEN, STEHT RAGNARÖK DIREKT VOR DER TÜR!
KEINE ZEIT FÜR DEINE DUMMEN SPIELCHEN!
RAGNARÖK? EIN SCHLAG-ABTAUSCH MIT GOTT, HM?
DAS KLINGT DOCH SPASSIG.
TZZ.
DU KRANKER BATTLE-JUNKIE!

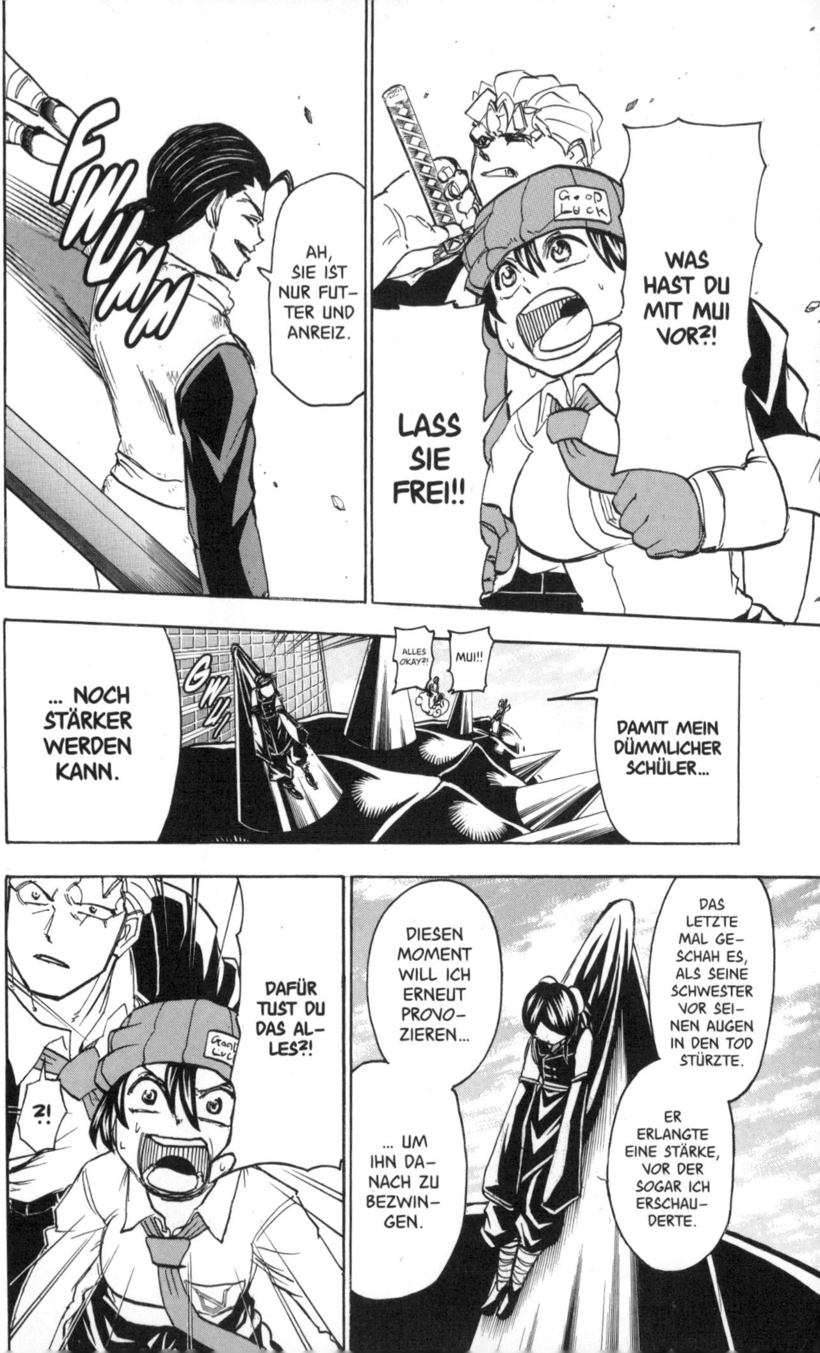
WAS HAST DU MIT MUI VOR?!
LASS SIE FREI!!
AH, SIE IST NUR FUTTER UND ANREIZ.
DAMIT MEIN DÜMMLICHER SCHÜLER...
MUI!!
ALLES OKAY?!
... NOCH STÄRKER WERDEN KANN.
DAS LETZTE MAL GESCHAH ES, ALS SEINE SCHWESTER VOR SEINEN AUGEN IN DEN TOD STÜRZTE.
ER ERLANGTE EINE STÄRKE, VOR DER SOGAR ICH ERSCHAUDERTE.
DIESEN MOMENT WILL ICH ERNEUT PROVOZIEREN...
... UM IHN DANACH ZU BEZWINGEN.
DAFÜR TUST DU DAS ALLES?!
?!

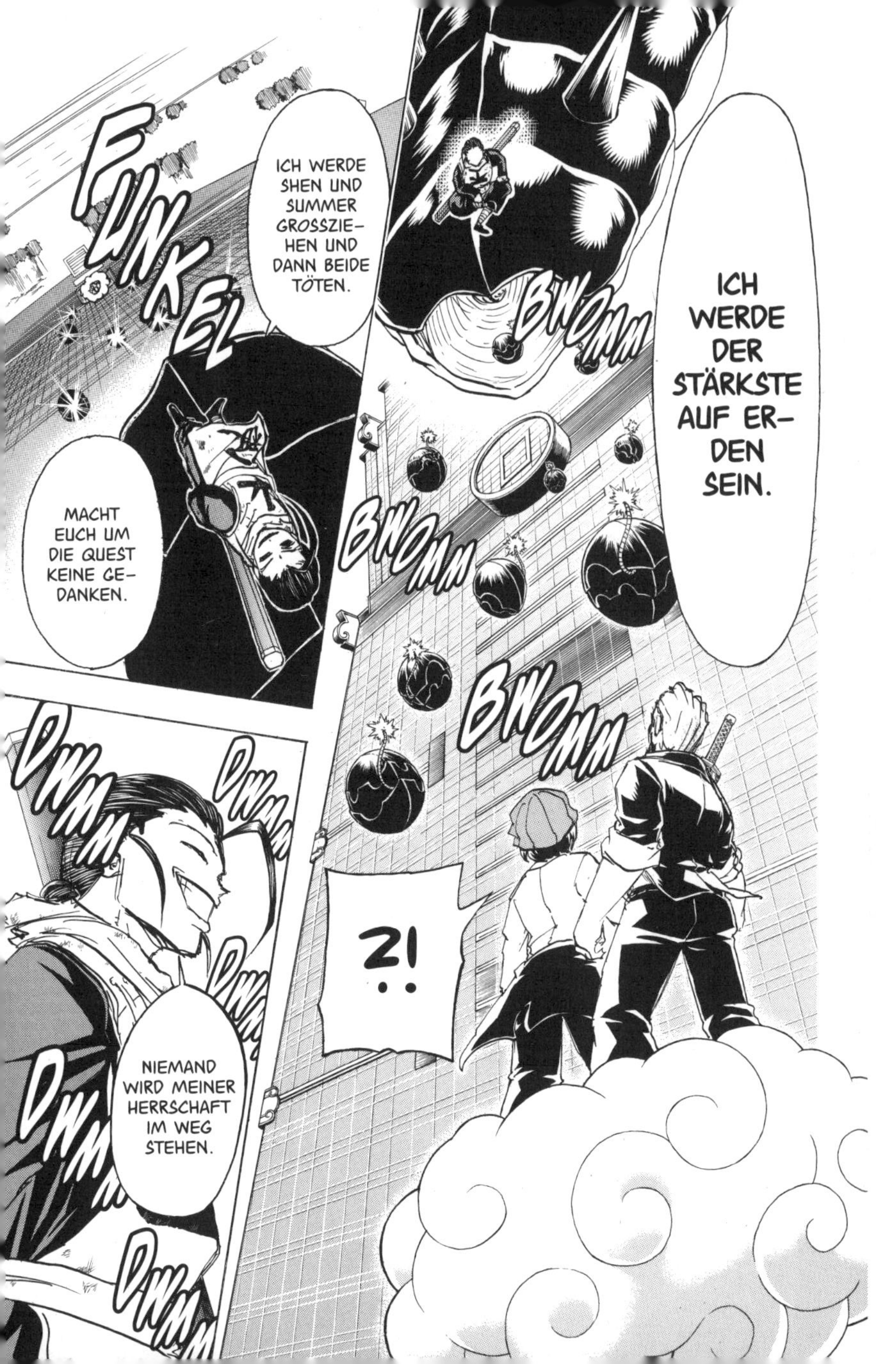
ICH WERDE DER STÄRKSTE AUF ER-DEN SEIN.
BWOMM
ICH WERDE SHEN UND SUMMER GROSSZIE-HEN UND DANN BEIDE TÖTEN.
FUNKEL
BWOMM
MACHT EUCH UM DIE QUEST KEINE GE-DANKEN.
BWOMM
?!
DWMM
DWMM
NIEMAND WIRD MEINER HERRSCHAFT IM WEG STEHEN.
DWMM
DWMM
DWMM

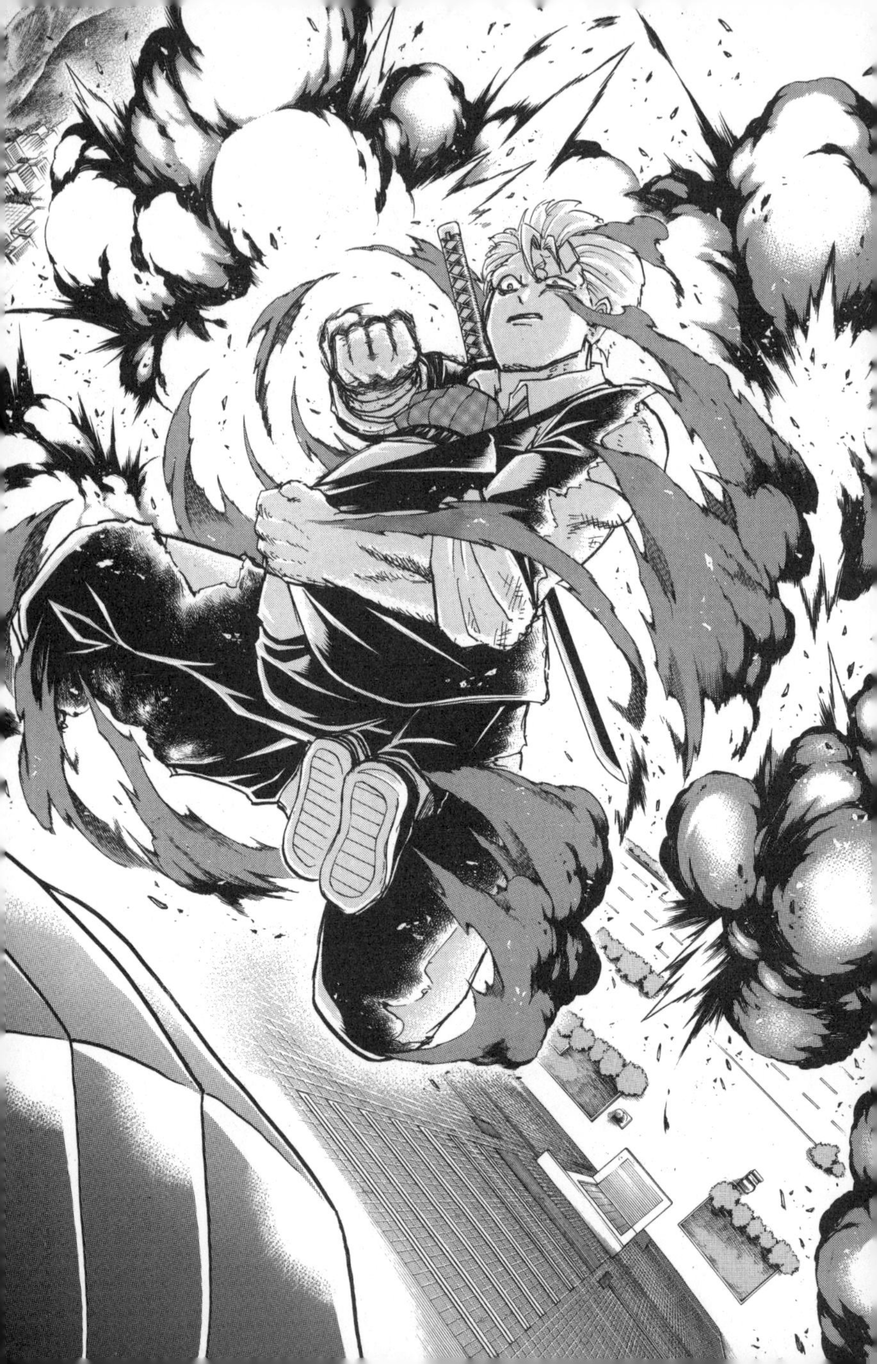

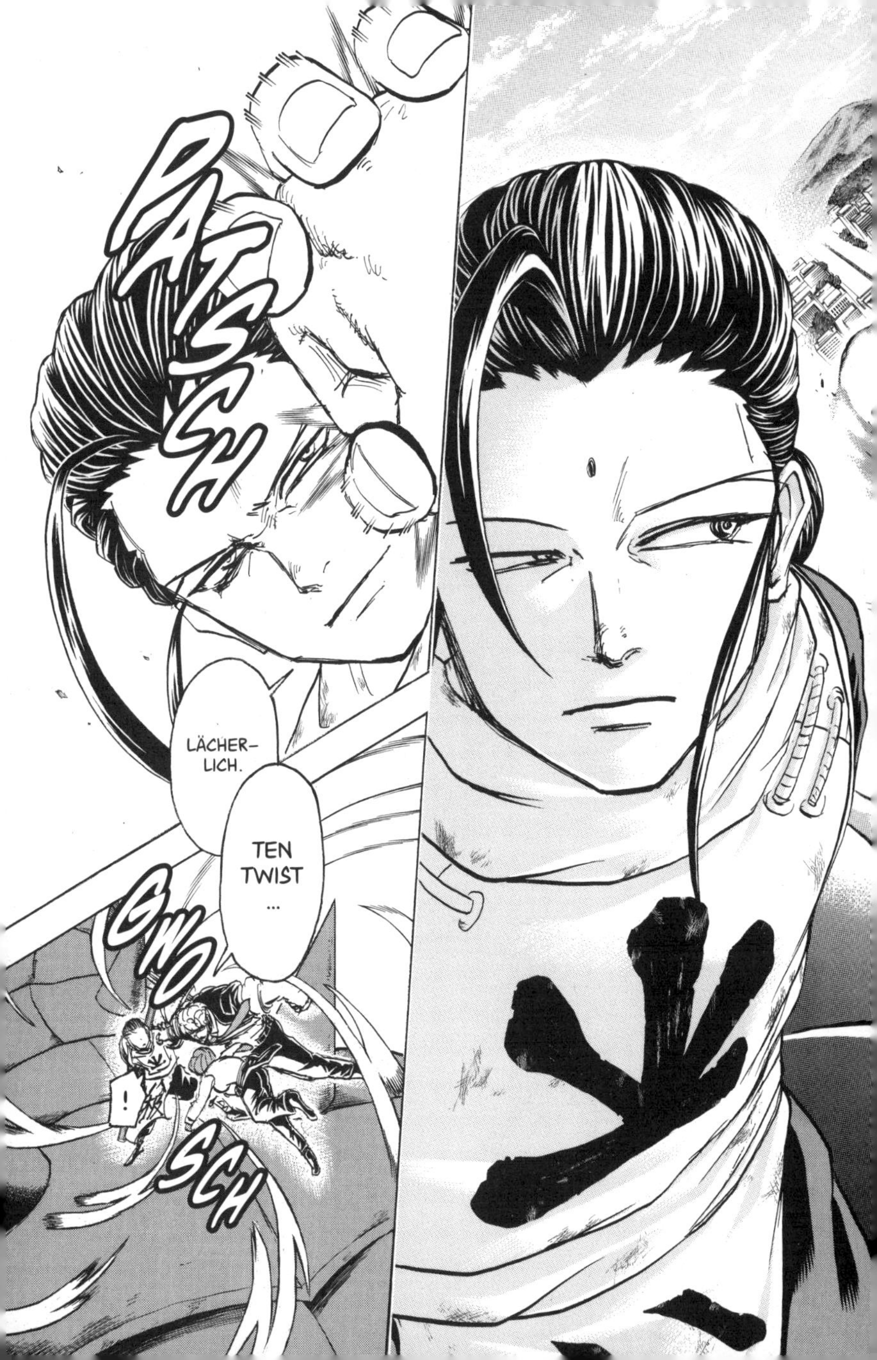

PATSCH
LÄCHERLICH.
TEN TWIST ...
GWOSCH
!

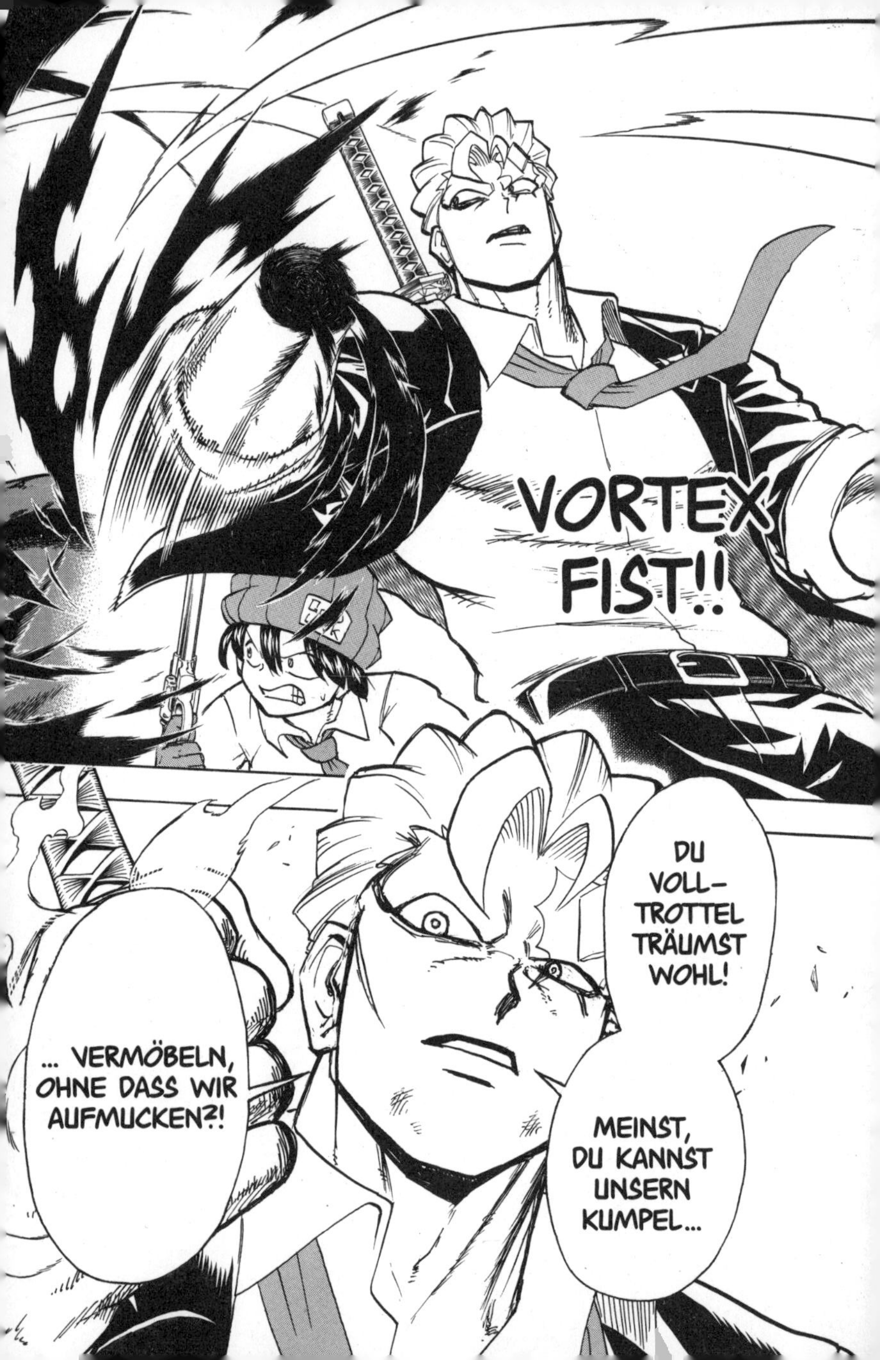
VORTEX FIST!!
DU VOLL-TROTTEL TRÄUMST WOHL!
MEINST, DU KANNST UNSERN KUMPEL...
... VERMÖBELN, OHNE DASS WIR AUFMUCKEN?!

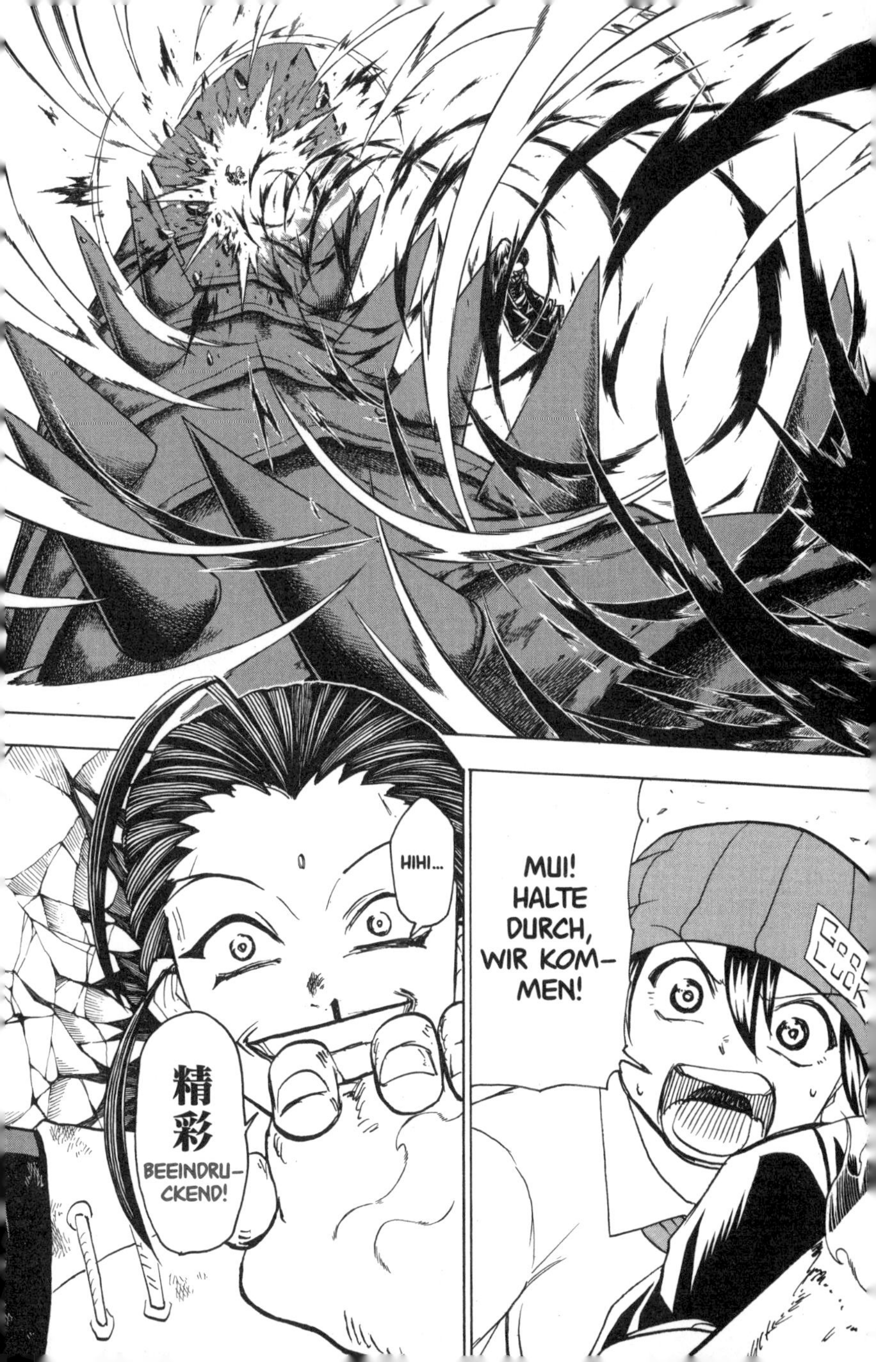
MUI! HALTE DURCH, WIR KOM-MEN!
HIHI...
精彩
BEEINDRU-CKEND!

ARTEFAKT KINTO'UN

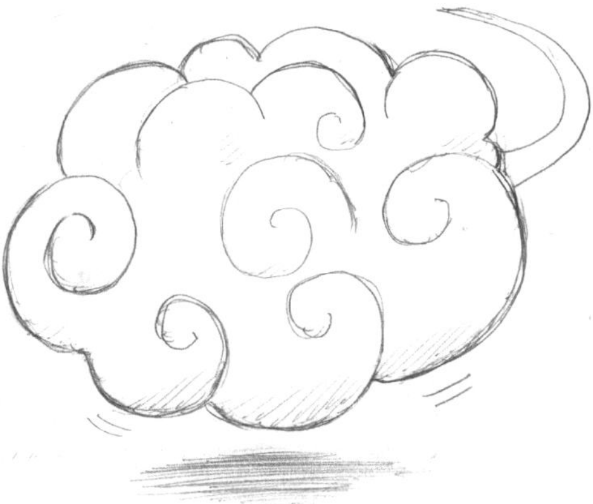

EIN ARTEFAKT, DAS EINST IM BESITZ DER UNION WAR. DER AKTUELLE BESITZER IST SHEN. JE NACH INTENTION UND WILLEN DES BENUTZERS KANN DIESE WOLKE MIT ÜBERSCHALLGESCHWINDIGKEIT GEFLOGEN WERDEN. JEDOCH KÖNNEN NICHT ALLE DIESE WOLKE FLIEGEN. NACH VERSCHIEDENEN TESTS GEHT MAN MITTLERWEILE DAVON AUS, DASS NUR DIEJENIGEN, DIE »EIN REINES HERZ« HABEN, DIE WOLKE NUTZEN KÖNNEN, WOBEI NACH WIE VOR UMSTRITTEN IST, WAS »EIN REINES HERZ« ÜBERHAUPT AUSMACHT. DIE MITGLIEDER DES RUNDEN TISCHES HABEN EBENFALLS AN DIESER STUDIE TEILGENOMMEN UND ES KANN BESTÄTIGT WERDEN, DASS SIE ALLE IMSTANDE WAREN, DIE WOLKE ZU FLIEGEN. (DAS EXPERIMENT FAND IM JULI 2020 STATT.)

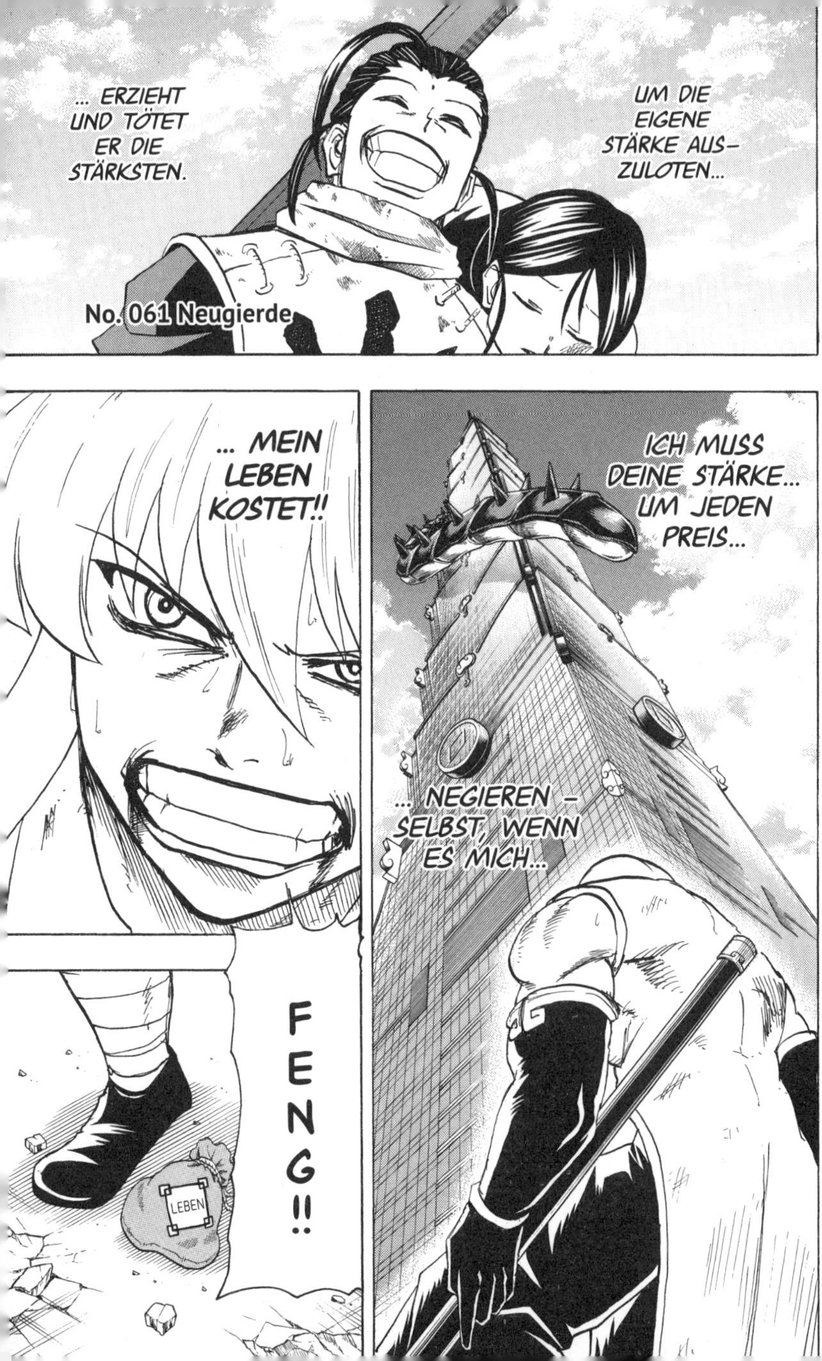
UM DIE EIGENE STÄRKE AUSZULOTEN...
... ERZIEHT UND TÖTET ER DIE STÄRKSTEN.
No. 061 Neugierde
ICH MUSS DEINE STÄRKE... UM JEDEN PREIS...
... NEGIEREN – SELBST, WENN ES MICH...
... MEIN LEBEN KOSTET!!
FENG!!
LEBEN

No. 061 Neugierde

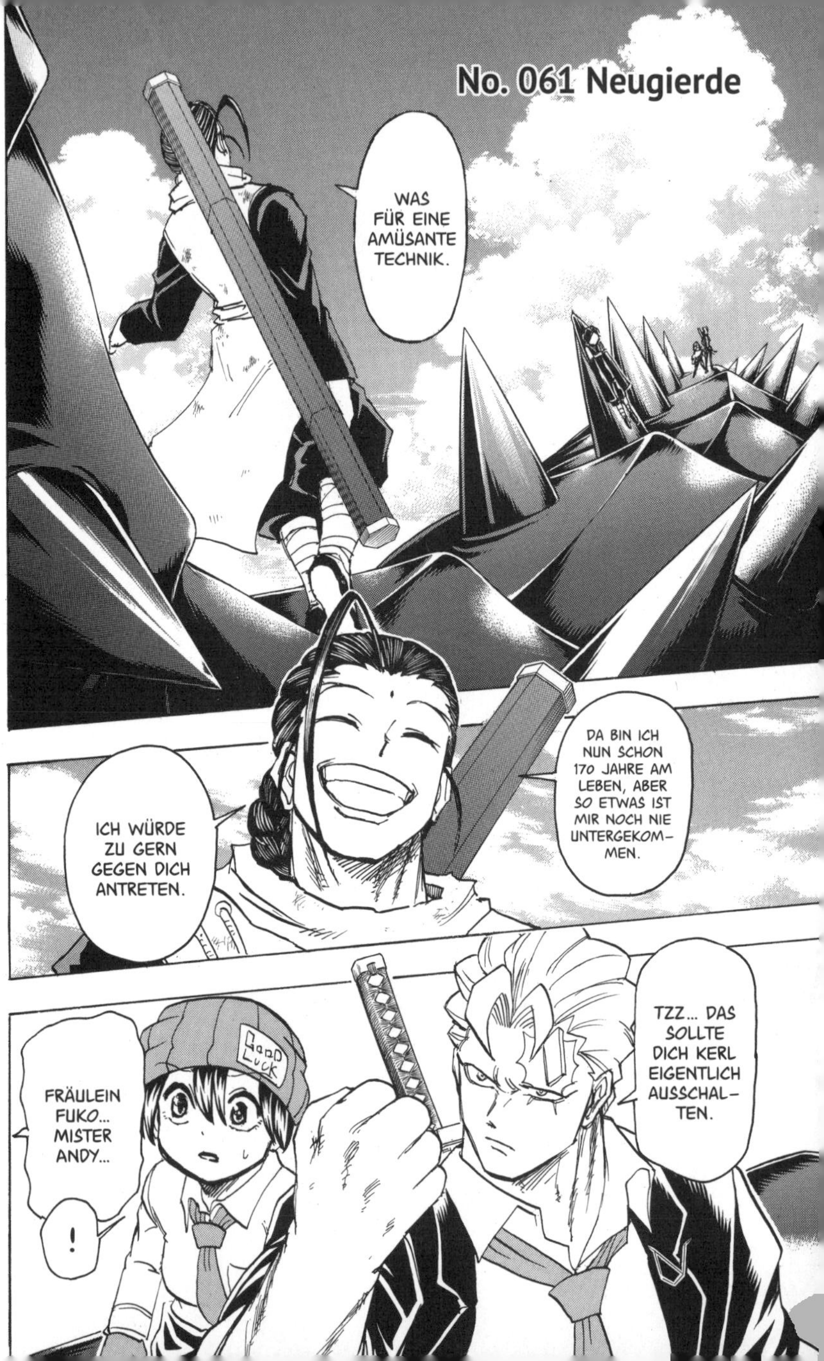

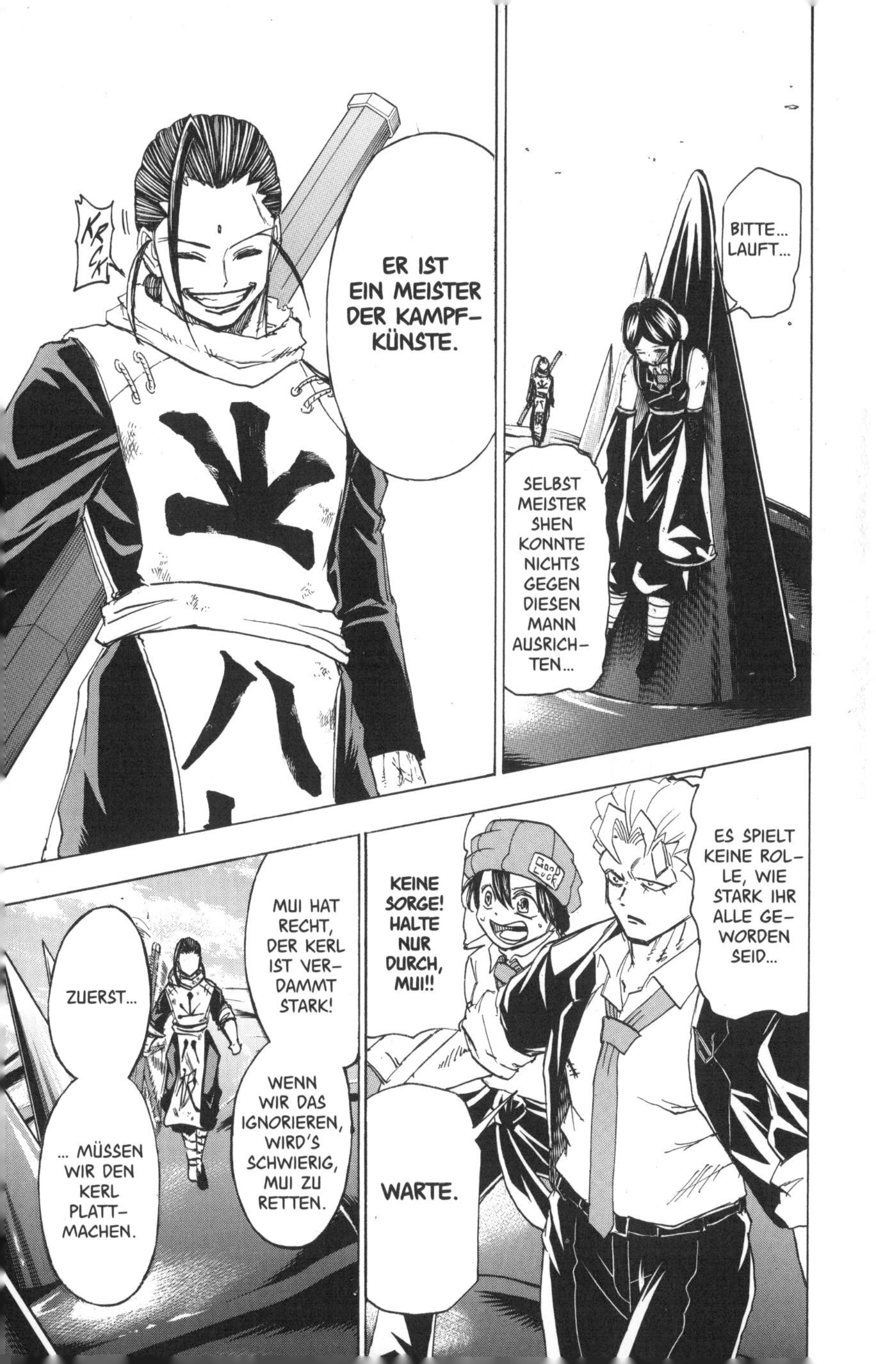
BITTE... LAUFT...
SELBST MEISTER SHEN KONNTE NICHTS GEGEN DIESEN MANN AUSRICHTEN...
KRCK
ER IST EIN MEISTER DER KAMPFKÜNSTE.
ES SPIELT KEINE ROLLE, WIE STARK IHR ALLE GEWORDEN SEID...
KEINE SORGE! HALTE NUR DURCH, MUI!!
GOOD LUCK
WARTE.
MUI HAT RECHT, DER KERL IST VERDAMMT STARK!
WENN WIR DAS IGNORIEREN, WIRD'S SCHWIERIG, MUI ZU RETTEN.
ZUERST...
... MÜSSEN WIR DEN KERL PLATTMACHEN.

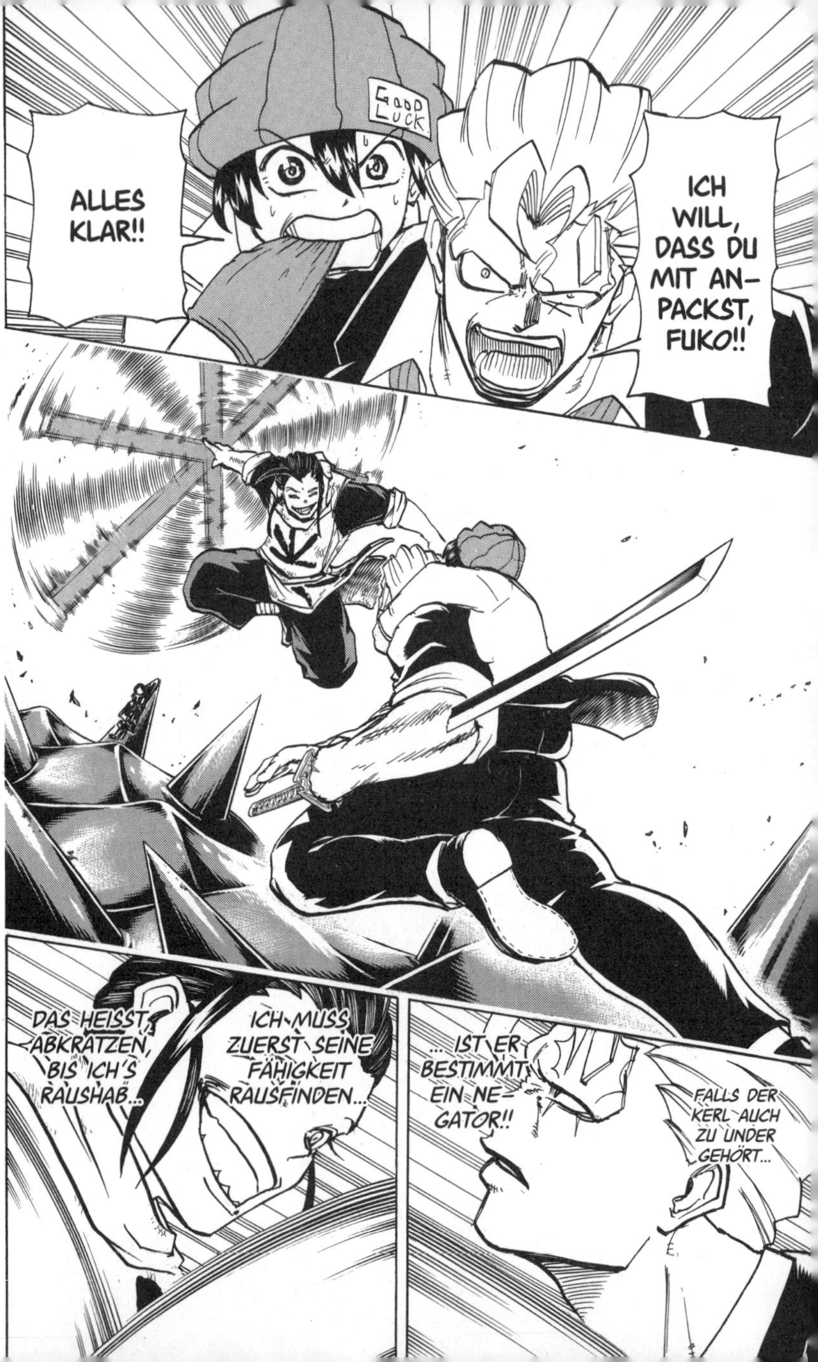
ICH WILL, DASS DU MIT ANPACKST, FUKO!!
ALLES KLAR!!
FALLS DER KERL AUCH ZU UNDER GEHÖRT...
... IST ER BESTIMMT EIN NEGATOR!!
ICH MUSS ZUERST SEINE FÄHIGKEIT RAUSFINDEN...
DAS HEISST, ABKRATZEN, BIS ICH'S RAUSHAB...

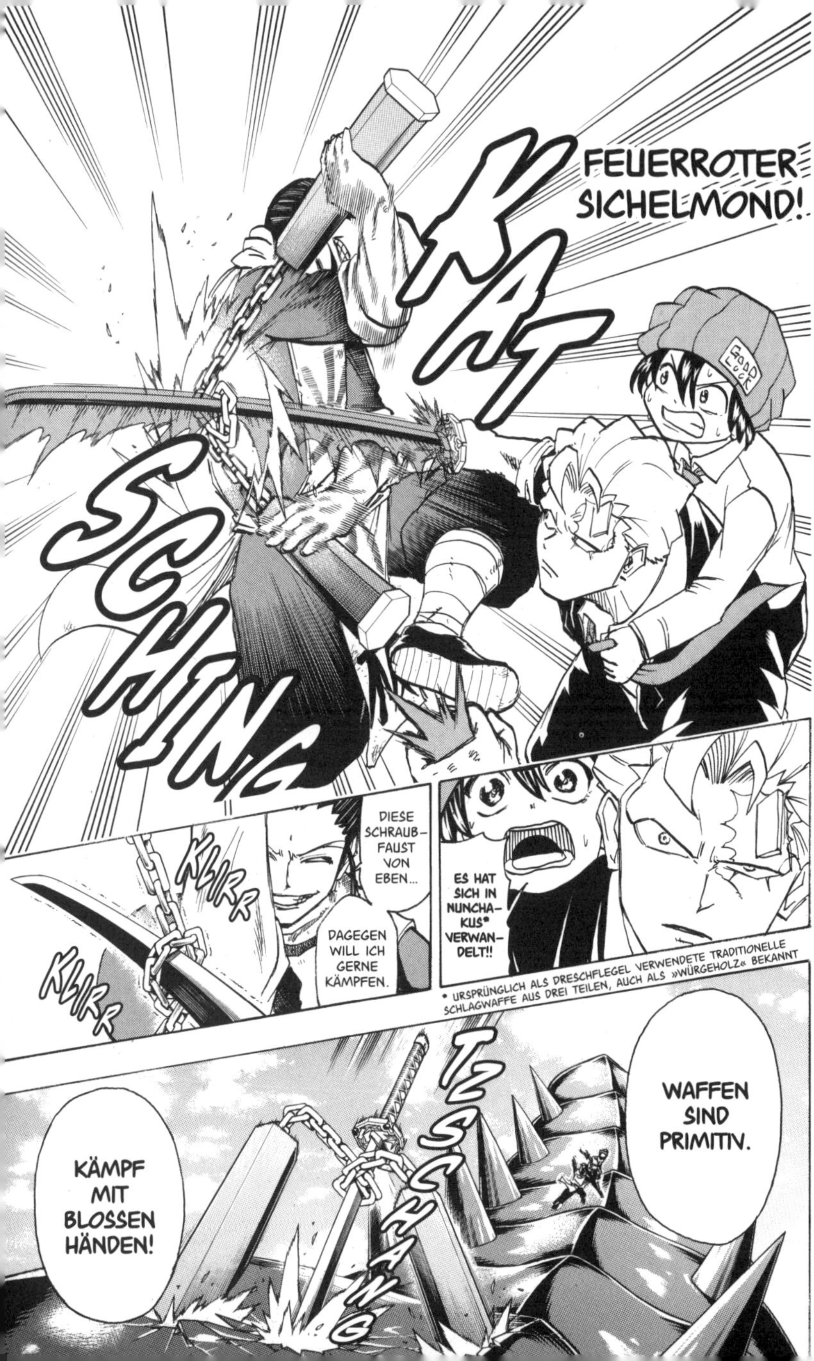

* URSPRÜNGLICH ALS DRESCHFLEGEL VERWENDETE TRADITIONELLE SCHLAGWAFFE AUS DREI TEILEN, AUCH ALS »WÜRGEHOLZ« BEKANNT

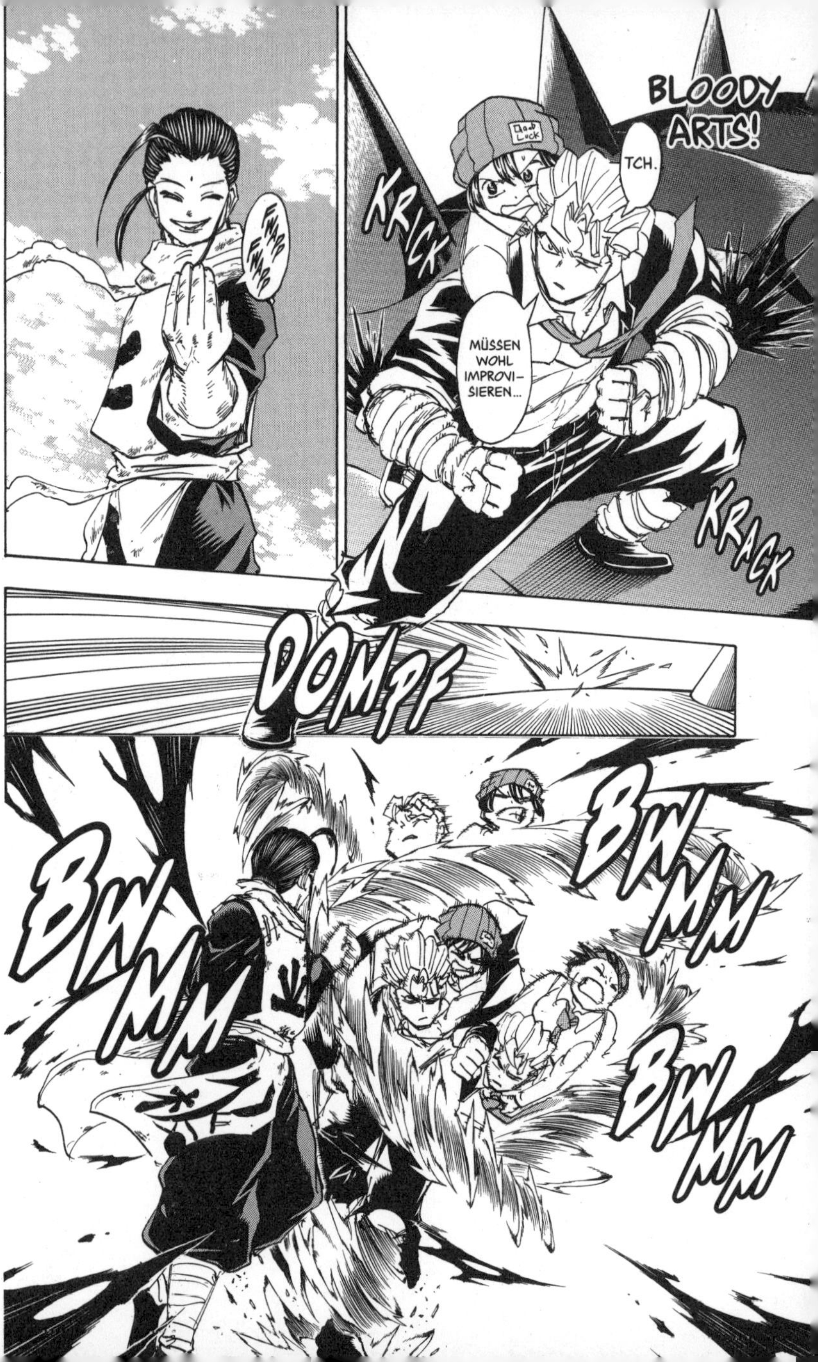

BLOODY ARTS!
TCH.
KRICK
FNAR FNAR
MÜSSEN WOHL IMPROVISIEREN...
KRACK
DOMPF
BWMM
BWMM
BWMM

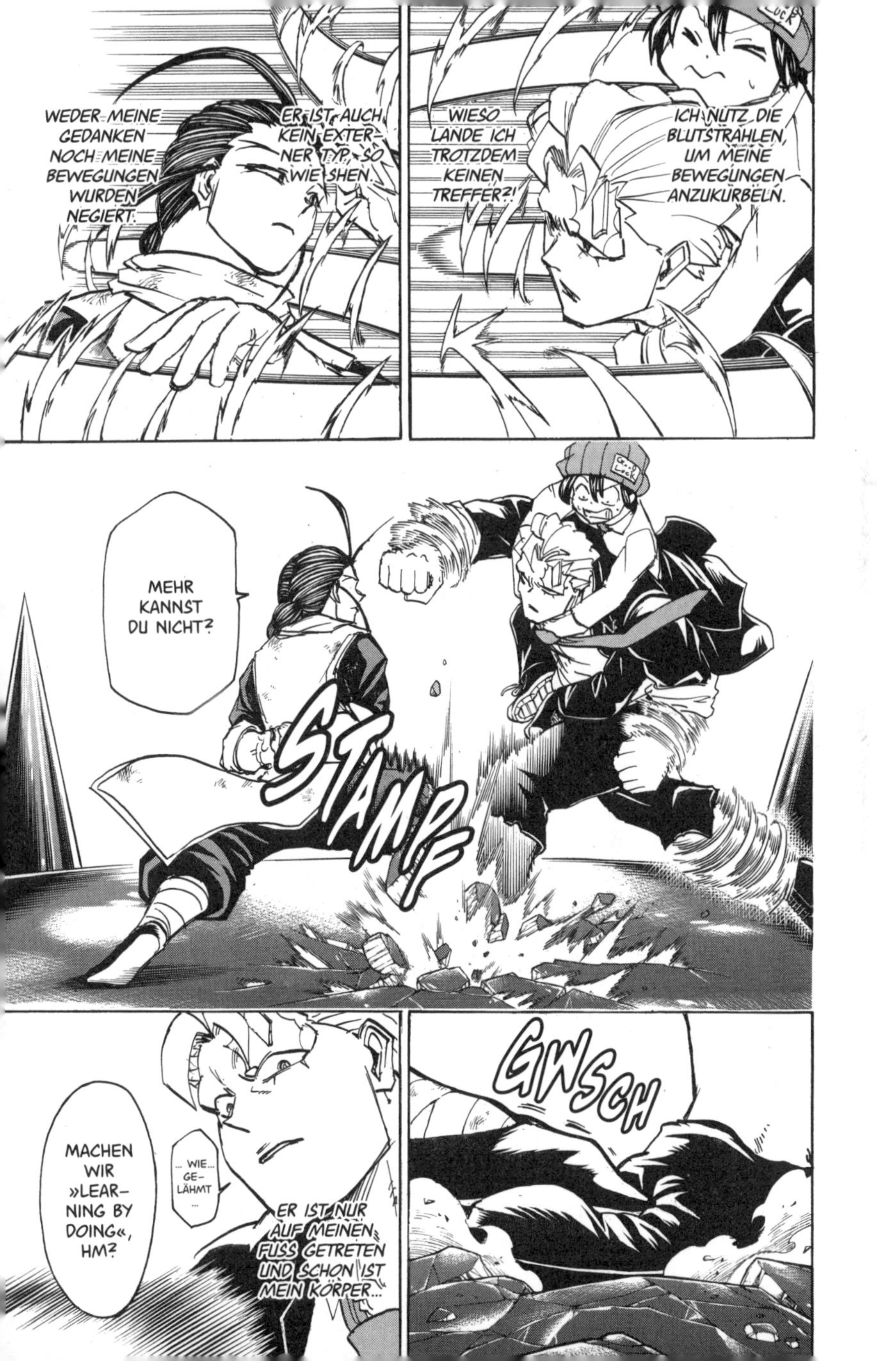
ICH NUTZ DIE BLUTSTRAHLEN, UM MEINE BEWEGUNGEN ANZUKURBELN.
WIESO LANDE ICH TROTZDEM KEINEN TREFFER?!
ER IST AUCH KEIN EXTERNER TYP, SO WIE SHEN.
WEDER MEINE GEDANKEN NOCH MEINE BEWEGUNGEN WURDEN NEGIERT.
MEHR KANNST DU NICHT?
STAMP
GWSCH
ER IST NUR AUF MEINEN FUSS GETRETEN UND SCHON IST MEIN KÖRPER...
... WIE... GELÄHMT ...
MACHEN WIR »LEARNING BY DOING«, HM?

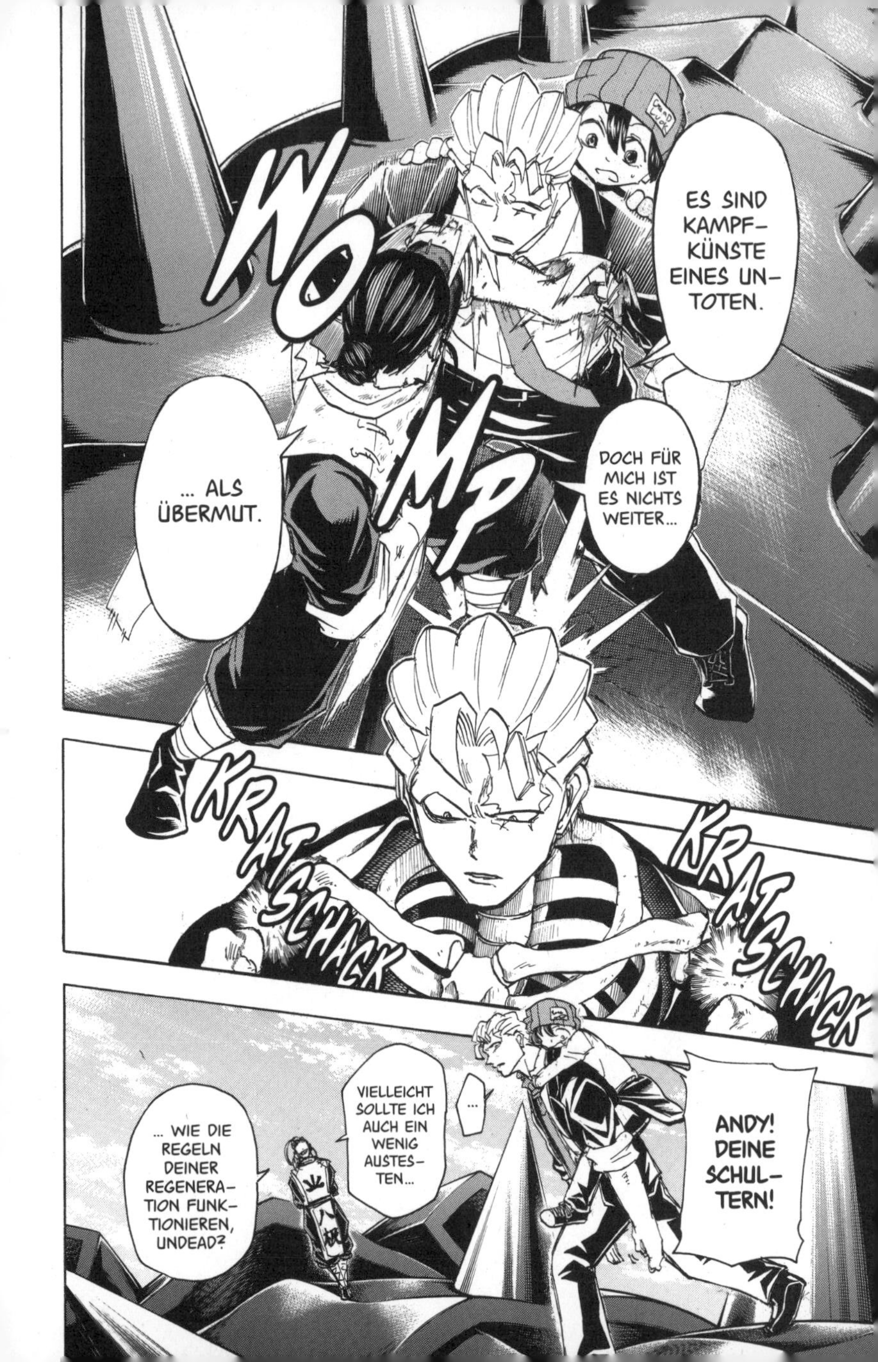
ES SIND KAMPFKÜNSTE EINES UNTOTEN.
WOMP
DOCH FÜR MICH IST ES NICHTS WEITER...
... ALS ÜBERMUT.
KRATSCHACK
KRATSCHACK
ANDY! DEINE SCHULTERN!
...
VIELLEICHT SOLLTE ICH AUCH EIN WENIG AUSTESTEN...
... WIE DIE REGELN DEINER REGENERATION FUNKTIONIEREN, UNDEAD?

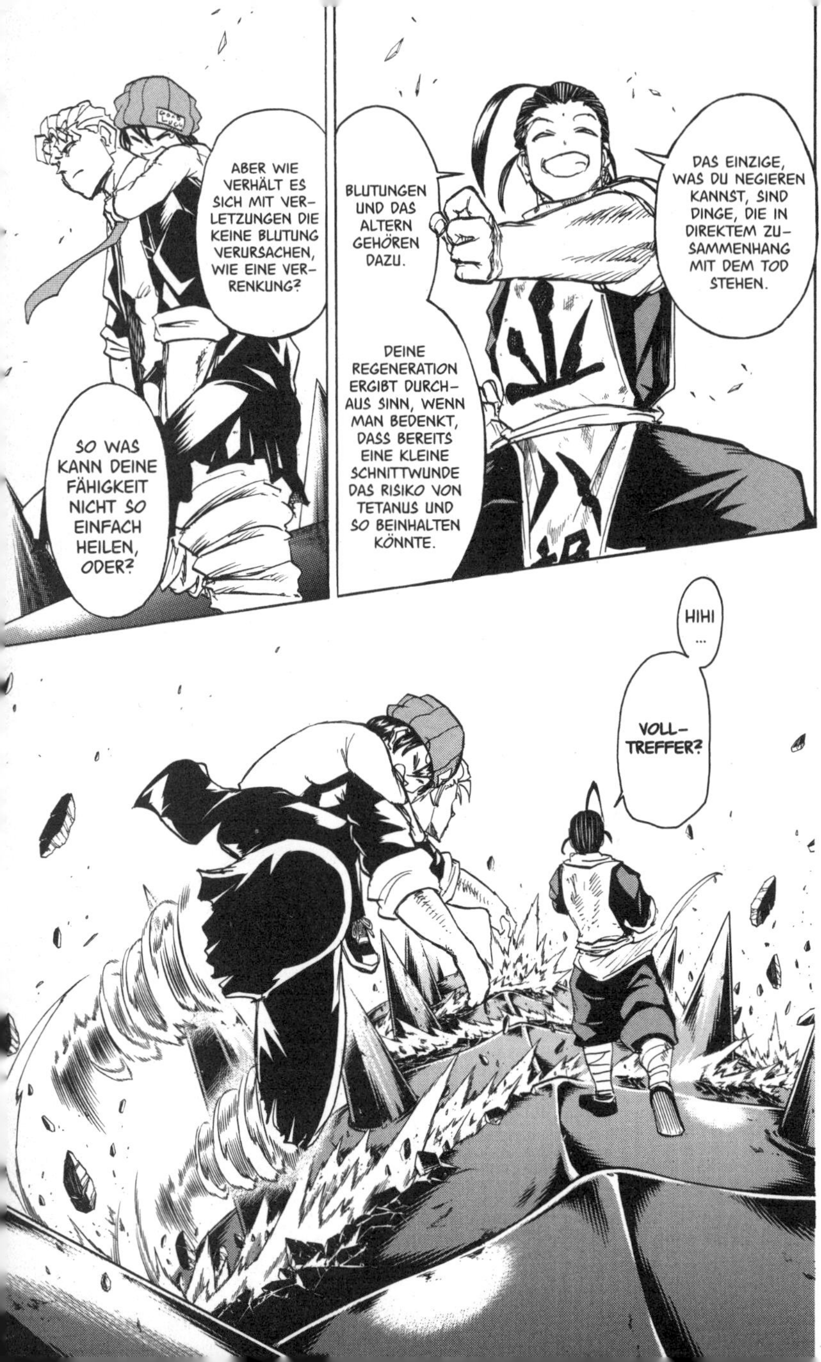
DAS EINZIGE, WAS DU NEGIEREN KANNST, SIND DINGE, DIE IN DIREKTEM ZUSAMMENHANG MIT DEM TOD STEHEN.
BLUTUNGEN UND DAS ALTERN GEHÖREN DAZU.
DEINE REGENERATION ERGIBT DURCHAUS SINN, WENN MAN BEDENKT, DASS BEREITS EINE KLEINE SCHNITTWUNDE DAS RISIKO VON TETANUS UND SO BEINHALTEN KÖNNTE.
ABER WIE VERHÄLT ES SICH MIT VERLETZUNGEN DIE KEINE BLUTUNG VERURSACHEN, WIE EINE VERRENKUNG?
SO WAS KANN DEINE FÄHIGKEIT NICHT SO EINFACH HEILEN, ODER?
HIHI ...
VOLLTREFFER?

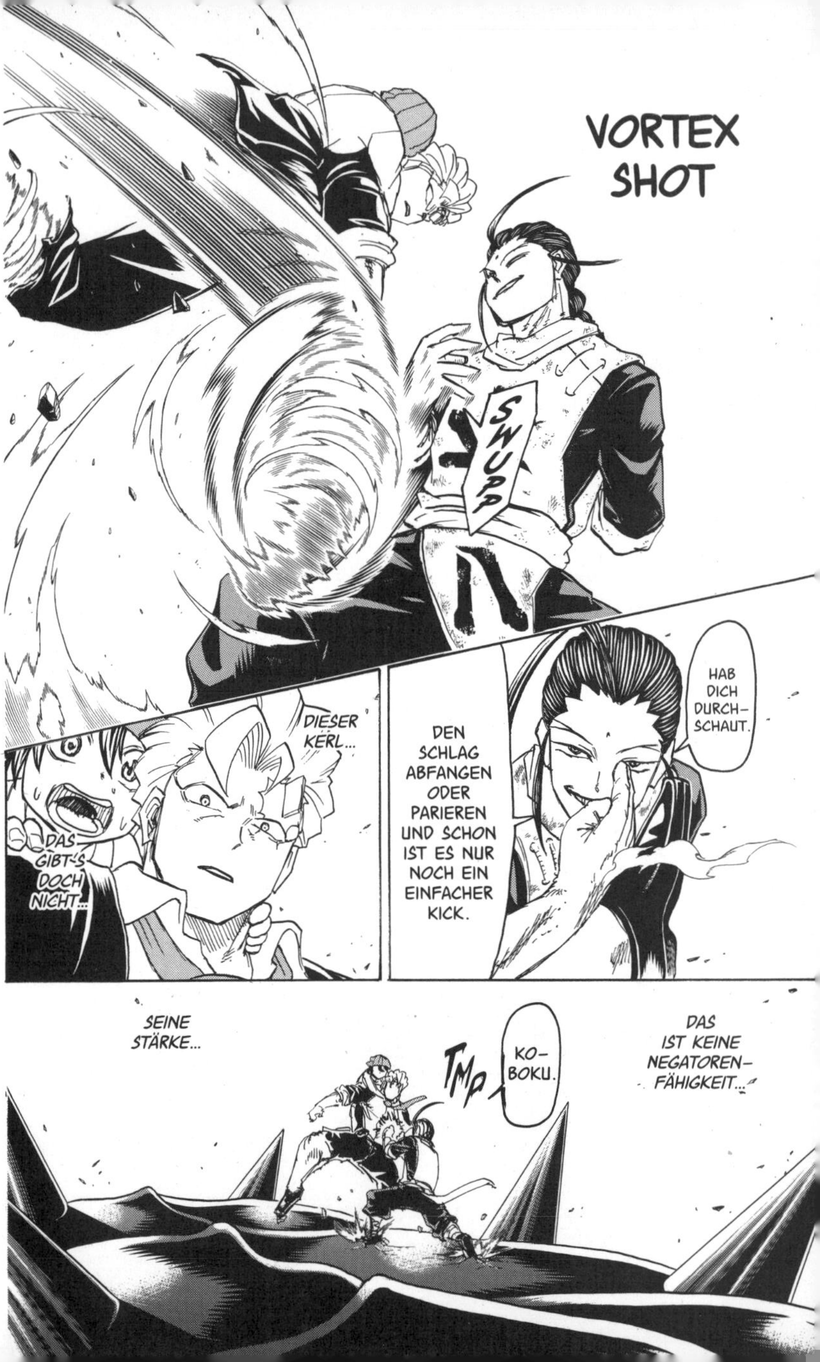
VORTEX SHOT
SWUPP
HAB DICH DURCH-SCHAUT.
DEN SCHLAG ABFANGEN ODER PARIEREN UND SCHON IST ES NUR NOCH EIN EINFACHER KICK.
DIESER KERL...
DAS GIBT'S DOCH NICHT...
DAS IST KEINE NEGATOREN-FÄHIGKEIT...
KO-BOKU.
TMP
SEINE STÄRKE...

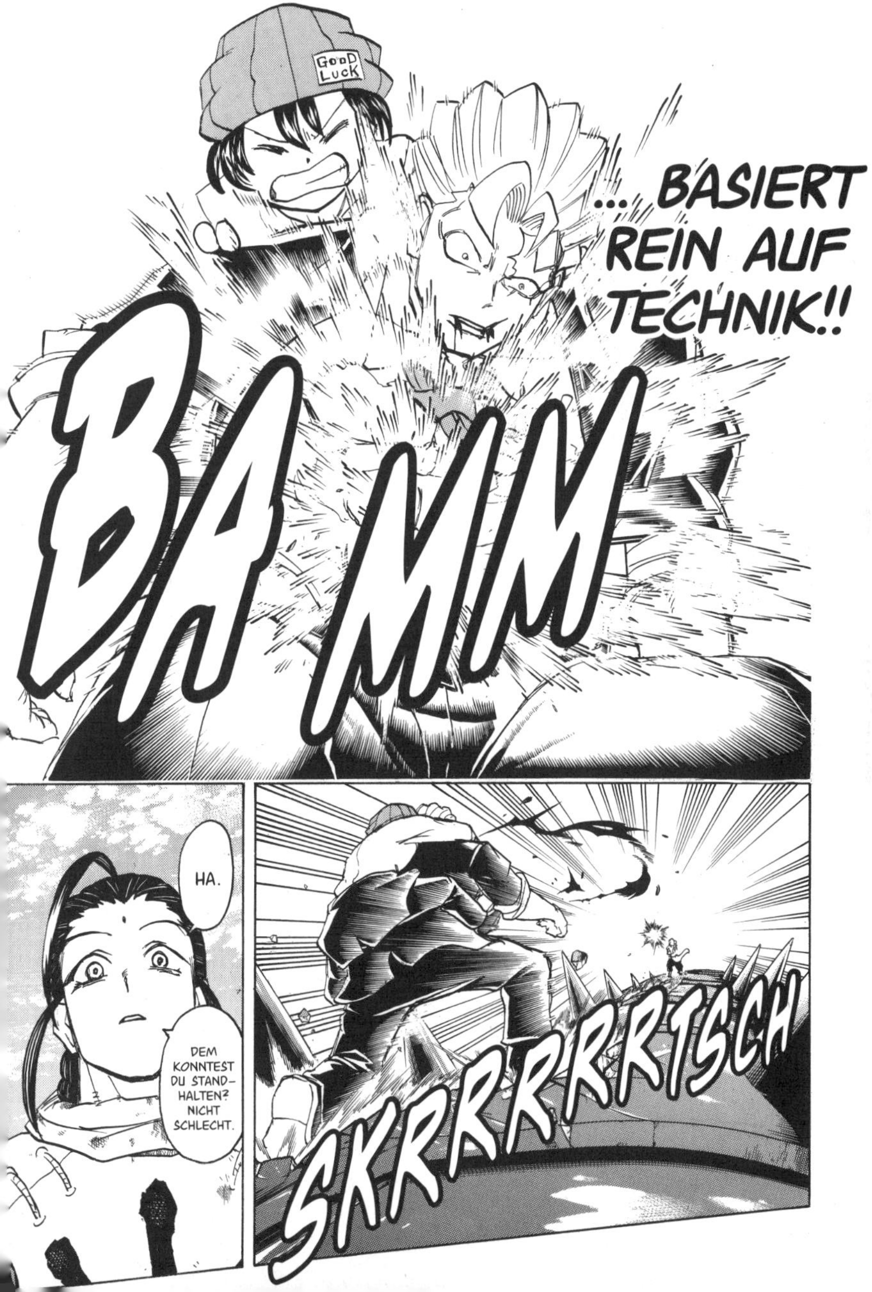
GOOD LUCK
... BASIERT REIN AUF TECHNIK!!
BAMM
SKRRRRRRTSCH
HA.
DEM KONNTEST DU STAND-HALTEN? NICHT SCHLECHT.

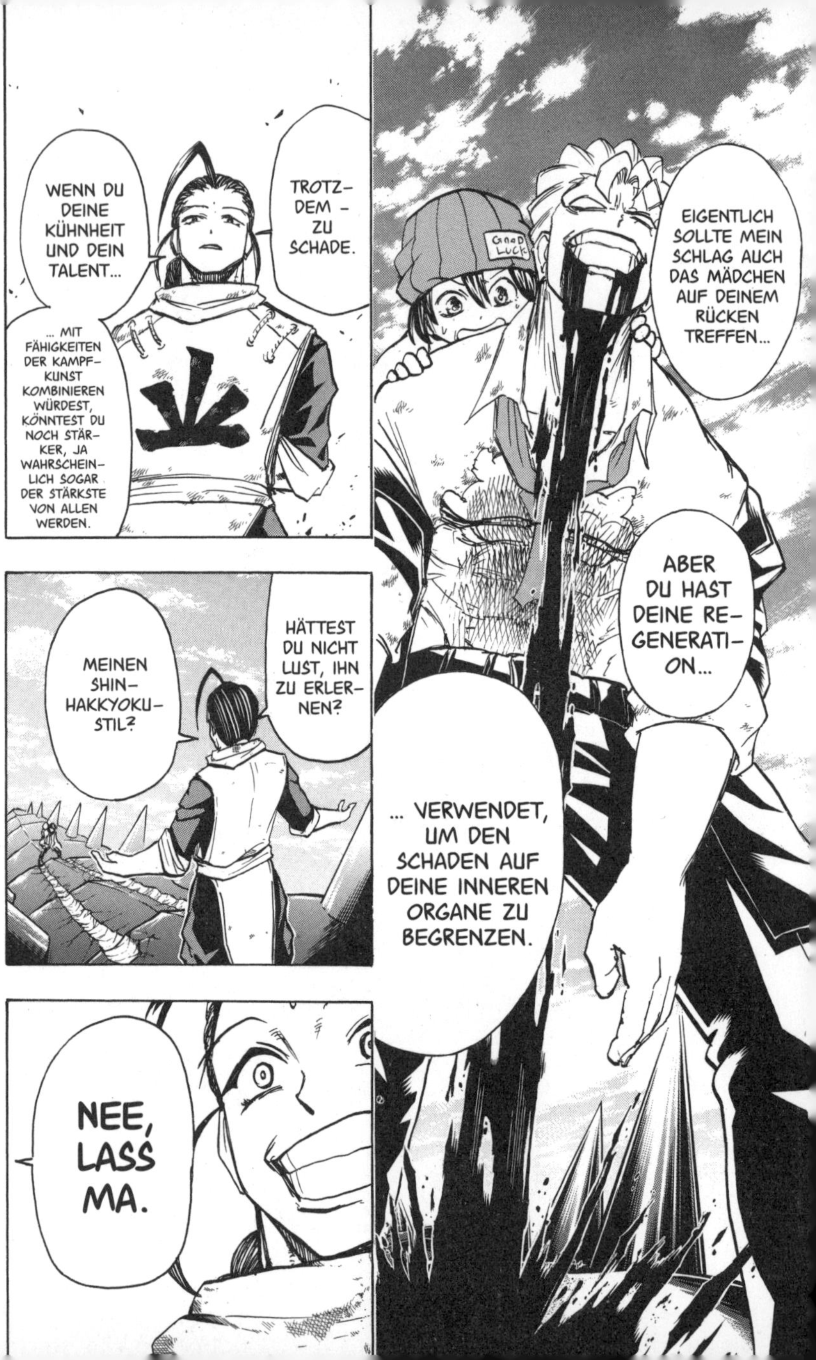
EIGENTLICH SOLLTE MEIN SCHLAG AUCH DAS MÄDCHEN AUF DEINEM RÜCKEN TREFFEN...
ABER DU HAST DEINE REGENERATION...
... VERWENDET, UM DEN SCHADEN AUF DEINE INNEREN ORGANE ZU BEGRENZEN.
TROTZDEM – ZU SCHADE.
WENN DU DEINE KÜHNHEIT UND DEIN TALENT...
... MIT FÄHIGKEITEN DER KAMPFKUNST KOMBINIEREN WÜRDEST, KÖNNTEST DU NOCH STÄRKER, JA WAHRSCHEINLICH SOGAR DER STÄRKSTE VON ALLEN WERDEN.
HÄTTEST DU NICHT LUST, IHN ZU ERLERNEN?
MEINEN SHINHAKKYOKU-STIL?
NEE, LASS MA.

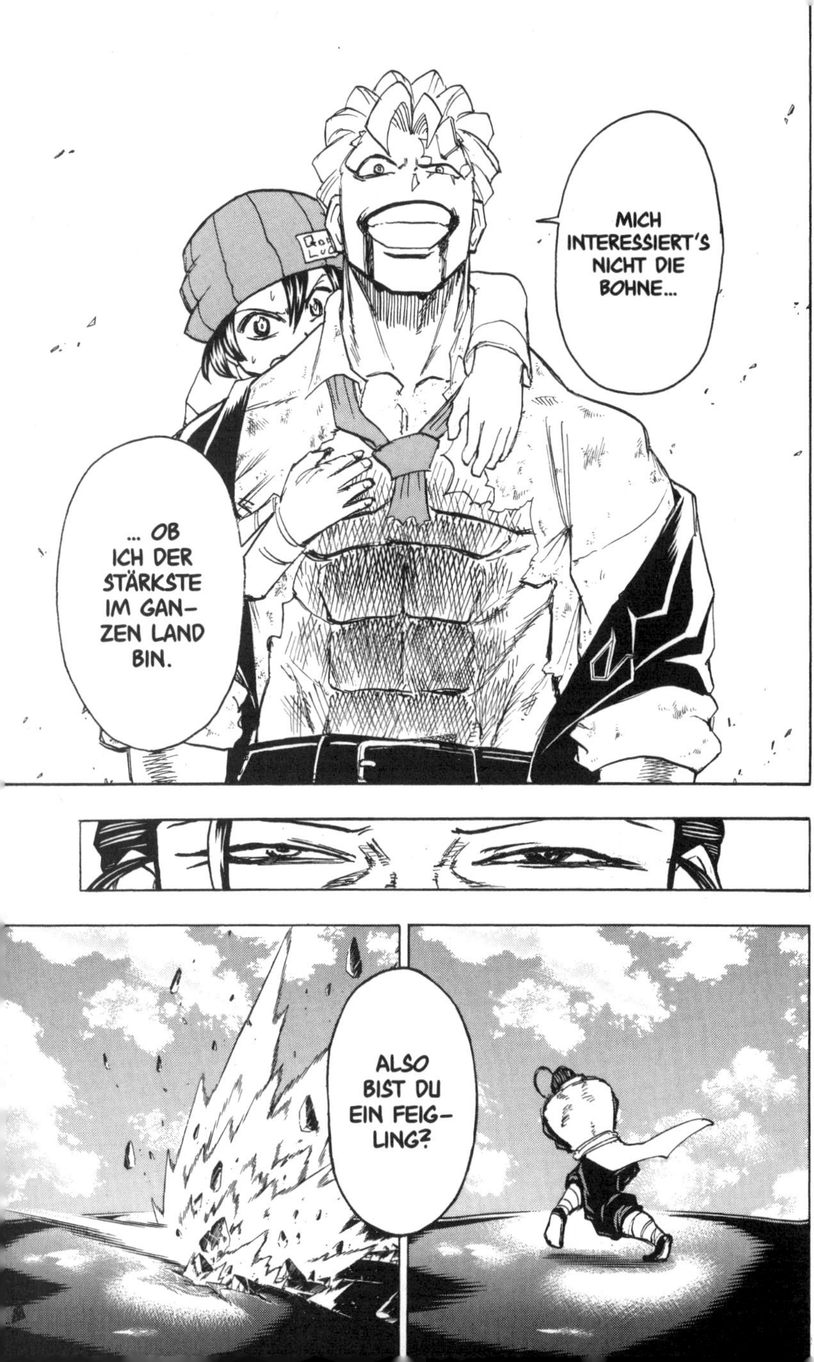
MICH INTERESSIERT'S NICHT DIE BOHNE...
... OB ICH DER STÄRKSTE IM GAN-ZEN LAND BIN.
ALSO BIST DU EIN FEIG-LING?

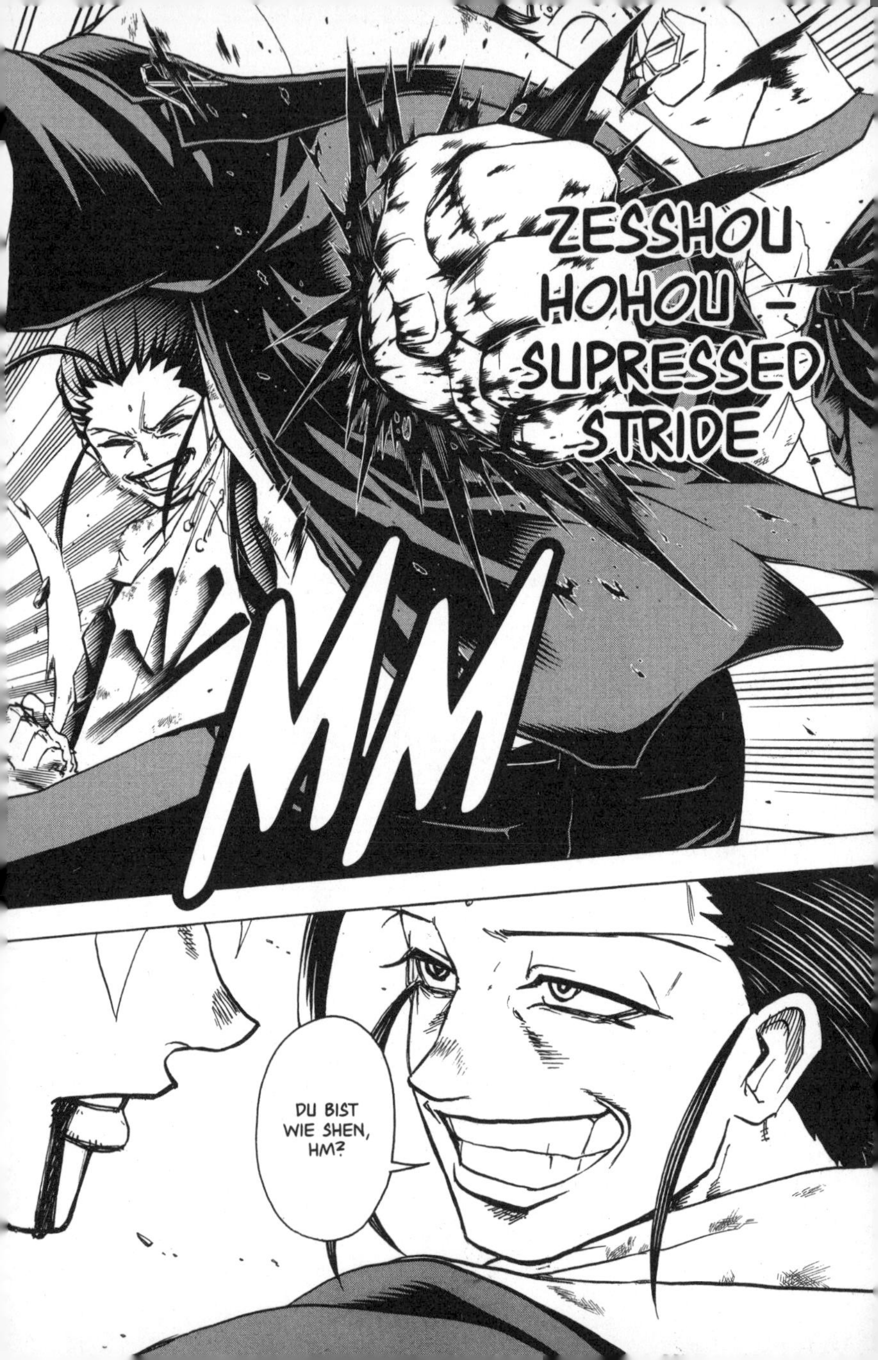
ZESSHOU HOHOU - SUPRESSED STRIDE
MM
DU BIST WIE SHEN, HM?

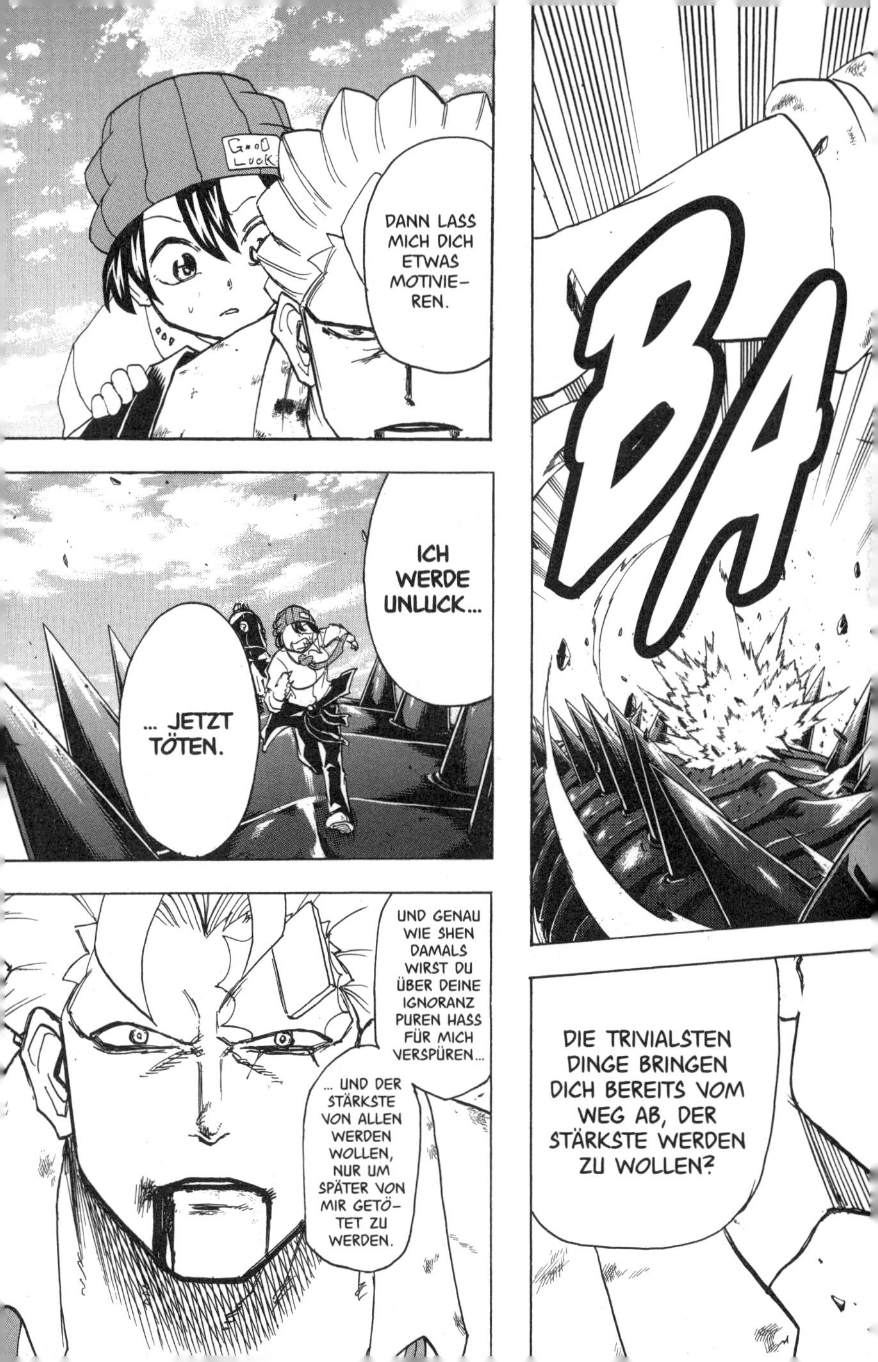
DANN LASS MICH DICH ETWAS MOTIVIE-REN.
GOOD LUCK
BA
ICH WERDE UNLUCK...
... JETZT TÖTEN.
DIE TRIVIALSTEN DINGE BRINGEN DICH BEREITS VOM WEG AB, DER STÄRKSTE WERDEN ZU WOLLEN?
UND GENAU WIE SHEN DAMALS WIRST DU ÜBER DEINE IGNORANZ PUREN HASS FÜR MICH VERSPÜREN...
... UND DER STÄRKSTE VON ALLEN WERDEN WOLLEN, NUR UM SPÄTER VON MIR GETÖ-TET ZU WERDEN.

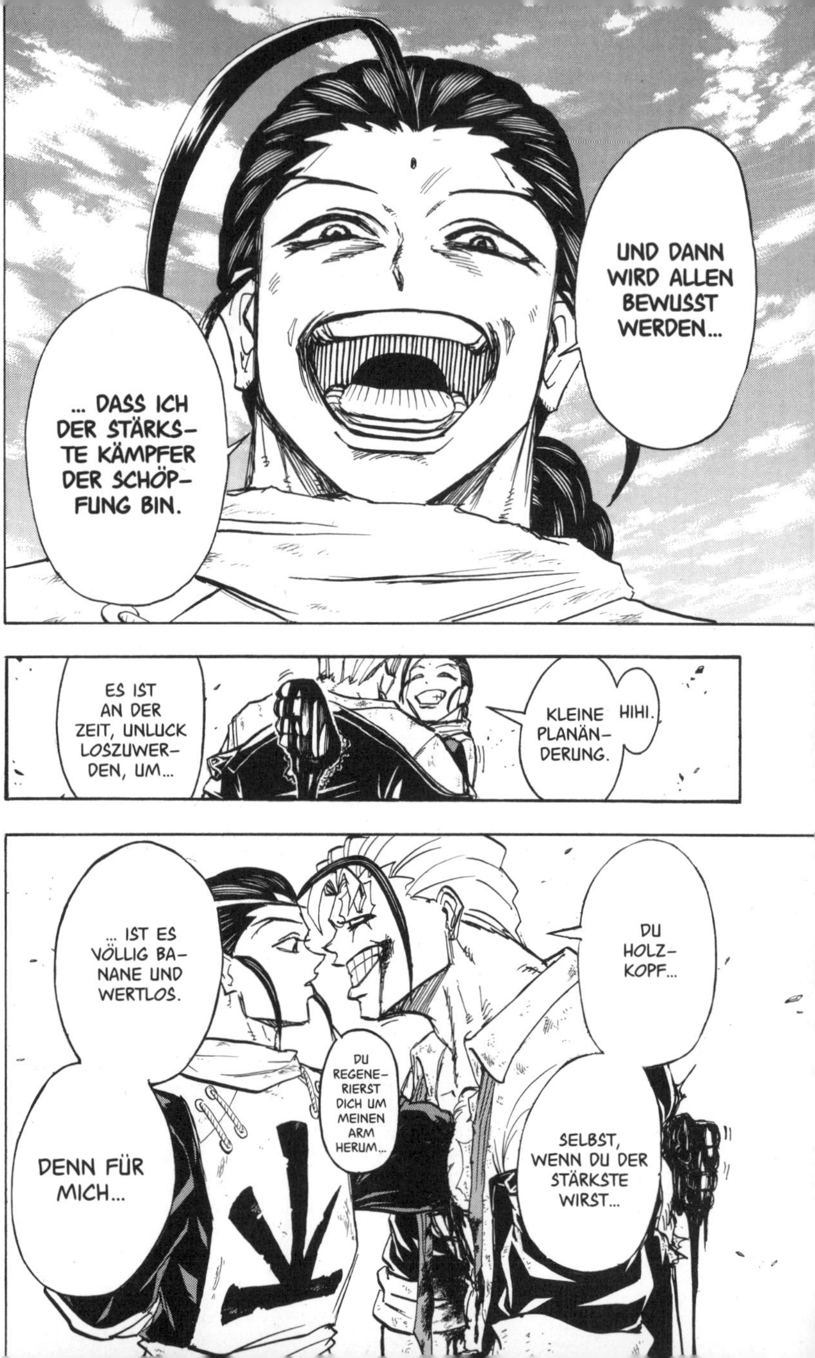
UND DANN WIRD ALLEN BEWUSST WERDEN...
... DASS ICH DER STÄRKSTE KÄMPFER DER SCHÖPFUNG BIN.
HIHI.
KLEINE PLANÄNDERUNG.
ES IST AN DER ZEIT, UNLUCK LOSZUWERDEN, UM...
DU HOLZKOPF...
SELBST, WENN DU DER STÄRKSTE WIRST...
DU REGENERIERST DICH UM MEINEN ARM HERUM...
... IST ES VÖLLIG BANANE UND WERTLOS.
DENN FÜR MICH...

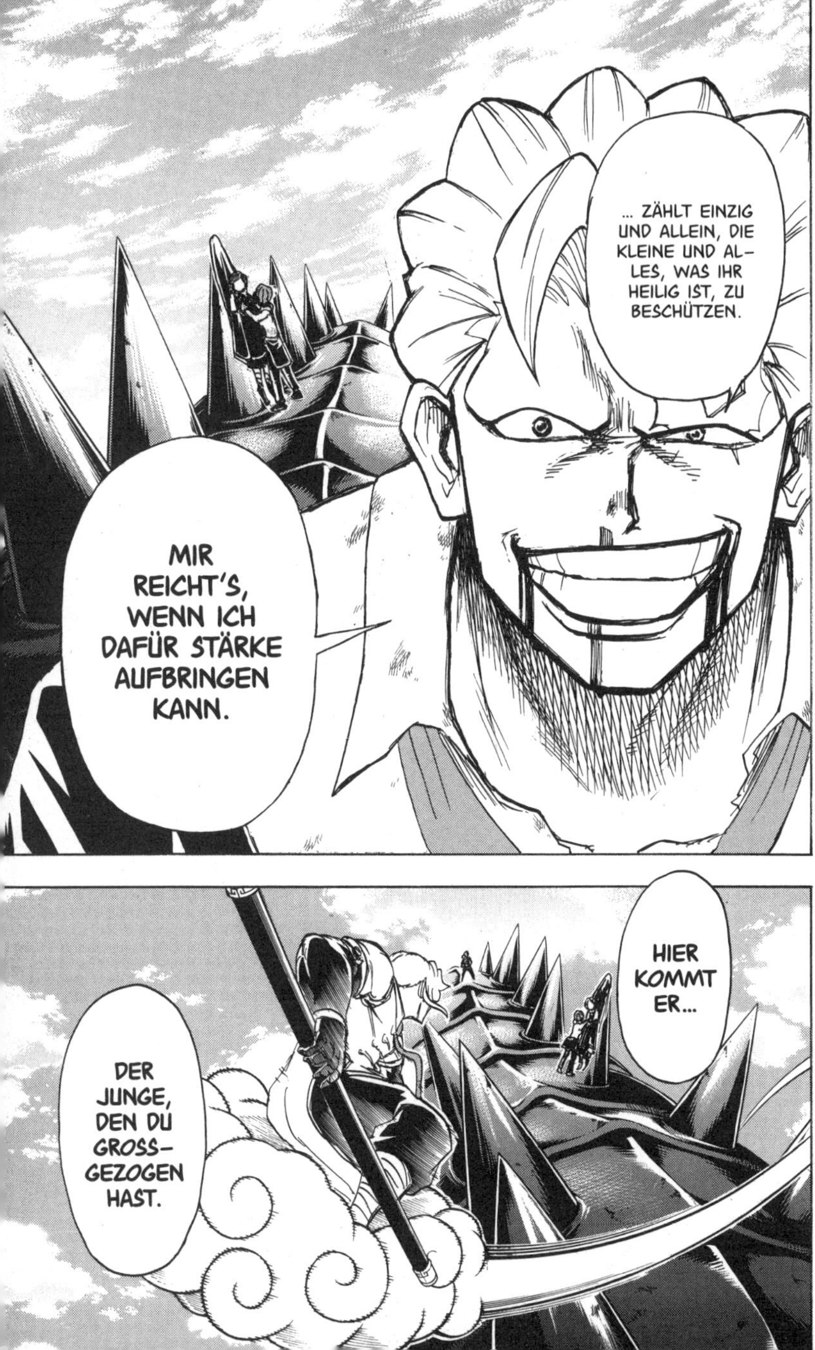
... ZÄHLT EINZIG UND ALLEIN, DIE KLEINE UND AL-LES, WAS IHR HEILIG IST, ZU BESCHÜTZEN.
MIR REICHT'S, WENN ICH DAFÜR STÄRKE AUFBRINGEN KANN.
HIER KOMMT ER...
DER JUNGE, DEN DU GROSS-GEZOGEN HAST.

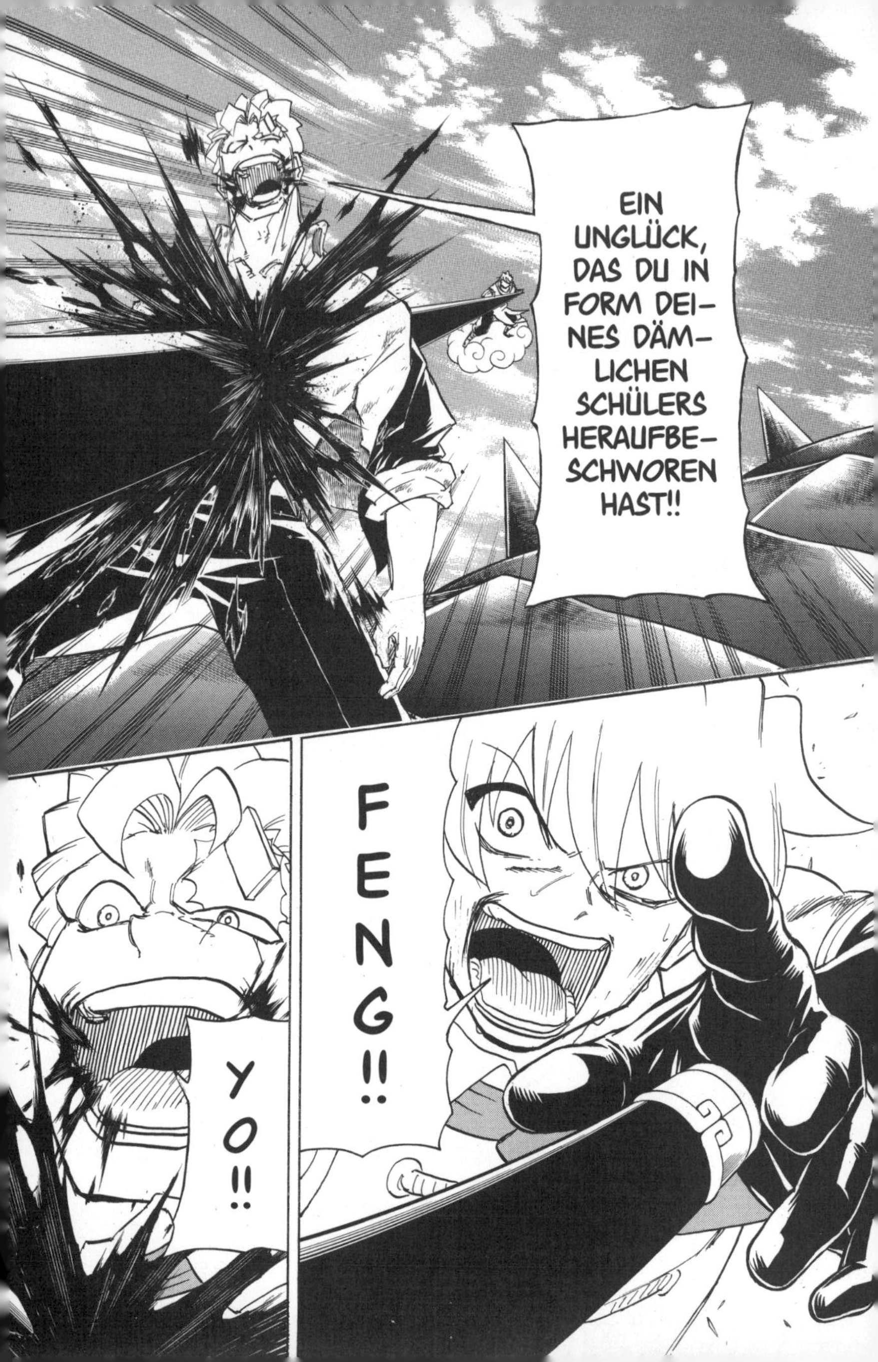
EIN UNGLÜCK, DAS DU IN FORM DEINES DÄMLICHEN SCHÜLERS HERAUFBESCHWOREN HAST!!
FENG!!
YO!!

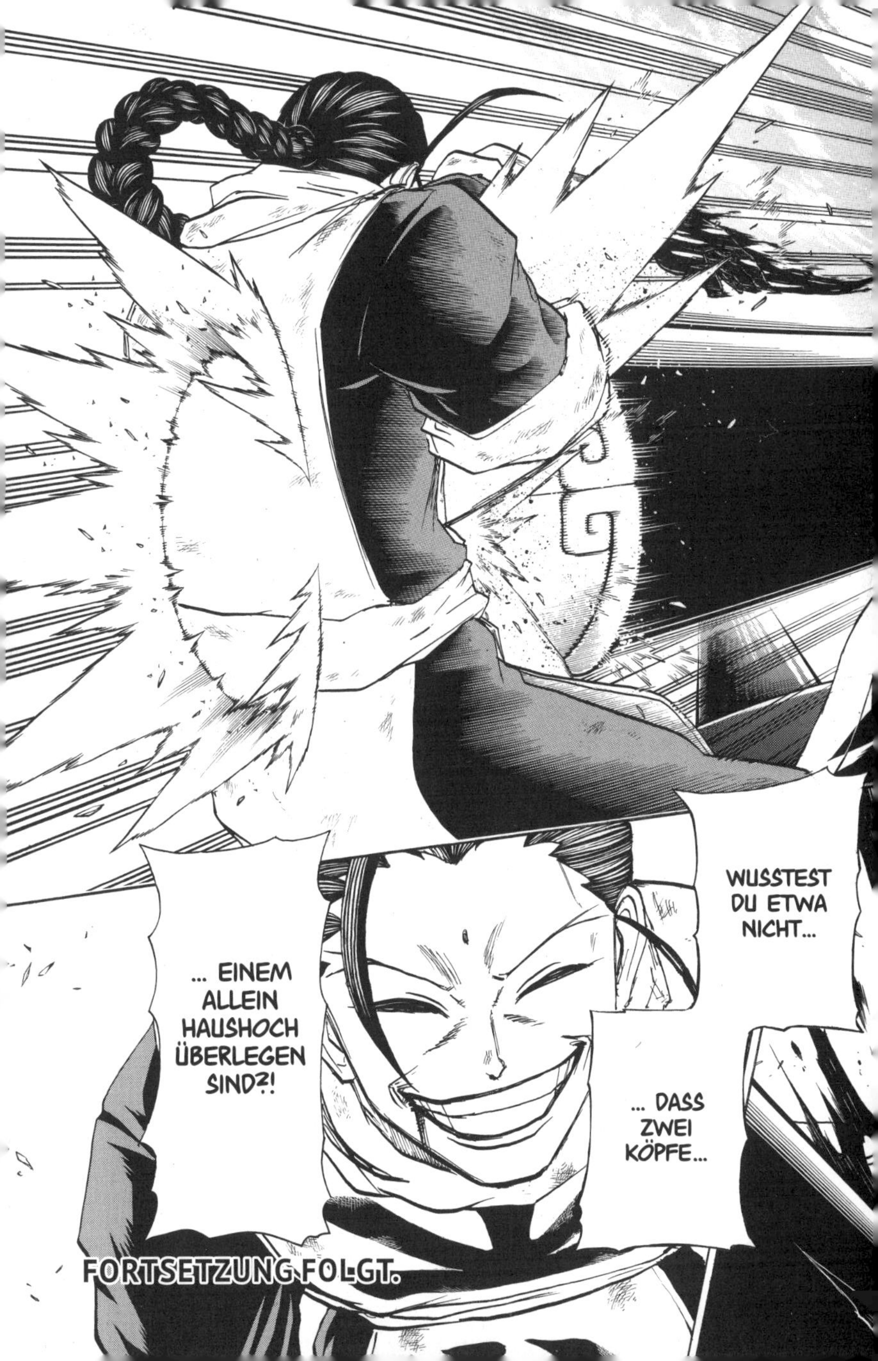
WUSSTEST DU ETWA NICHT...
... DASS ZWEI KÖPFE...
... EINEM ALLEIN HAUSHOCH ÜBERLEGEN SIND?!
FORTSETZUNG FOLGT.

UNDEAD UNLUCK ▶▶▶▶

NEXT VOLUME NOTICE!!!!

UNDEAD UND UNTRUTH BESTREITEN GEMEINSAM DEN KAMPF!!

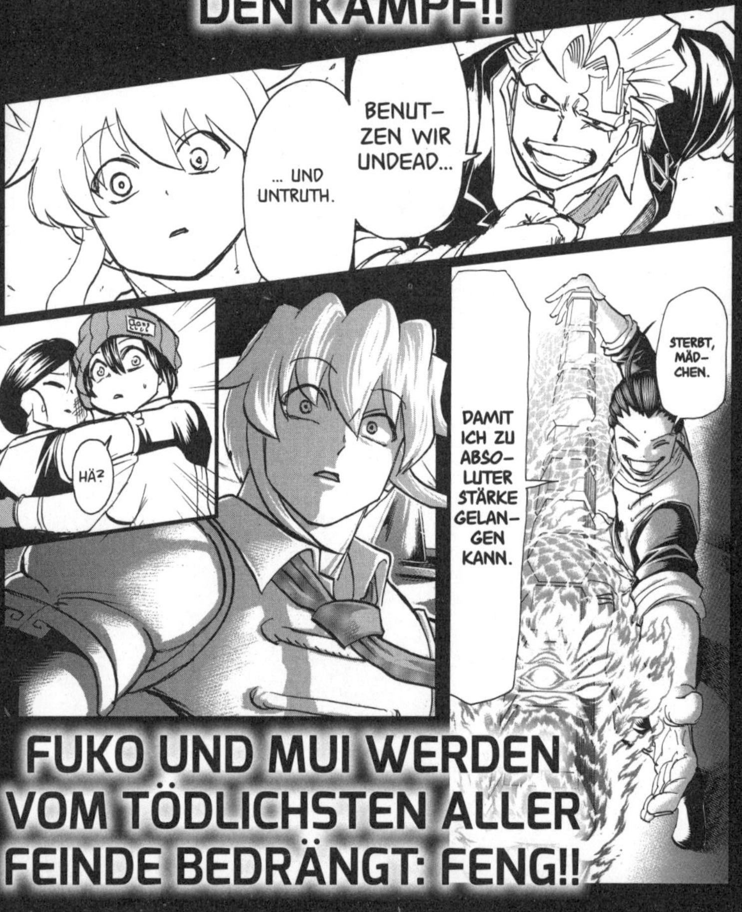

FUKO UND MUI WERDEN VOM TÖDLICHSTEN ALLER FEINDE BEDRÄNGT: FENG!!

HALT!

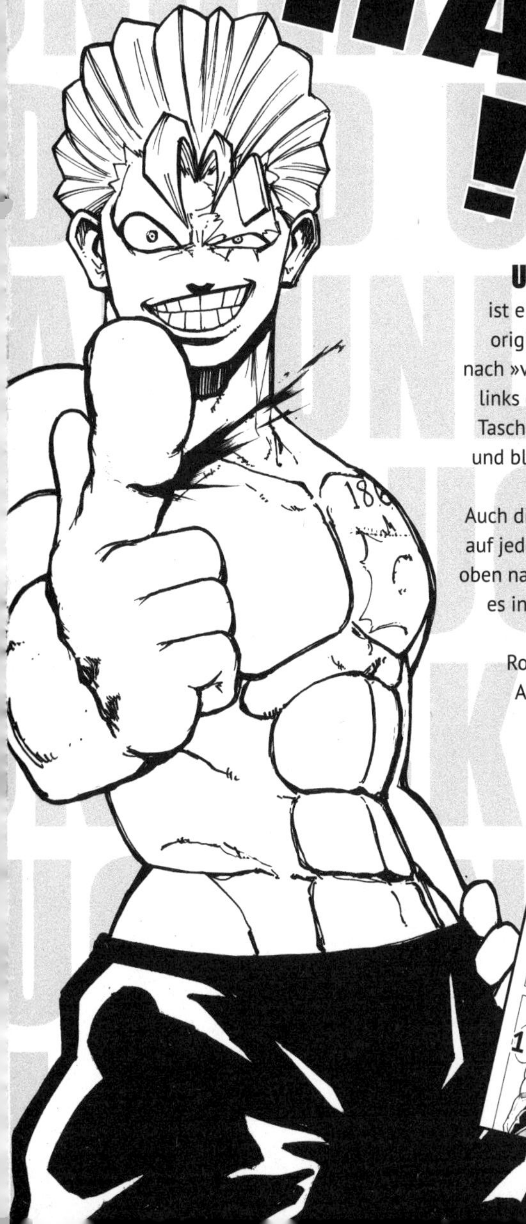

UNDEAD UNLUCK

ist eine japanische Serie, die originalgetreu von »hinten« nach »vorne« und von rechts nach links gelesen wird! Schlagt das Taschenbuch also »hinten« auf und blättert Seite für Seite nach »vorne« weiter!
Auch die Bilder und Sprechblasen auf jeder Seite werden von rechts oben nach links unten gelesen, wie es in der Grafik gezeigt wird!

Rotes Mützchen auf und Action auf Full Power!

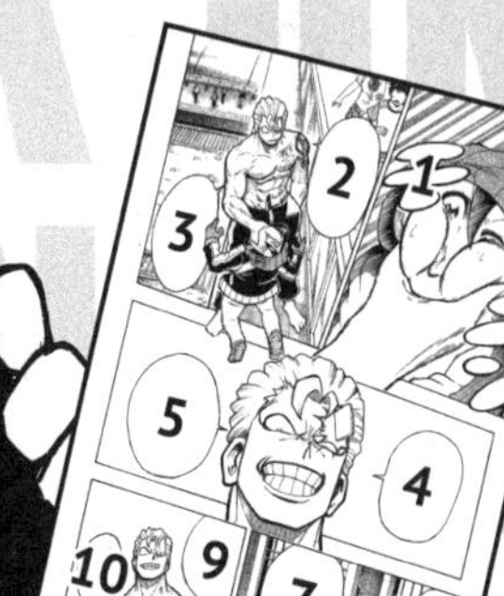

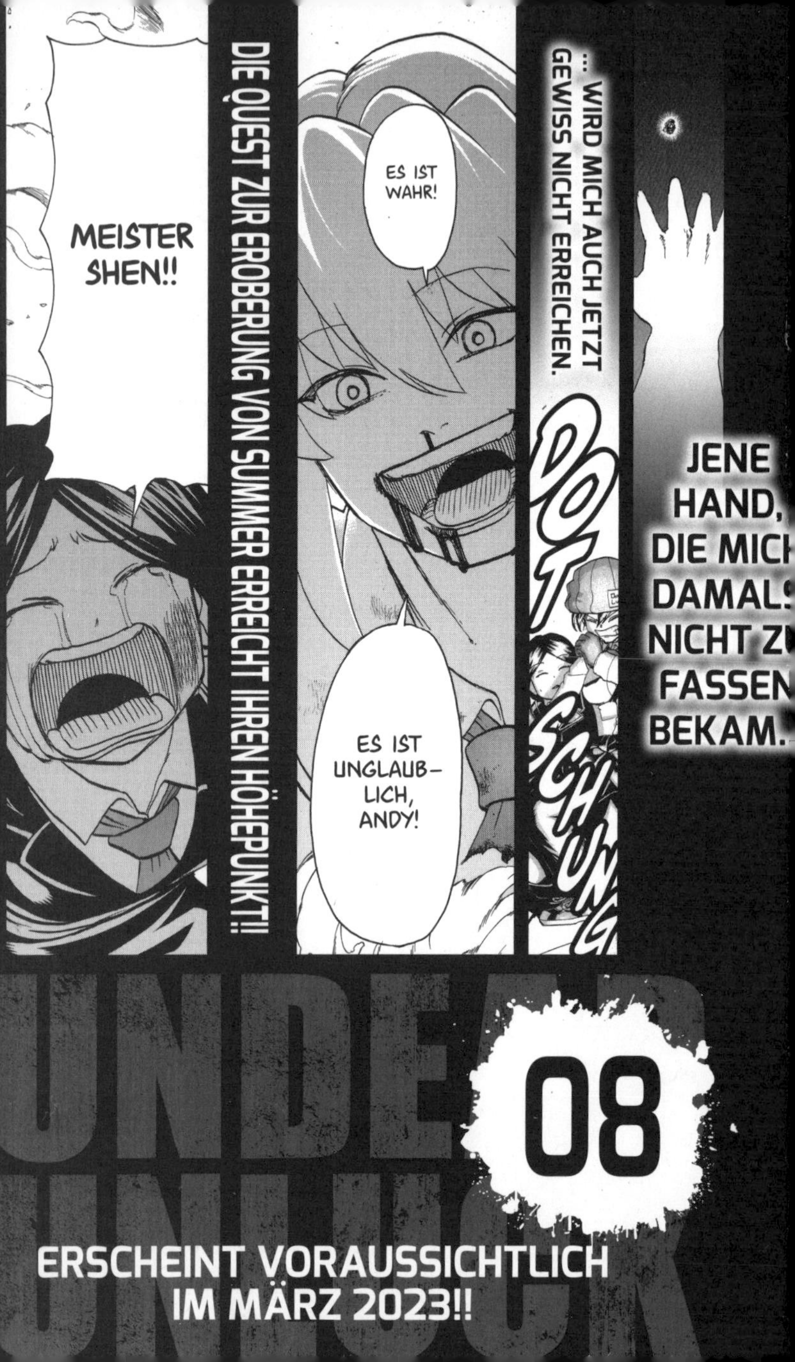
JENE HAND, DIE MIC DAMAL NICHT Z FASSEN BEKAM.
… WIRD MICH AUCH JETZT GEWISS NICHT ERREICHEN.
DOOT
SCHUNG
ES IST WAHR!
ES IST UNGLAUB-LICH, ANDY!
DIE QUEST ZUR EROBERUNG VON SUMMER ERREICHT IHREN HÖHEPUNKT!!
MEISTER SHEN!!
08
ERSCHEINT VORAUSSICHTLICH IM MÄRZ 2023!!